本书受以下项目资助：

国家自然科学基金青年项目——数字经济与地方保护破局：以乳制品市场为例（项目号：72103180）

浙江大学文科精品力作出版资助计划

中央高校基本科研业务费专项资金

中央高校基本科研业务费

感谢浙江大学公共管理学院和浙江大学农林经济管理学科各位前辈和同仁的大力支持。感谢我的研究生候文欣、梁江源、孙冉、尚晟平对本书的编辑和校对工作。

Stated Preference Methods:

Stated Preference Methods: Theory, Model,
and Application in Food Economics

陈述性偏好法

理论、模型及其在
食物经济学研究中的应用

林雯 著

ZHEJIANG UNIVERSITY PRESS
浙江大学出版社
·杭州·

图书在版编目（CIP）数据

陈述性偏好法 ：理论、模型及其在食物经济学研究中的应用 / 林雯著. -- 杭州 ：浙江大学出版社，2024.5

ISBN 978-7-308-24963-8

Ⅰ.①陈… Ⅱ.①林… Ⅲ.①食品—经济学—研究 Ⅳ.①F307.11

中国国家版本馆 CIP 数据核字（2024）第 098422 号

陈述性偏好法：理论、模型及其在食物经济学研究中的应用
CHENGSHUXING PIANHAOFA：LILUN、MOXING JI QI ZAI SHIWU JINGJIXUE YANJIU ZHONG DE YINGYONG

林 雯 著

策划编辑	吴伟伟
责任编辑	葛　超
责任校对	金　璐
封面设计	雷建军
出版发行	浙江大学出版社
	（杭州市天目山路 148 号　邮政编码 310007）
	（网址：http://www.zjupress.com）
排　　版	杭州青翊图文设计有限公司
印　　刷	杭州高腾印务有限公司
开　　本	710mm×1000mm　1/16
印　　张	16.25
字　　数	283 千
版 印 次	2024 年 5 月第 1 版　2024 年 5 月第 1 次印刷
书　　号	ISBN 978-7-308-24963-8
定　　价	78.00 元

目　　录

第一章　导　　论 ……………………………………………………… 1

第一部分　陈述性偏好的经济学基础

第二章　陈述性偏好的经济学理论基础：随机效用理论 ……………… 13
　第一节　随机效用理论的早期发展 …………………………………… 13
　第二节　随机效用理论的形成及主要内容 ………………………… 15
　第三节　随机效用理论的应用现状及评述 ………………………… 19

第三章　陈述性偏好的经济学实证基础：离散选择模型 …………… 25
　第一节　条件 logit 模型与多项 logit 模型 ………………………… 27
　第二节　随机参数 logit 模型 ……………………………………… 34
　第三节　潜在类别模型 ……………………………………………… 36

第二部分　陈述性偏好的分析工具

第四章　条件估值法 …………………………………………………… 45
　第一节　条件估值法的基本原理 …………………………………… 46
　第二节　对条件估值法的评析及其在食品经济学中的应用 ……… 52

第五章　选择实验法 …………………………………………………… 61
　第一节　选择实验法的基本原理 …………………………………… 61

　　第二节　选择实验法的评析及其在食品经济学中的应用 ·············· 65

第三部分　陈述性偏好在食品经济学中的实证研究

第六章　中国消费者对基于区块链技术的可追溯牛肉产品的需求分析 ··· 75
　　第一节　引　言 ·· 75
　　第二节　研究背景与相关文献 ·· 77
　　第三节　研究方法 ·· 79
　　第四节　实证结果 ·· 82
　　第五节　结论与政策启示 ·· 87

第七章　中国消费者对基因编辑农产品的偏好与支付意愿测算 ········ 97
　　第一节　引　言 ·· 97
　　第二节　研究方法 ··· 100
　　第三节　实证结果 ··· 105
　　第四节　结论与讨论 ··· 113

第四部分　陈述性偏好在食品经济学中的方法创新

第八章　事前假设性偏差校准方法的有效性对比分析 ················ 123
　　第一节　引　言 ··· 123
　　第二节　相关文献回顾 ··· 124
　　第三节　实验设计与研究假说 ··· 127
　　第四节　实证模型和数据 ··· 130
　　第五节　实证结果 ··· 134
　　第六节　结　论 ··· 140

第九章　产品数量对消费者支付意愿的影响研究 ···················· 148
　　第一节　引　言 ··· 148
　　第二节　研究方法 ··· 150
　　第三节　实证结果 ··· 157

第四节　结论与启示 ……………………………………………… 163

第五部分　陈述性偏好、食品经济学与行为经济学的交叉研究

第十章　环境身份标签、环境信息干预与环境友好型食品消费 ……… 175
第一节　引　言 …………………………………………………… 175
第二节　研究设计 ………………………………………………… 177
第三节　计量模型与数据 ………………………………………… 181
第四节　实证结果 ………………………………………………… 184
第五节　结论与政策启示 ………………………………………… 193

第十一章　实验产品数量、心理账户与消费者食品消费 ……… 204
第一节　引　言 …………………………………………………… 204
第二节　心理账户理论回顾与研究假说 ………………………… 207
第三节　研究设计与实证策略 …………………………………… 209
第四节　实证结果 ………………………………………………… 215
第五节　结论与讨论 ……………………………………………… 228

第十二章　总结与展望 ……………………………………………… 247
第一节　总　结 …………………………………………………… 247
第二节　展　望 …………………………………………………… 248

第一章　导　　论

　　全面推进乡村振兴是实现共同富裕的重要保障，也是实现高质量发展和中华民族伟大复兴的必然要求。乡村振兴涉及诸多安全问题，其中最重要的是粮食安全。中国人口数量众多，国内粮食消费和需求量巨大，保障粮食安全始终是国家的头等大事，是国家经济、社会稳定与发展的基础（黄季焜，2021）。确保粮食安全，关键是守住粮食安全底线。党的二十大报告明确指出，要全方位夯实粮食安全根基，牢牢守住十八亿亩耕地红线，确保中国人的饭碗牢牢端在自己手中。"五谷者，万民之命，国之重宝。"粮食生产是安天下、稳民心的战略产业（李先德等，2022）。经过 70 多年发展，我国的粮食安全问题已经从解决人民温饱的数量问题转型为满足人民对美好生活需要的品质升级，从单一的粮食生产向食物多元化供给拓展，大食物观应运而生。

　　从农业到大农业的发展，推动了粮食向大粮食观、大食物观的演变。在社会经济迅速发展、科技创新不断推进的背景下，大食物观也在不断发展完善。1994 年，钱学森院士首次提出"建立农业型知识密集产业——农业、林业、草业、海业和沙业"，既提高农业生产率，又保护和改良生态环境。2016年，中央一号文件明确提出"树立大食物观，面向整个国土资源，全方位、多途径开发食物资源，满足日益多元化的食物消费需求"。大食物观首次出现在中央文件中。2020 年，我国脱贫攻坚战取得全面胜利。2022 年，大食物观第一次出现在党代会报告里，党的二十大报告指出，要树立大食物观，发展设施农业，构建多元化食物供给体系。这标志着我国正式步入从全面建成小康社会到全面推进乡村振兴的新阶段。新时代树立并贯彻大食物观，需要实现食物安全营养政策由单一的供给侧管理向需求侧管理拓展（周应恒等，2022）。制定消费引导和营养干预政策，在全社会树立食物消费新观念，推动农产品由"量"向"质"转变，推动居民膳食结构优化与升级，并以此促进农业生产结构调整。大食物观立足于新发展阶段，顺应国家高质量发展要求，逐步推动食物领域的高质量发展，已经成为新阶段国家粮食安全战略的新思维，是时代发展的必然要求。

《中国统计年鉴2022》的数据显示，中国居民粮食产量、水果产量、蔬菜产量由2011年的每人437.5公斤、156.3公斤、444.7公斤增加到2021年的483.5公斤、212.2公斤、549.1公斤，增幅为46公斤、55.9公斤、104.4公斤，蔬菜增幅最大。从2015年开始，蔬菜人均产量明显高于粮食产量，产量差高达90.8公斤。糖料呈现小幅下降，油料、肉类呈现小幅上升。可见，大食物观提出以来，食物结构得到改善，逐步实现了以种植业中的粮食作物为基础，向经济作物和饲料作物要食物；以农业为基础，向林草业、畜牧业、渔业等副业要食物；以耕地资源为基础，向全部国土资源要食物。同时，大食物观坚定从食物供给侧结构性改革全面发力，缓解供求结构矛盾，积极回应人民对美好生活的向往。

与此同时，我国消费者的食品需求也在发生重大变化。改革开放以来，我国经济水平快速提高，人均收入稳步增长，居民消费能力持续增强。作为人口大国，我国拥有世界上最大规模中等收入群体，蕴藏着大量消费需求，构成市场容量持续扩大的有力支撑。2019年我国人均国内生产总值（GDP）已超过1万美元，人均国民总收入（GNI）步入中等偏上收入国家行列，城乡居民消费由"有"向"好"转变，呈现多样化、多层次和个性化特征。这一过程中，食品经济领域也发生了深刻的变革。随着居民消费水平提高，我国恩格尔系数不断降低，食品支出占比下降，在此过程中，食品消费结构优化，膳食营养水平不断提高。居民营养状况持续改善，身体素质更加优良。消费者在消费更多动物蛋白食物的同时，对农产品的品质也开始提出了更高的要求。改革开放之后城乡居民的食品消费需求基本得到了满足，但需要看到，农业产出的提高除了科技进步因素，还依赖化肥、农药等化学物品的大量施用。其结果是在农业生产力大幅度提高的同时，化肥农药的施用量大大超标，导致了农产品品质的显著下降。改革开放政策的实施和中国加入世界贸易组织（WTO）为中国的农产品和食品市场带来了国际化和市场化的挑战与机遇。中国的经济增长引发了居民对食品消费的新需求和期望，使其更关注食品的安全、健康、绿色、可持续性等（司伟等，2020）。随着居民收入的增加，需求在食品领域变得更加差异化和多样化，推动了食品市场进一步多元化。当前，我国发展环境正发生深刻复杂的变化，农食系统必须向高效的、营养的、可持续的、有包容性和韧性的方向转型，以应对多重风险叠加的影响(樊胜根等,2022)。因此,食品经济研究变得至关重要,需满足不断演变的食品市场需求,保障食品安全,推动可持续农业和食品供给。

在良好的政策背景导向下,中国需要针对目前的宏观经济社会发展条件以及食物安全面临的挑战,探索准确反映市场供求动态的可持续发展方式以保持经济的中高速增长(陈志钢等,2019)。在此过程中,有必要发挥食品经济学研究在其中的积极作用。食品经济学涵盖了从农业生产到食品供应链的各个环节,研究食品市场的运行、政策与规制对食品产业的影响,以及消费者在食品购买和食品选择方面的决策行为,它不仅可为政府决策者提供有关食品市场的政策建议,还帮助企业优化生产和市场策略,同时有助于消费者更好地理解食品选择对健康和环境的影响。

中国是世界上最大的食品市场之一。对中国来说食品经济学的研究至关重要。在中国,食品系统正经历着巨大的变革和转型。消费者对食品的需求不再仅仅满足于基本的饮食功能,更多地关注食品的质量、健康、安全和可持续性(陈志钢等,2023)。这种转变带来了对食品市场更高层次需求的迫切关注。在这一背景下,陈述性偏好方法的应用具有很大优势。陈述性偏好方法旨在揭示个体对不同选择或决策的偏好和需求,它是一种强大的价值评估工具,可用于研究新兴产品和市场中尚不存在的产品,以更好地理解消费者的需求和偏好。通过观察和分析消费者的实际行为,不仅可以预测他们对不同产品的反应,还可以深入研究他们的决策过程。此外,陈述性偏好方法还能够纳入行为经济学等相关理论,帮助检验和验证经济学理论在食品经济领域的适用性。陈述性偏好方法能够洞悉消费者对于市场暂时不存在的产品或服务的偏好,有助于揭示消费者的潜在需求和价值观。在食品经济学研究中,这种方法在捕捉食品消费者偏好的变化、对于新产品或服务的接受程度等方面发挥着关键作用。将陈述性偏好方法引入食品经济学研究有助于深刻理解消费者需求的转变和对食品市场的影响,更好地了解和应对我国食品消费领域的变化。在中国这个不断发展和变化的市场中,陈述性偏好方法的应用可以为研究者提供深刻的见解,有助于解决食品安全、营养健康和可持续农业等关键问题,同时推动食品供给更好地满足多元化的需求。

陈述性偏好方法包括多种主要的应用方法,如选择实验法、条件估值法等。本书旨在探讨陈述性偏好方法在食品经济学领域的应用,帮助读者更好地理解消费者在食品市场中的行为和决策。在接下来的章节中,本书将深入探讨陈述性偏好方法的理论和实证研究，以及其在食品经济学领域的具体应用，为中国的食品经济研究和消费者市场提供相关见解和政策建议。

第二章和第三章为本书的第一部分——陈述性偏好的经济学基础。这一部分的目标是为读者介绍陈述性偏好法在食品经济学中的理论基础和实证基础，引导读者进入陈述性偏好法的世界。这一部分的内容为读者提供了对陈述性偏好法的深刻理解，从其理论基础到实证应用，强调了其在食品经济学中的重要性。这一部分确立了后续章节的理论和方法的基础，使读者能够更好地理解和探索陈述性偏好法在食品经济学领域的应用和意义。

第二章深入探讨了陈述性偏好的经济学基础，通过三个小节对随机效用理论的发展、主要内容以及应用现状和评述进行了详细探讨。首先，本章回顾了随机效用理论的早期发展阶段。随机效用理论的基本思想是，消费者在作出决策时不是完全理性的，而是受到随机因素的影响。早期的经济学家提出这一理论以强调不确定性在决策中的作用。这个小节帮助读者理解随机效用理论的起源，以及为什么它在食品经济学中具有重要意义。其次，本章详细介绍了随机效用理论的形成及其主要内容。这一理论的核心观点是，消费者的决策可以被描述为在不同商品之间作出的随机选择，而不是确定性的选择。本章讨论了随机效用理论的主要概念，包括概率偏好、效用函数和决策规则。这一小节有助于读者深入了解随机效用理论的内涵，以及它如何与食品经济学相关联。最后，本章聚焦于随机效用理论的应用现状和学术评述，探讨了随机效用理论在食品经济学领域的实际应用，例如市场分析和政策制定。此外，本章还提供了对该理论的评价，包括其优点和局限，以及如何继续发展和改进这一理论。通过这一章的内容，读者将获得对于陈述性偏好的经济学基础的深刻理解，包括理论的发展历程、核心概念和实际应用，这些为后续章节提供了坚实的理论基础。

第三章聚焦于陈述性偏好的经济学实证基础，特别关注离散选择模型，分为两个小节，分别讨论了二元选择模型和多元选择模型，包括了多种重要模型，如条件 logit 模型、多项 logit 模型（又译：多项式 logit 模型）、随机参数 logit 模型以及潜在类别模型等。这一章首先深入研究了陈述性偏好模型中的二元选择模型。这些模型用于描述消费者面对两个不同选项时的选择过程。本章详细介绍了条件 logit 模型，它是一种广泛应用于食品经济学和市场研究中的模型。条件 logit 模型允许本章分析消费者在不同商品之间的选择，考虑了属性和价格等因素。这一小节有助于读者理解如何利用二元选择模型来量化消费者的偏好。其次，本章拓展了对陈述性偏好模型的讨论，专注于多元选择模型。这些模型适用于情境中涉及多个选择项的情况。本章介绍了多项式 logit 模型，它允许消费者在多个不同商品之间作出选择，并可以用于市场细分和产品定价的研究。本章还探讨了随机参数 logit 模型，它考虑了消费者偏好的个体差异，以及潜在类别模型，用于识别市场中的不同消费者群体。这一小节帮助读者理解如何应用多元选择模型来深入研究消费者决策的多样性。通过这一章的内容，读者将对陈述性偏好的经济学实证基础有更深入的了解，包括二元选择模型和多元选择模型的重要性以及如何应用条件 logit、多项式 logit、随机参数 logit 和潜在类别等模型来分析消费者的偏好，为实证研究提供了有力的工具。

　　第四章和第五章构成了第二部分——陈述性偏好的分析工具。这一部分是向读者介绍分析陈述性偏好的不同工具和方法，以及如何应用它们来解决食品经济学领域的问题。第二部分的内容为读者提供了一系列有力的分析工具，以帮助读者深入研究陈述性偏好，解决食品经济学中的复杂问题。这些工具包括条件估值法和选择实验法，它们为政策制定者和研究人员提供了强大的方法，以更好地理解消费者行为和偏好，并为食品市场和政策的制定提供有用的洞见。这一部分强调了分析工具的重要性，以更好地理解食品经济学的核心问题。

　　第四章深入探讨了条件估值法，这一章分为三个小节，包括条件估值法的基本原理和该方法在食品经济学中的应用以及一些评析。这一章首先着重探讨了条件估值法的基本原理。条件估值法是一种用于评估商品或服务的非市场价值的方法，特别是用于测定公共政策的效果。本章详细介绍了该方法的工作原理，强调了它基于消费者的意愿来估算价格或效用的概念，帮助读者理解条件估值法的核心思想，以及如何应用它衡量食品经济学中的非市场价值，如环境保护或健康政策的效益。随后，本章对条件估值法进行了评析，并详细探讨了该方法在食品经济学领域的应用。本章讨论了条件估值法的优点和局限，包括数据收集和问卷设计的挑战，以及评估非市场价值的众多应用。此外，本章提供了一些在食品经济学研究中应用条件估值法的实际案例，例如衡量食品安全政策对消费者偏好的影响，或者评估农田管理对生态系统的影响，帮助读者了解如何有效地应用条件估值法解决食品经济学中的实际问题。通过这一章的内容，读者将对条件估值法有更深入的了解，包括其基本原理和在食品经济学中的应用。这一方法为测定非市场价值提供了强有力的工具，并为政策制定者提供了有用的信息，以更好地理解消费者对不同食品政策的偏好。

第五章着重讨论了选择实验法，这一章分为两个小节，包括选择实验法的基本原理和该方法在食品经济学中的应用以及一些评析。第一小节深入研究了选择实验法的基本原理。选择实验法是一种用于研究消费者偏好和决策的实验性方法，通过模拟真实购买决策情境，了解消费者的选择过程。这一小节详细介绍了该方法的工作原理，包括设计和实施选择实验的步骤，以及如何分析实验数据，强调了选择实验法作为了解消费者决策背后动机的强大工具，可以用于研究食品市场和政策。第二小节对选择实验法进行了评析，并详细探讨了该方法在食品经济学领域的应用。本章讨论了选择实验法的优点和限制，包括实验设计和外部效度的问题，以及如何解决这些挑战。此外，本章提供了一些在食品经济学研究中应用选择实验法的实际案例，如研究消费者对新食品产品的接受程度，或者评估政策措施对食品选择的影响。这一章帮助读者了解如何应用选择实验法来深入研究消费者决策和食品市场。通过这一章的内容，读者将对选择实验法有更深入的了解，包括其基本原理和在食品经济学中的应用。这一方法为了解消费者决策过程和市场偏好提供了有力的工具，可以用于解决食品经济学中的实际问题，以及为政策制定者提供有用的信息。

第六章和第七章组成了第三部分——陈述性偏好在食品经济学中的实证研究应用。这一部分旨在向读者展示陈述性偏好方法在实际食品经济学研究中的应用。通过可追溯牛肉产品和基因编辑农产品这两个案例研究，读者将了解陈述性偏好方法在食品经济学实证研究中的应用，以及这些研究对中国食品市场和政策制定的重要性。这一部分突出了陈述性偏好方法在食品经济学中的实际应用，为了解消费者需求和市场趋势提供了关键见解。

第六章是关于中国消费者对基于区块链技术的可追溯牛肉产品需求的研究。本章首先为读者提供了关于研究主题的背景和动机，强调了区块链技术在食品追溯中的潜在应用以及中国消费者对食品安全的关切。此部分概述了本研究的目的和范围，为后续内容的理解提供了必要的背景。其次，本章详细回顾了与研究主题相关的文献和研究背景，综述了区块链技术在食品追溯领域的应用以及中国食品市场中的安全和可追溯性问题。通过文献综述了解前人研究的主要发现和不足之处，为本研究的研究方法和问题假设提供了依据。再次，本章详细说明了研究方法，解释了数据收集的方式、抽样方法以及使用的调查工具。研究方法部分还描述了数据分析的技术和模型，以及研究变量的定义和操作方式。这一部分有助于读者了解研究设计和数据分析的可行性。随后的实证结果部分呈现了研究的主要发现和分析，详细介绍了数据分析的结果，包括消费者对基于区块链技术的可追溯牛肉产品的需求和愿意支付的程度。这一部分使读者能够了解研究的核心结果和趋势。最后，本章总结了研究的主要结论，并提供了政策建议和实践启示。通过回顾研究的主要发现，本章讨论了相关研究的意义，并指出未来研究方向。此外，本章还提出了关于如何推广基于区块链技术的可追溯食品产品以满足消费者需求的建议。这一部分为读者提供了研究的实际应用和政策影响的见解。在这一章内容中，读者将了解中国消费者对基于区块链技术的可追溯牛肉产品的需求分析研究的背景、方法和主要发现，以及该研究对食品经济学和食品政策的重要性。

第七章涵盖了中国消费者对基因编辑农产品的偏好和支付意愿的研究。首先，引言部分提供了关于研究的背景和目的的介绍，强调了基因编辑农产品在中国市场的潜在应用和相关争议。此部分为读者提供了研究的动机和范围，以更好地理解后续内容。其次，研究方法这一小节详细解释了数据的收集方式、采用的抽样方法，以及用于测算消费者支付意愿的调查工具。研究方法部分还包括实验设计、样本规模和数据分析的详细描述，以确保研究的科学可靠性。再次，实证结果部分呈现了研究的主要发现和分析，详细介绍了数据分析的结果，包括中国消费者对基因编辑农产品的偏好程度和愿意支付的金额。最后，本章总结了研究的主要结论，并进行了讨论。通过回顾研究的主要发现并讨论其意义，本章提出关于基因编辑农产品在中国市场的潜在前景和挑战的见解。在这一章中，读者将了解中国消费者对基因编辑农产品的偏好和支付意愿的研究背景、方法和主要发现，以及其对食品经济学和农业政策的重要性和影响。

第八章和第九章构成了第四部分——陈述性偏好在食品经济学中的方法创新。这一部分的目标是展示陈述性偏好方法的创新应用。通过这一部分，读者将了解陈述性偏好方法的创新应用，包括事前假设性偏差校准方法和产品数量对消费者支付意愿的影响这两个案例研究。这一部分强调了陈述性偏好方法的多样性和创新性，为了解食品经济学中的市场趋势和决策提供了关键信息。

第八章讨论了事前假设性偏差校准方法的有效性对比分析。引言部分为读者提供了关于研究的背景和目的的介绍,强调了对事前假设性偏差校准方法的有效性进行比较研究的动机。此部分阐明了本研究的目标,即评估不同校准方法的性能,并为后续内容提供了必要的背景。在相关文献回顾中,研究回顾了与事前假设性偏差校准方法相关的文献,以讨论先前研究的主要发现和方法。这有助于读者了解该领域的先前工作,以及该研究在现有文献中的定位。实验设计与研究假说部分详细介绍了研究的方法和假说,解释了实验的设计、采用的抽样方法,以及用于校准的不同方法。这有助于读者了解研究的方法学基础和科学可靠性。在实证模型和数据小节中,研究描述了实证模型和数据的使用。这包括用于比较不同校准方法性能的统计模型和分析方法,还介绍了数据收集和数据集的特征。这些细节有助于读者了解实验分析的技术性和数据的可行性。实证结果部分呈现了研究的主要发现和分析。这些结果有助于读者理解研究的关键发现和趋势。最后,结论部分总结了研究的主要结论,强调了不同校准方法的相对有效性。本章还讨论了对事前假设性偏差校准方法的实际应用和对未来研究的建议,以深化读者对这些方法的理解。通过这一章内容,读者将了解事前假设性偏差校准方法的有效性比较研究。这一章提供了有关校准方法的实际应用和性能的深入见解,为了解这些方法的优劣和适用性提供了重要信息。

第九章探讨了产品数量对消费者支付意愿的影响。引言部分为读者提供了关于研究的背景和目的的介绍,强调了研究产品数量与消费者支付意愿之间的关系。此部分突出了研究的动机,即了解产品数量对购买决策的影响,并为后续内容提供了必要的背景。随后详细介绍了用于研究的方法,解释了数据的收集方式,以及用于实验设计和分析的工具。研究方法部分包括实验的设计和执行、样本规模和数据分析的技术。这些方法的描述有助于读者了解研究的科学可靠性和方法学基础。实证结果部分呈现了研究的主要发现和分析。详细介绍了数据分析的结果,包括产品数量对消费者支付意愿的影响。最后总结了研究的主要结论,并提供了启示。通过回顾研究的主要发现,讨论它们的意义,并提出关于产品数量与消费者支付意愿关系的实际应用和未来研究方向。这一部分为读者提供了对研究的实际应用和政策影响的见解。通过本章内容,读者将了解产品数量对消费者支付意愿的影响研究的背景、方法和主要发现,以及该研究对食品经济学和市场决策的重要性。这一章突出了产品数量对消费者决策的影响,为了解购买行为和市场策略提供了重要信息。

第十章和第十一章组成了第五部分——陈述性偏好、食品经济学与行为经济学的交叉研究。这一部分的目标是展示陈述性偏好方法与食品经济学和行为经济学的交叉研究,强调了不同领域之间的交叉研究,为了解消费者行为和市场策略提供了多层次的见解。

第十章研究了环境身份标签、环境信息干预以及与环境友好型食品消费相关的问题。引言部分为读者提供了关于研究背景和目的的介绍,强调了环境身份标签、信息干预和环境友好型食品消费的重要性。此部分概述了本研究的目标和范围,为后续内容的理解提供了必要的背景。研究设计这一小节详细解释了数据的收集方式、实验设计,以及环境信息干预的方法。研究设计部分包括样本的描述性统计和数据分析的技术。这些方法的描述有助于读者了解研究的科学可靠性和方法学基础。实验结果部分包括与计量模型和数据相关的内容,详细介绍了使用的模型、分析方法以及数据集的特征。这有助于读者了解研究的技术性和数据的可行性。实证结果部分呈现了研究的主要发现和分析,详细介绍了数据分析的结果,包括环境身份标签、环境信息干预与环境友好型食品消费之间的关系。通过图表、图示和数据表格来清晰传达实验结果,以帮助读者理解研究的关键发现。结论与政策启示部分总结了研究的主要结论,并提供了政策建议和对实际应用的见解。这一部分为读者提供了研究的实际应用和政策影响的见解。附录部分包括与研究方法、数据和计量模型相关的额外信息,以提供更多的技术细节和数据支持。这可以帮助有兴趣深入研究的读者更好地理解研究的方法学基础。通过这一章内容,读者将了解环境身份标签、环境信息干预以及环境友好型食品消费的研究。这一章提供了有关环境友好型食品消费的重要见解,为了解食品经济学和环境政策的影响提供了关键信息。

第十一章研究了实验产品数量、心理账户理论以及与消费者食品消费相关的问题。引言部分为读者提供了关于研究的背景和目的的介绍,强调了实验产品数量和心理账户理论在消费者食品消费中的重要性。此部分概述了本研究的目标和范围,为后续内容的理解提供了必要的背景。在心理账户理论回顾与研究假说小节中,研究回顾了心理账户理论,并提出了与该理论相关的研究假说。心理账户理论的回顾有助于读者了解该理论的基本原理和应用,而研究假说则指导了研究的方向和目标。研究设计与实证策略部分详细介绍了研究方法,包括数据的收集方式、实验的设计,以及用于分析和实验的工具。研究设计和实证策略的描述有助于读者了解研究的科学可靠性和方法学基础。实证结果部分展示了研究的主要发现和分析，详细介绍了数据分析的结果，包括实验产品数量和心理账户对消费者食品消费的影响。通过图表、图示和数据表格来清晰传达实验结果，以帮助读者理解研究的关键发现。最后，结论与讨论部分总结了研究的主要结论，并提供了讨论和见解。回顾研究的主要发现，讨论它们的意义，并提出关于心理账户理论在食品消费中的实际应用和未来研究方向，这一部分为读者提供了对研究的实际应用和政策影响的见解。附录部分包括与研究方法、数据和计量模型相关的额外信息，以提供更多的技术细节和数据支持。这可以帮助有兴趣深入研究的读者更好地理解研究的方法学基础。通过本章内容，读者将了解实验产品数量、心理账户理论和消费者食品消费的研究。这一章提供了有关心理账户理论在食品消费中的应用和影响的重要信息，为了解消费者行为和市场策略提供了关键见解。

参考文献

[1] 陈志钢，毕洁颖，聂凤英，等.营养导向型的中国食物安全新愿景及政策建议.中国农业科学，2019(18):3097-3107.

[2] 陈志钢，徐孟.大食物观引领下低碳减排与粮食安全的协同发展:现状、挑战与对策.农业经济问题，2023(6):77-85.

[3] 樊胜根，高海秀，冯晓龙，等.农食系统转型与乡村振兴.华南农业大学学报(社会科学版)，2022(1):1-8.

[4] 黄季焜.对近期与中长期中国粮食安全的再认识.农业经济问题，2021(1):19-26.

[5] 李先德，孙致陆，赵玉菡.全球粮食安全及其治理:发展进程、现实挑战和转型策略.中国农村经济，2022(6):2-22.

[6] 司伟，张玉梅，樊胜根.从全球视角分析在新冠肺炎疫情下如何保障食物和营养安全.农业经济问题，2020(3):11-16.

[7] 周应恒，王善高，严斌剑.中国食物系统的结构、演化与展望.农业经济问题，2022(1):100-113.

第一部分
陈述性偏好的经济学基础

第二章 陈述性偏好的经济学理论基础:随机效用理论

第一节 随机效用理论的早期发展

哲学家杰里米·边沁(Jeremy Bentham,1748—1832)提出快乐与痛苦是控制人类行为的力量,人类极力求取快乐而逃避痛苦,这是对效用最大化(maximization of utility)行为的最早表述。效用理论关注的是一系列选择方案的偏好或无差异结构。它的起源至少可以追溯到18世纪,当时边沁和其他人开始研究所谓的"代数效用理论"。效用理论的大部分发展是在经济学领域进行的。在这一理论框架中,受试者的偏好或冷漠都是不可能的。这一传统的一个里程碑是冯·诺伊曼(J. von Neumann)和莫根施特恩(O. Morgenstern)的著名定理(1947),该定理给出了选择方案集上存在(实值)效用函数的一组充分条件(可参见 *Utilization Analysis*)。效用最大化行为假说是随机效用理论的基础,即个人对于一个可供选择的、候选项相互独立的集合,会选择其认为效用(满意程度)最大的项。

在概率效用模型中,假设当呈现一个全集 Ω 中的备选方案子集 A 时,受试者将有一定的概率 $P_x(A)$ 选择项目 $x \in A$。概率模型主要是在心理学中发展起来的,部分是为了回应心理物理实验中观察到的受试者的概率选择行为。随机效用模型的子类在该理论中发挥了重要作用。如果存在随机变量 $U_x : x \in \Omega$ 满足 $P_x(A) = Pr(U_x = \max\limits_{y \in A}\{U_y\})$,$x \in A \subseteq \Omega$,则一组选择概率 $P_x(A) : x \in A, A \subseteq \Omega$ 为随机效用模型。通常假设最大化变量是唯一的,概率为 1。

随机效用理论（random utility theory）的基本思想是，受试者对一种刺激 x 的"效用"是一个随机量 U_x，在 U_x 实现时，他/她根据效用变量的大小，选择最大的效用。这一思想的经典体现是瑟斯顿（L. L. Thurstone）的比较判断定律（1927），根据该定律，用户体验的分布与位置转移无关（可参见 *Thurstone's Theory of Comparative Judgment*）。Thurstone 描述了 U_x 分布形式的五个案例；最著名的是他的案例 V 模型，其中 U_x 是具有共同方差的独立正态分布变量。这种形式的 Thurstone 模型已广泛应用于心理测量刺激的标度和教育测试。后者"选项"可能是任务 T_i 和受访者 R_j，"R_j 倾向于 T_i"则意味着 R_j 在任务 T_i 上取得了成功。该模型还与概率分析有关。请注意，Thurstone 模型中的位置参数可以粗略地视为选择中的选项的"效用"。因此，一维效用尺度的重要概念自然地被保留下来。反过来说，Thurstone 模型不适用于多维情况，例如市场研究中经常出现的情况（对汽车、软饮的偏好等）。

一般随机效用模型的性质在很大程度上是心理学家们用数学方法研究出来的。在代数效用理论的经济文献中——其重点是公理理论的发展——除了 Thurstone 模型的有关研究，似乎很少有实证研究或应用（Luce et al.，1965）。

随机效用模型的类别非常广泛，但也无法涵盖所有的选择情况。试想被邀请去一家餐厅用餐的客人，出于对主人的尊重，他不会选择菜单上最贵的 x 项。引入更昂贵的物品会增加他选择 x 的机会。这个例子违反了规律性（regularity）条件：$P_x(A) \geqslant P_x(B)$，$A \subseteq B$。不难看出，任何随机效用模型都满足规律性。也有一些违反相当温和的弱随机传递性（weak stochastic transitivity）条件的随机效用模型：$P(x;y) \geqslant \frac{1}{2}$，$P(y;z) \geqslant \frac{1}{2} \Rightarrow P(x;y) \geqslant \frac{1}{2}$，其中 $P(u;v)$ 表示 $P_u(x;y)$。例如，我们可以选择三个随机变量 U_x, U_y, U_z（甚至可能是独立的），使得

$$P(U_x > U_y > U_z) = 0.3$$
$$P(U_y > U_z > U_x) = 0.3$$
$$P(U_z > U_x > U_y) = 0.4$$

然后 $P(x;y) = 0.7$，$P(y;z) = 0.6$，但 $P(z;x) = 0.7$。

人们对独立随机效用模型的 Thurston 形式与 Luce 选择公理（Luce's choice axiom）之间的关系有相当大的兴趣。Yellott（1977）还描述了一个自变量向量 $U_x : x \in \Omega$ 等于另一个无关向量 V_x 的条件，即通过改变位置参数获得的两组效用模型是相同的，因此 U_x 和 V_x 在实验上无法区分。对于 $|\Omega| \geqslant 3$，等价

条件本质上是：对于每个 $x \in \Omega$，存在常数 $a_x > 0$、b_x 使得 $(a_x U_x + b_x)$ 与 V_x 具有相同的分布。Strauss(1979,1981) 给出了任意相关的随机向量 U、V 的相应结果。请注意，变量之间具有相关性的随机效用模型是模拟选择方案之间相似性的一种自然方式。Falmagne(1978) 推导了选择概率 $P_x(A)$ 为随机效用模型的充要条件。

总而言之，在这一时期，经济学和其他社会科学领域逐渐开始注意到离散选择分析问题。在离散选择问题（例如，对个人劳动力参与、职业决策或区位决策，或者旅行模式选择等的分析）中，所要解释的观察量是离散的（或定性的），无法用连续变量表示。与传统经济计量方法一样，标准需求理论的目的是解释连续变量的变化，因此一般不适合分析离散选择行为。对定性选择问题的研究最早出现在心理计量学、生理计量学中，并在某种程度上存在于经济计量学中。早期重要的论文是 Thurstone(1927) 和 Luce(1959) 的文章，他们提出了离散概率选择模型。根据心理学解释，个人的选择行为内在地具有概率特征。

但是，随着离散选择分析的逐渐发展，美国经济学家丹尼尔·麦克法登（Daniel L. McFadden）对此提出了不同意见，他认为个人的选择是确定的。他关注的是分析者缺乏信息，如关于所研究的各种备选方案和个人特征的不完全信息。心理学家通常研究个人选择本身，经济学家则对总量结果——如选择了某一方案的人口比重——更感兴趣。在 McFadden 的创新性开拓之下，随机效用理论迎来了开创性的新进展。

第二节　随机效用理论的形成及主要内容

对随机效用理论作出开创性贡献的美国经济学家 McFadden 在他 1973 年发表的专著 *Conditional Logit Analysis of Qualitative Choice Behavior* 中首次系统地提出随机效用理论（random utility framework）。此后，随机效用理论以及离散选择分析，即在有限方案集中进行选择的理论和方法都得到了更加深远的传播，被广泛应用于经济学、心理学、医学等领域。McFadden 也因在微观经济计量学领域的重大贡献而获得 2000 年的诺贝尔经济学奖。

将随机元素与效用最大化概念相结合的想法在直觉上很有吸引力。这类模型通常被称为 RUM（即 random utility model），这是 Marschak(1959) 提出的一个概念,借鉴了心理物理学领域的早期工作(Fechner,1859)。形式上,如果我们考虑从有限集合中进行选择,意味着存在一个唯一的随机向量(U_1,…,U_i),直到随机效用递增单调变换,这样选择任何选项的概率 $i \in M$(其中 M 是选择集)由以下公式给出:

$$P_i = Pr(U_i > U_j), \text{for all } i \neq j \in M$$

正如最初设想的那样,在"效用"被概念化为随机序数变量的意义上,RUM 是一种"无分布"模型,没有特定的分布特性(Regenwetter et al.,2010)。RUM 从理论到实践的发展过程是将效用重新定义为一个基本变量,包括研究人员可以观察到的确定性元素和研究人员无法观察到的随机元素,术语通常称这些无法观察到的随机元素为"误差"。我们可以通过为后者分配分布形式开发 RUM 的"参数化"版本,以便于在实际政策和规划研究中实施(McFadden,1968)。

在一些范例中,RUM 也承认个体可能表现出随机行为。由于经济学家对总体行为的兴趣,McFadden 将 RUM 重新解释为具有明显不同品位的决策者群体的代表,每个决策者都面临一个单独的选择任务。McFadden(1981)认为,这两种解释在形式上是等价的,即特定个体在重复实验中作出选择的概率与广泛人群中随机选择的个体作出选择的可能性是一致的。当然,在实践中,我们可能会有个人特有的品位和随机行为。

Marschak 及其同事的主要动机是制定有助于理解选择过程的模型。特别是,他们试图通过实验调查来确认决策者坚持 RUM 的倾向(Davidson et al,1959),或至少选择符合 RUM 的行为。他们并没有试图将选择与备选方案和/或决策者的特征联系起来,这是几年后的发展。

传统的微观经济学对"直接"效用的定义是将效用表示为消费商品数量的函数,而发展中的离散选择范式有力地利用了 Lancaster(1966)的方法:根据商品的组成属性(可能包括一系列"质量"变量)对商品进行重新概念化。通过这种方式,建模者能够将选择的观察结果与表征可用选项的各种定性属性的数量联系起来。借鉴二元理论的微观经济学,选择建模者还借鉴了"间接"效用的概念,在引入质量变量的同时引入价格和收入,这为模型的开发和应用打开了大门。首先,选择建模成为非市场估价的一种关键方法,因为它可以用来检查质量变量和货币之间的边际替代率,从而得出以货币为基数的质量变量的边际估价。其次,加强福利经济学方面选择模型的理论基础,可以在质量变量和个体决策者之间汇总边际估值,从而得出政策或规划干预措施的社会层面估值。

在使用 RUM 的早期实际应用中，质量变量的边际估值——特别是为减少出行时间而支付的意愿——是 McFadden(1974)研究的副产品，但也是 Daly 等(1975)研究的主要产品。社会估价是 McFadden(1978)开创的。Domencich 等(1975)、Williams(1977)以及 Daly 等(1978)在行为预测中也利用了 RUM。20 世纪 70 年代的一些论文在随机效用理论的形成和发展中作出了重大贡献，随后 McFadden(1981)、Small 等(1981)以及 Hanemann(1982)将其整合到更全面的福利框架中。这一方法(尤其是以更具体的计量经济规范的形式)随后在许多学科实现了更进一步的创新和更多的应用，这一时期以交通运输领域的应用为最盛。

被创立以来的几十年间，RUM 一直服务于选择建模的两个主要实际目标：预测行为和引出估价，既研究个人支付意愿，也研究社会福利计算。RUM 也被用作研究行为基本原理的工具，但正是在这个角色中，它受到了替代范式的最大挑战。虽然规范或实证二分法在解释上可能存在差异，但 RUM 实践的这些目标要求我们必须有一个"代表"代理人行为的模型。这个假设虽然很强，但对模型应用程序的可信度至关重要(Daly，1982)。这里出现了一个关键区别，即提供选择过程(未观察到)的准确表示的模型和选择结果(已观察到)准确预测的模型。重要的是，后者可能不一定需要前者，但对框架的批评侧重于过程的代表性。

在 Marschak 及其同事和 McFadden(1974)对 RUM 的最初概念化中，RUM 的概念是通过构造引入的。也就是说，通过预先定义实用程序来指定模型，然后通过使效用随机或使行为成为固定效用的随机函数来引入随机性[例如，见 Busemeyer 等(2014)]。"固定效用"方法始终可以通过向效用添加适当的随机组件来模拟，因此，具有显式随机效用的模型更为普遍。值得注意的是，纳入随机因素是对一般行为框架的概括，而不是限制。通常，如果随机元素的方差变得很小，则模型中随机效应的影响可以忽略不计。此外，RUM 范式的使用是建模行为的一种极为普遍的方法，前提是每个时刻的个体行为都与效用最大化一致，或者偏差足够小，可以被 RUM 的随机成分所允许。我们再次注意到，RUM 可能能够准确或密切地预测与效用理论不完全一致的行为结果。

经过以 McFadden 为代表的经济学家的持续研究与发展，随机效用理论逐渐成熟，并被更加广泛地应用于经济学和其他社会科学领域的研究之中。

时至今日,随机效用理论已经发展成为相对成熟且概念完整的理论体系。

随机效用理论(random utility theory,RUT)植根于这样一个假设:每个人都是理性的决策者,他/她的每个选择都力求实现效用最大化。具体来说,该理论基于三个主要选择建模假设。

A. 完美理性假设:对于每个属于一组同质个体的决策者,例如所有在同一条路线 o−d 之间旅行的用户 i,

A1. 考虑一组相关备选方案中的所有备选方案,称为选择集,例如 R_i 是 o−d 之间 i 可用的路线集;

A2. 给每个备选方案 r(例如其中一条路线)一个感知效用值 $U_{i,r}$;

A3. 选择使感知效用为最大值的 r^*,$U_{i,r^*} \geqslant U_{i,r} \; \forall \, r \in R_i$。

B. 不确定性假设:考虑到每个用户和建模者可获得的不完整信息的不确定性,对每种备选方案的感知效用进行建模。

C. 随机性假设:每个备选方案的感知效用是通过一个连续的随机变量建模的;感知效用的平均值被称为系统效用,$v_{i,r} = E[U_{i,r}]$。

因此,对于任何具有有限均值的随机变量,随机残差可以定义为 $\xi_{i,r} = U_{i,r} - E[U_{i,r}] = U_{i,r} - v_{i,r}$,其中 $E[\xi_{i,r}] = 0$,$\mathrm{Var}[\xi_{i,r}] = \mathrm{Var}[U_{i,r}]$;随机残差的分布可以从感知效用的分布中得到。

回到随机效用理论本身。个人对于一个可供选择的、候选项相互独立的集合,会选择其认为效用(满意程度)最大的项,这一假定是随机效用理论的基础,被称为效用最大化行为假说。随机效用理论是离散选择模型的一般原理,根据这一理论,样本从候选集合中选择某候选项的条件为:$U_{in} > U_{jn}$;$i \neq j$;$i,j \in A_n$。其中:U_{in}、U_{jn} 分别为候选项 i、j 对于个体 n 的效用;A_n 为个体 n 的候选项集合;n 为个体编号。

随机效用理论将随机效用分为可观测的固定效用和不可观测的随机效用两大部分,并假设随机效用与可观测的固定效用之间呈线性关系。在一定情境 i 下,个体 n 的效用(U_{in})表示为:$U_{in} = V_{in}(\beta_n) + \varepsilon_{in} = \delta(ASC_0) + \alpha_n(X_i) + \gamma_n(-P_i) + \varepsilon_{in}$。其中,$V_{in}(\beta_n)$ 是基于参数 β_n 的可观测的代表效用函数;ε_{in} 是不可观测的随机效用,其概率密度函数记为 $f(\varepsilon)$。

代表效用函数通常是线性的形式(Hensher et al.,2003),包括三个部分:ASC_0 是特定备择常数(alternative specific constant),在有干预措施时取值为1,否则为0,用于表示没有干预措施情况下的基准效用;向量 X_i 是用于价值评估的指标在情境 i 下的取值;$-P_i$ 是为了达到情境 i 所不可避免的支出(即支付意愿)的相反数。$\beta_n = (\delta, \alpha_n, \gamma_n)$ 是反映个体 n 对每个指标偏好程度的参数,研究者不能观测到 β_n,但可以对 β_n 在总体中的分布 $f(\beta)$ 作出假定。

ε_{mi} 的分布 $f(\varepsilon)$ 体现了非理性部分的影响。当 $f(\varepsilon)$ 是 Gumbel 分布时,个体在所有 J 个情境中选择 i 而不选择其他的概率可以表示为:$P_{in} = \text{Prob}(U_{in} > U_{jn}; i \neq j; i, j \in A_n) = \text{Prob}(V_{in} + \varepsilon_{in} > V_{jn} + \varepsilon_{jn}, \forall j \neq i) =$

$$\frac{e^{V_{in}(\beta_n)}}{\sum_J e^{V_{in}(\beta_n)}} = \int \left(\frac{e^{V_{in}(\beta_n)}}{\sum_J e^{V_{in}(\beta_n)}} \right) f(\beta) d\beta,\text{其中 } 0 \leqslant P_{in} \leqslant 1, \sum_{i \in A_n} P_{in} = 1。$$ 若 β_n
$= \beta$(即所有人对同一指标的偏好是相同的),此时 $f(\beta) = 1$,P_{in} 退化为标准的 logit 概率,对应的选择模型被称为 logit 模型;若 $f(\beta)$ 是连续型的概率密度函数(如正态分布),那么 P_{in} 可以看作是基于权重 $f(\beta)$ 的 logit 方程的加权平均,对应的选择模型被称为 mixed logit 模型(混合 logit 模型)。mixed logit 不同于其他形式的 logit 模型,β 的取值不是固定的,而是一个分布,因而可以处理指标偏好的变异性,与现实情况更加吻合。由于 mixed logit 模型能够纳入偏好的随机性特征,模型估计的结果更加稳健,并能够反映公共政策的福利效应在社会总体中的分布特征,对管理者具有更高的参考价值。更多关于离散选择模型的详细描述将在下一章中进行。

第三节　随机效用理论的应用现状及评述

McFadden 最基本的贡献是把经济理论与离散选择分析的经济计量理论融合到一起。他的开拓性论文和同时期的经济实证案例研究从根本上改变了研究者对个人行为经济计量分析的认识。以随机效用理论为基础的离散选择分析迅速发展成为现代经济计量学的一个主要领域。

McFadden 称他的创新为条件 logit 模型。多项 logit 模型业已问世(Theil,1969),但 McFadden 根据人口选择行为的经济学理论进行的模型推导是全新的。他的贡献立刻被认为是范式上的突破,为统计估计和应用开辟了道路。

多项 logit 模型的吸引力在于它融合了坚实的微观经济学基础和简便的计算。而计算简便性来自随机效用项的统计独立性假设——它意味着无关方案间的独立性(IIA)。选择任何两个方案的概率之比率独立于其他所有方案的特征,例如,扩大选择集并不影响两个选择的机会比率。在 IIA 假设下,与两个方案有关的参数仅仅利用选择了这两个方案的受试者的有关数据,就可以被一致地估计出来。所以,IIA 特征允许关于选择的基础上的样本的多项 logit 估计,这比用群体样本进行估计容易得多。同时,由此产生的样本偏差性得到了必要的调整(Manski et al.,1997;Manski et al.,1981)。

正如 McFadden 所指出的那样,IIA 假设在许多应用上是有限制的。例如,在增加了一个新的备选方案时,如果它与一个已有备选方案呈高度替代关系,那么任何两个选择之间的机会比率不可能是不变的。这个问题说明了自选择的样本估计群体参数所普遍存在的困难。Hausman 等(1984)设计了一个程序以检验假设的有效性,旨在对从自选择子集得到的估计与从整个选择集得到的估计进行比较;如果 IIA 假设有效,这两个统计量就不应该发生系统变化。McFadden(1987)提出了更进一步的结构检验。

McFadden 也指出了如何通过他所提出的嵌套多项 logit(nested multinomial logit,NML)和广义极值模型(generalization extreme value models,GEV)放松 IIA 假设。由 Ben-Akiva(1973)和 McFadden 提出的嵌套 logit 模型通过允许选择之间的某些统计依赖性,放松了 IIA 假设。这一模型认为,个人的决策有一种层级结构。例如,考虑目的地和旅行模型的联合选择;对这一决策问题的一种可能的嵌套 logit 阐述是,假定对每一目的地,个人选择他所喜欢的交通方式,并把这一点纳入考虑范围中来选择自己的目的地。由 McFadden(1978,1981)提出的 GEV 模型更为一般化,并在分析上也十分充分。

对多项 logit 模型的另一种一般化是所谓的混合 logit 模型。这种一般化是通过加总各个不同的子群体的选择行为进行的。这里,各个子群体中的所有人都有相同的被观察到的特征,对各个子群体的选择行为进行上述的建模分析。正如 McFadden 等(2000)所指出的,对离散选择,任何良好形态的随机效用模型可以在任何准确程度上用这样一个 mixed logit 模型近似地加以表示。这一模型的应用通常需要蒙特卡罗模拟方法(Monte-Carlo simulation)。

还有一种方法是有相关误差的多项 probit 模型。但是,与混合 logit 模型一样,当这一模型被应用于有许多备选方案的问题时,就会出现计算上的困难,主要原因是计算选择概率涉及计算多重积分(multiple integrals)。Lerman 等(1981)提出了用蒙特卡罗模拟方法计算选择概率的思想,这种方法是从多变量正态分布中重复进行随机抽样。McFadden(1989)进一步发展了这一思想，他提出了一种统计方法——模拟矩（simulated moments）方法。McFadden 的文章解决了这一方法的基本统计特征问题，此后，这一领域中出现了大量研究文章。

个人选择分析的一个自然发展是解释离散选择和连续选择的模型和方法的发展。Dubin 等（1984）展示了如何把一般的方法论研究与对实际有用的经验研究（家庭对家用电器的离散选择和对电力消费的连续选择）融合在一起。

可以看到，McFadden 的大部分研究实际上是以经济学理论、经济计量方法和经验实证研究间的紧密联系为特征的。此外，McFadden 还在 20 世纪 90 年代开始研究环境经济学，运用其理论分析了居民对自然资源的支付意愿。McFadden（1994）详细考察了状态依赖性价值确定方法的特征，以估计所谓的自然资源存在值，并提出了新的经济计量技术。他与 Hausman 和 Leonard 合作，发展了经验实证离散选择模型，以评估由自然资源损失引起的福利损失（Hausman et al.，1995）。这一模型被用于研究阿拉斯加州的旅游需求，以估计 1989 年 Exxon Valdez 油轮石油泄漏事件给阿拉斯加州造成的福利损失。McFadden 在这一领域中的研究再次证明了他将经济学理论、经济计量方法和经验实证研究融为一体的娴熟技能。

如今，随机效用理论已经成为研究消费者偏好的重要背景，以单个消费者为基本分析单位，以决策者进行理性选择使自身效用达到最大化为基本研究假设。随机效用理论往往被用于解决产品购买者对市场上提供的产品进行方案选择的问题，根据每位参与者的选择测算每种方案的效用。随机效用理论是近几十年来微观经济学领域的重大进展之一，它将行为经济学与传统的经济分析范式相结合，开创了对微观个体经济行为的全新的研究方向和形式。

参考文献

[1] Ben-Akiva, M. E. 1973. Structure of passenger travel demand models. Transportation Research Board Record 526:26-42.

[2] Busemeyer, J. R., Rieskamp, J. 2014. Psychological research and theories on preferential choice. Handbook of Choice Modelling. London: Edward Elgar Publishing.

［3］Daly，A.，Zachary，S. 1975. Commuters' values of time. Report to Department ｛of the Environment.［2020-06-18］. https：//www. semanticscholar. org/ paper/COMMUTERS'-VALUE-OF-TIME-Daly-Zachary/ 48fb8683c9670795b17ec7b843decd094a57bff3.

［4］Daly，A. J.，Zachary，S. 1978. Improved multiple choice. Determinants of travel demand，Saxon House，Sussex.［2020-10-12］. https：//www. researchgate. net/publication/230663926＿Improved＿multiple＿choice＿models.

［5］Daly，A. 1982. Estimating choice models containing attraction variables. Transportation Research Part B：Methodological 16(1)：5-15.

［6］Davidson，D.，Marschak，J. 1959. Experimental tests of a stochastic decision theory. Measurement：Definitions and Theories 17：274.

［7］Domencich，T. A.，McFadden，D. 1975. Urban travel demand—a behavioral analysis. Amsterdam：North-Holland Publishing Co.

［8］Dubin，J. A.，McFadden，D. L. 1984. An econometric analysis of residential electric appliance holdings and consumption. Econometrica：Journal of the Econometric Society 52(2)：345-362.

［9］Falmagne，J. C. 1978. A representation theorem for finite random scale systems. Journal of Mathematical Psychology 18(1)：52-72.

［10］Fechner，G. 1859. Elements of psychophysics（translated by Adler，HE）. New York：Holt.

［11］Hanemann，W. M. 1982. Applied welfare analysis with qualitative response models. Department of Agricultureal & Resource Economics Working Paper No. 241，University of California，Berkeley.

［12］Hausman，J. A.，Leonard，G. K.，McFadden，D. 1995. A utility-consistent，combined discrete choice and count data model assessing recreational use losses due to natural resource damage. Journal of Public Economics 56(1)：1-30.

［13］Hausman，J.，McFadden，D. 1984. Specification tests for the multinomial logit model. Econometrica：Journal of the Econometric Society 52(5)：1219-1240.

［14］ Hensher,D. A. ,Greene,W. H. 2003. The mixed logit model:The state of practice. Transportation 30(2):133-176.

［15］ Lancaster,K. J. 1966. A new approach to consumer theory. Journal of Political Economy 74(2):132-157.

［16］ Lerman,S. ,Manski,C. 1981. On the use of simulated frequencies to approximate choice probabilities. Structural Analysis of Discrete Data with Econometric Applications 10:305-319.

［17］ Luce,R. D. ,Suppes,P. 1965. Preference,utility,and subjective probability. Handbook of Mathematical Psychology. Cambridge: Cambridge University Press.

［18］ Luce,R. D. 1959. On the possible psychophysical laws. Psychological Review 66(2):81.

［19］ Manski,C. F. ,McFadden,D. 1981. Alternative estimators and sample designs for discrete choice analysis. Structural Analysis of Discrete Data with Econometric Applications 2:2-50.

［20］ Manski,C. S. ,Lerman,S. R. 1997. The estimation of probabilities from choice-based sample. Econometrica 45(8):1311-1334.

［21］ Marschak,J. 1959. Binary Choice Constraints on Random Utility Indicators. Cowles Foundation for Research in Economics,Yale University.

［22］ McFadden,D. ,Train K. 2000. Mixed MNL models for discrete response. Journal of Applied Econometrics 15(5):447-470.

［23］ McFadden,D. 1968. Masking-Level Differences Determined with and without Interaural Disparities in Masker Intensity. The Journal of the Acoustical Society of America 44(1):212-223.

［24］ McFadden,D. 1974. Conditional logit Analysis of Qualitative Choice Behavior. Frontiers in Econometrics. ［2019-05-13］. https://escholarship. org/uc/item/61s3q2xr.

［25］ McFadden,D. 1978. Estimation techniques for the elasticity of substitution and other production parameters. Contributions to Economic Analysis 2:73-123.

［26］ McFadden,D. 1981. Econometric models of probabilistic choice. Structural analysis of discrete data with econometric applications. Cambridge, MA：MIT press.

[27] McFadden, D. 1987. Regression-based specification tests for the multinomial logit model. Journal of Econometrics 34(1-2)：63-82.

[28] McFadden, D. 1989. A method of simulated moments for estimation of discrete response models without numerical integration. Econometrica：Journal of the Econometric Society 57(5)：995-1026.

[29] McFadden, D. 1994. Contingent valuation and social choice. American Journal of Agricultural Economics 76(4)：689-708.

[30] Regenwetter, M., Dana, J., Davis-Stober, C. P. 2010. Testing transitivity of preferences on two-alternative forced choice data. Frontiers in Psychology 1：148.

[31] Small, K. A., Rosen, H. S. 1981. Applied welfare economics with discrete choice models. Econometrica：Journal of the Econometric Society 49(1)：105-130.

[32] Strauss, W. A. 1981. Nonlinear scattering theory at low energy. Journal of Functional Analysis 41(1)：110-133.

[33] Strauss, W. 1979. Mathematical aspects of classical nonlinear field equations. Nonlinear Problems in Theoretical Physics 98：123-149.

[34] Theil, H. 1969. A multinomial extension of the linear logit model. International Economic Review 10(3)：251-259.

[35] Thurstone, L. L. 1927. Three psychophysical laws. Psychological Review 34(6)：424.

[36] Williams, H. C. W. L. 1977. On the formation of travel demand models and economic evaluation measures of user benefit. Environment and Planning A 9(3)：285-344.

[37] Yellott, Jr. J. I. 1977. The relationship between Luce's choice axiom, Thurstone's theory of comparative judgment, and the double exponential distribution. Journal of Mathematical Psychology 15(2)：109-144.

第三章　陈述性偏好的经济学实证基础:离散选择模型

以随机效用理论为一般理论,离散选择模型逐渐发展出多种类别。离散选择模型(discrete choice model),也叫作基于选择的结合分析模型(choice-based conjoint analysis,CBC),是一种非常有效且实用的市场研究技术。该模型是在实验设计的基础上,通过模拟所要研究产品/服务的市场竞争环境,来测量消费者的购买行为,从而获知消费者如何在不同产品/服务属性水平和价格条件下进行选择。

离散选择模型主要用于测量消费者在实际或模拟的市场竞争环境下如何在不同产品/服务中进行选择。应用该模型研究具体问题时,通常是在正交实验设计的基础上,构造一定数量的产品/服务选择集(choice set),每个选择集包括多个产品/服务的轮廓(profile),每一个轮廓由能够描述产品/服务重要特征的属性(attributes)以及赋予每一个属性的不同水平(level)组合构成。例如消费者购买手机的重要属性和水平可能包括品牌(A、B、C)、价格(1500 元、1750 元、2000 元)、功能(短信、短信语音、图片短信)等,离散选择模型被用于测量消费者在给出的不同的产品价格、功能条件下是选择购买品牌A、品牌 B 或者品牌 C,还是什么都不选择。离散选择模型的一个重要的假定是:消费者是根据构成产品/服务的多个属性来进行理解和作出选择判断的。另一个基本假定是:消费者的选择行为要比偏好行为更接近现实情况。

它与传统全轮廓结合分析(full profiles conjoint analysis)都是在全轮廓的基础上采用分解的方法测量消费者对某一轮廓(产品)的选择与偏好,对构成该轮廓的多个属性和水平的选择与偏好,用效用值(utilities)来描述。

但是,它与传统的结合分析的最大区别在于:离散选择模型不是测量消费者的偏好,而是获知消费者如何在不同竞争产品选择集中进行选择。因此,离散选择模型在价格研究中是一种更为实际、更有效、更复杂的技术。具

体表现在:

• 将消费者的选择置于模拟的竞争市场环境,"选择"更接近消费者的实际购买行为;

• 消费者的选择行为要比偏好态度更能反映产品不同属性和水平的价值,也更具有针对性;

• 消费者只需作出"买"或"不买"的回答,数据获得更容易,也更准确;

• 消费者可以作出"任何产品都不购买"的决策,这与现实是一致的;

• 实验设计可以排除不合理的产品组合,同时可以分析产品属性水平存在交互作用的情况;

• 离散选择集能够较好地处理产品属性水平个数较多(大于4)的情况;

• 统计分析模型和数据结构更为复杂,但可以模拟更广泛的市场竞争环境;

• 模型分析是在消费者群体层面,而非个体层面。

离散选择模型的主要价值包括以下3个方面:

(1)揭示行为规律。通过对系数估计值的符号、大小、显著性的分析,可以判断哪些要素真正影响了行为,其方向和重要程度如何。对于不同类型的人群,还可以比较群组间的差异。

(2)估计支付意愿。一般通过计算其他要素与价格的系数之比得到该要素的货币化价值,该方法也可推广到其他非价格要素上。值得注意的是,有一类研究通过直接向受访者抛出价格进而征询其是否接受的方式,估计个体对物品、设施、政策的支付意愿。这种被称为意愿价值评估(contingent valuation method,CVM)的方法广泛应用于对无法市场化的资源、环境、历史文化等的评价。应用案例有:Breffle 等(1998)对未开发用地、Treiman 等(2006)对社区森林、Báez-Montenegro 等(2012)对文化遗址价值的研究。在下一章中,我们将对这种方法进行详细介绍。

(3)展开模拟分析。一般以"what-if"的方式考察诸如要素改变、政策实施、备选项增减等造成的前后差异,或是对方案、情景的效果进行前瞻。例如,Yang 等(2010)模拟了高铁进入对原有交通方式选择的影响;Müller 等(2014)模拟了两种不同的连锁店布局方案各自的经济效益。

如今,常见的离散选择模型主要包括以下几种:

(1)二元概率模型,即 logit 模型和 probit 模型,适用于分析二分类因变量(死亡/未死亡、就业/未就业、生育/未生育、入学/未入学、患病/未患病等)。

(2)多元概率模型,包括有序概率模型和无序概率模型。其中有序概率模型如常见的有序 probit、logit 模型以及广义有序 logit 模型,适用于多类别(＞2)有序因变量,如满意度(不满意、满意、非常满意)、开心程度(不开心、开心、非常开心)、受伤程度(未受伤、受伤、死亡);无序概率模型,适用于没有序次的多类别因变量,如职业(工人、公务员、老师)、汽车类型(货车、小汽车、越野车)以及不同型号的手机等。其中常见的非异质性模型有多项式 logit 模型(指广义的多项式 logit 模型,包括包含个人属性和方案属性的条件 logit 模型)、多项式 probit 模型、嵌套 logit 模型等。

(3)异质性模型。异质性模型是相对于非异质性模型而言的,非异质性模型假设用于估计模型的数据是同质的,而异质性模型则认为数据可能是异质的,即模型估计出的参数不应该在所有的样本中相同,比如常见的混合 logit 模型(也被称为随机参数 logit 模型)、潜在类别 logit 模型。

具体地说,随机效用模型转化为选择模型,需要对随机误差项的联合分布进行确定的假设,离散选择模型的研究和发展都是围绕随机变量的假设和处理进行的。本章将介绍离散选择模型中几种经典模型的内容和应用,包括条件 logit 模型(conditional logit model,CL)、多项 logit 模型(multinomial logit model,MNL)、随机参数 logit 模型(random parameter logit model,RPL)和潜在类别模型(latent class model,LCM),这些模型的函数形式、适用条件、适用问题及特点不尽相同。

第一节 条件 logit 模型与多项 logit 模型

在确立 RUM 后,McFadden 接着对随机效用作出一些巧妙的分配假设,使得选择各类别的概率(乃至于整个似然函数)都可以用很简单的公式表示出来,我们因此可用标准的统计方法(最大似然估计法)将"类别特质"以及"经济个体特质"对类别选择的影响估计出来,McFadden 将这种计量模型取名为"条件 logit 模型",由于这种模型的理论坚实而且计算简单,几乎没有一本计量经济学的教科书不特设专章介绍这种模型以及类似的"多项 logit 模型"。在本节中,我们将详细介绍这两种基本 logit 模型的具体设定和应用情况。

条件 logit 模型是 McFadden(1974)在离散选择领域的开创性贡献,用于定量分析"随选择方案而变"的解释变量所产生的随机效用。

为了描述这一模型，需要假设在总体中的每一个人面对某一数目（比如说 J 个）的备选方案，令 X 代表与每一备选方案相联系的特征，Z 代表研究者在其数据中可以观察到的个人特征。比如说，在对旅行模式进行选择的研究中，备选方案可能是小汽车、公共汽车和地铁，X 可以包括有关时间和费用的信息，而 Z 有可能覆盖有关年龄、收入和教育的数据。除 X 和 Z 之外的个人及备选方案之间的差异，尽管是研究者所无法观察到的，但也决定着个人效用最大化选择。此类特征是由随机的"误差项"所代表的。McFadden 推测这些随机误差在总体中具有特定的统计分布（称为极值分布）。

条件 logit 模型假设 ε_{ij} 呈现极值分布。概率密度函数采用以下形式：

$$f(\varepsilon_{ij}) = e^{-\varepsilon_{ij}} e^{-e^{-\varepsilon_{ij}}} \tag{3.1.1}$$

其累积密度函数表示为：

$$F(\varepsilon_{ij}) = e^{-e^{-\varepsilon_{ij}}} \tag{3.1.2}$$

更重要的是，该模型将所有 ε_{ij} 限制为独立且同分布（IID）。个人 i 选择选项 j 的概率可解为以下封闭式表达式：

$$P_{ij} = \frac{e^{V_{ij}}}{\sum_j e^{V_{ij}}} = \frac{e^{\alpha' Z_{ij}}}{\sum_j e^{\alpha' Z_{ij}}} \tag{3.1.3}$$

Z_{ij} 表示所有观测因子或解释变量，α 表示从模型中获得的参数。

当 ε_{ij} 为 IID 时，方程（3.1.3）采用了 IIA 假设。考虑个体 i 选择选项 j 或选项 l 的概率：

$$P_{ij} = \frac{e^{\alpha' z_{ij}}}{\sum_j e^{\alpha' z_{ij}}}$$

$$P_{il} = \frac{e^{\alpha' z_{il}}}{\sum_j e^{\alpha' z_{ij}}}$$

在 j 和 l 之间选择的概率比为：

$$\frac{P_{ij}}{P_{il}} = \frac{\sum_j e^{\alpha' z_{ij}}}{\sum_j e^{\alpha' z_{ij}}} \Big/ \frac{e^{\alpha' z_{ij}}}{e^{\alpha' z_{il}}} = \frac{e^{\alpha' z_{ij}}}{e^{\alpha' z_{il}}} \tag{3.1.4}$$

概率比仅取决于 j 和 l 的属性，而不取决于其他方案的属性。

条件 logit 模型由于其简单性和封闭形式的模型规范而经常被应用。该模型经常被应用到对城市旅行交通需求的研究之中，它们可以被应用于交通计划之中，用于检验政策措施的效果以及其他社会与环境等方面的变化。比如说,这些模型可以解释价格变化、通过改进而获得的可能性或者人口构成的变动是如何影响使用不同交通方式所占比例的。这些模型在其他领域也具有应用意义,比如说对居住方式和居住地以及教育的选择等。McFadden还将他本人的模型应用到对许多社会问题的分析,比如民用电力、电话服务和为老年人所提供的住所等。

然而,这一模型也有局限性,最主要的是对误差项的严格假设。这一假设假定所有受访者的偏好都是一样的,显然这一假设在实践中是不现实的。在此基础上,其他更灵活的模型不断被开发出来。在过去的 20 年间,混合 logit(MXL)模型已经在很大程度上取代了 CL 模型来分析选择数据。MXL 模型能够解释面板数据,每个受访者回答一系列选择问题,允许考虑未观察到的个体之间的偏好异质性[例如 Hensher 等(2003)的详细 MXL 模型规范]。

条件 logit 模型还具有分析在两个可变换方案(比如乘公共汽车或小汽车旅行)之间进行选择的相对概率的特殊属性,而对其他交通选择方案的价格和质量不予考虑。这一属性称为非相关选择方案(ILA),同样地,这一假设在有些应用中是不现实的。McFadden 不仅设计了确定 ILA 得到满足的统计测试方法,而且还引入了更为一般的模型,比如嵌套 logit 模型(nested logitech model)。在此个人选择被假设为可以在一个特定序列中进行排序,比如说在研究有关居住地和居住类型的问题时,某一个人被假设为首先选择居住地段或位置,然后再选择居住类型。

多项式 logit 模型是最简单的离散选择模型。它基于随机残差 ε_j 独立且同分布为具有零均值和标度参数 θ 的 Gumbel 随机变量(r. v.)的假设。每个随机残差的边际概率分布函数由下式给出：

$$F_{\varepsilon_j}(x) = Pr[\varepsilon_j \leqslant x] = \exp\left[-\exp\left(-\frac{x}{\theta} - \varphi\right)\right] \tag{3.1.5}$$

其中 φ 为欧拉常数($\varphi \approx 0.577$)。由方程(3.1.5)表示的 Gumbel 变量的均值和方差分别为：

$$E[\varepsilon_j] = 0 \ \forall j$$

$$\mathrm{Var}(\varepsilon_j) = \sigma_\varepsilon^2 = \frac{\pi^2}{\sigma}\theta^2 \ \forall j \tag{3.1.6}$$

随机残差的独立性意味着任何一对残差之间的协方差为零：

$$\mathrm{Cov}[\varepsilon_j, \varepsilon_h] = 0 \ \forall j, h \in I \tag{3.1.7}$$

由此可以推导出,备选方案 j 的感知效用 U_j 是其系统效用 V_j(一个常数)和随机 ε_j 的总和,也是一个 Gumbel 随机变量,其概率分布函数、均值和方差由下式给出:

$$F_{J_j}(x) = Pr[U_j \leqslant x] = Pr[\varepsilon_j \leqslant x - V_j] = \exp\left[-\exp\left(-\frac{x-V_j}{\theta} - \varphi\right)\right]$$

$$E[U_j] = V_j, \mathrm{Var}(U_j) = \frac{\pi^2}{\sigma}\theta^2 \tag{3.1.8}$$

基于以上关于残差 ε_j(以及感知效用 U_j)的假设,残差 $\sum_\varepsilon$ 的方差-协方差矩阵是单位矩阵的标量倍数(σ_ε^2),该单位矩阵的行数和列数与备选数相同。图 3.1 展示了关于多项式 logit 模型随机残差分布及其方差-协方差矩阵的假设图形,该模型包含四个选项。这种方式被称为选择树(choice tree)。

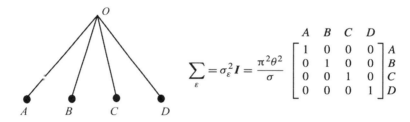

图 3.1 选择树和 MNL 模型的方差-协方差矩阵

Gumbel 变量有一个重要的性质,即"关于最大化的稳定性":一组都带有比例参数 θ 的独立 Gumbel 变量的最大值,也是一个带参数 θ 的 Gumbel 变量。更具体地说,如果 $\{U_j\}$ 是一组独立的 Gumbel 变量,其参数 θ 相等、但均值 V_j 不同,则变量 U_M 也是一个带参数 θ 的 Gumbel 变量,其均值 V_M 为:

$$U_M = \max_j\{U_j\}$$

$$V_M = E[U_M] = \theta\ln\sum_j\exp\left(\frac{V_j}{\theta}\right) \tag{3.1.9}$$

变量 V_M 被称为期望最大感知效用(expected maximum perceived utility,EMPU)或包含效用(inclusive utility)。与其成比例的变量 $Y = \ln\sum_j\exp(V_j/\theta)$,因为它的解析形式而被称为对数和。由于其是关于最大化的稳定性,采用 Gumbel 分布残差的假设在随机效用模型中特别方便。事实上,在这里所作的假设下,在可供选择的 $(1, 2, \cdots, m) \in I$ 中选择选项 j 的概率可以用闭合形式表示为下式:

$$P[j] = \frac{\exp\left(\frac{V_j}{\theta}\right)}{\sum_{i=1}^{m} \exp\left(\frac{V_i}{\theta}\right)} \tag{3.1.10}$$

表达式(3.1.10)定义了多项式 logit 模型,这是最简单也是使用最广泛的离散选择模型之一。在参数 θ 与系统效用无关的共同假设下,MNL 模型是恒定的,并且具有如下所述的一些重要性质。

(1)对系统效用差异的依赖。在只有两个选择方案(A 和 B)的情况下,称 MNL 模型(3.1.10)为二项式 logit(binomial logit),可以表示为:

$$P[A] = \frac{\exp\left(\frac{V_A}{\theta}\right)}{\exp\left(\frac{V_A}{\theta}\right) + \exp\left(\frac{V_B}{\theta}\right)} = \frac{1}{1 + \exp\left[\frac{(V_B - V_A)}{\theta}\right]}$$

可以看出,方案 A 的选择概率取决于系统效用之间的差异。此外,如图 3.2所示,如果两种选择方案具有相同的系统效用($V_B - V_A = 0$),则选择概率为 0.5。对于 $V_B - V_A$ 的正负值,该选择概率为 S 形半对称图。此外,当 $V_B - V_A$ 趋向 $-\infty$(此时备选方案 A 的系统效用变得无限大于 B)时,该选择概率趋向于 1,当 $V_B - V_A$ 趋向于 $+\infty$ 时,则趋向于 0。当 $V_B - V_A$ 值接近于零时,相对于 $V_B - V_A$ 的变化,A 的选择概率的变化率更大,几乎呈线性,并且随着随机残差(参数 θ)的方差的减小而增大。随着 $V_B - V_A$ 绝对值的增加,$P[A]$ 的斜率趋于水平;对于 $V_B - V_A$ 较大的差异,选择概率的变化对 $V_B - V_A$ 的变化的敏感性较低。

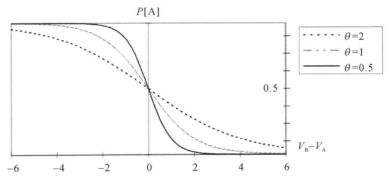

图 3.2 二项式 logit 模型的选择概率 $P[A]$

类似的考虑适用于具有 m 个备选方案的多项式 logit 模型的更一般情

况。从表达式(3.1.10)可以看出：

$$P[j] = \frac{1}{1 + \sum_{h \neq j} \exp\left[\frac{(V_h - V_j)}{\theta}\right]} \tag{3.1.10}$$

(2)剩余方差的影响。从表达式(3.1.10)可以看出，随机剩余方差越小(参数 θ 越小)，系统效用最大的方案的选择概率越大。随着方差趋向于零，这种概率趋向于1(即确定效用模型)。相反，随着剩余方差的增加，指数 $\frac{V_j}{\theta}$ 趋向于相同的值(零)，不同备选方案的选择概率趋向于相同的值(1/m)。随机剩余方差的影响如图3.3所示，其为对应于两条路径的两种选择方案，属性为旅行时间(t)和货币成本(mc)。

$$P[A] = \frac{\exp[(-0.1 \cdot t_A - 1 \cdot mc_A)/\theta]}{\exp[(-0.1 \cdot t_A - 1 \cdot mc_A)/\theta] + \exp[(-0.1 \cdot t_B - 1 \cdot mc_B)/\theta]}$$

$t_A = 20$ min	$c_A = 3.6$ unit	$V_A = -5.6$
$t_B = 40$ min	$c_B = 0.6$ unit	$V_B = -4.6$

	$\theta = 10$	$\theta = 1$	$\theta = 0.5$
$P[A]$	0.48	0.27	0.12
$P[B]$	0.52	0.73	0.88

图 3.3　随机剩余方差对二项式 logit 模型选择概率的影响

(3)独立于无关的选择。由表达式(3.1.10)可以很容易地推导出 logit 模型的另一个一般性质。任何两个选项之间的选择概率比只取决于这两个选择的系统效用，特别是与其他选项的数量和系统效用无关：

$$\frac{P[j]}{P[h]} = \frac{\exp\left(\frac{V_j}{\theta}\right)}{\exp\left(\frac{V_h}{\theta}\right)} \tag{3.1.11}$$

这种特性在文献中被称为无关选择独立性(independent of irrelevant alternatives，IIA)，有时会导致不切实际的结果。例如，在具有相同系统效用的两个选项 A 和 B 之间进行选择。在这种情况下，选择每个备选项的 logit 模型概率为 0.50，选择 A 和 B 的概率之比等于 1：

$$\frac{P[A]}{P[B]} = \frac{\exp\left(\frac{V_A}{\theta}\right)}{\exp\left(\frac{V_B}{\theta}\right)} = 1$$

现在假设第三个备选项 C 被添加到选择集中。备选方案 C 与其他两个方案具有相同的系统效用，但在其他方面与备选方案 B 非常相似。举一个具体的例子，假设我们要选择交通方式，其中备选方案 A 是小汽车，备选方案 B 是公共汽车。进一步假设两者的系统效用相同，所以它们有相同的选择概率。这里我们引入了第三个选项 C，它是一条新的公交线路，该线路与 B 按照相同的时间表运行、停靠相同的站点，并且通常被认为与选项 B 相同。选项 B 和选项 C 具有相同的选择概率。此外，由于 IIA 性质，选择小汽车 A 和公共汽车 B 的概率之比仍然等于 1。因此，三个选项中的每一个都有 1/3 的概率被选中；仅仅是因为可选方案数量的假设性增加，选择小汽车的概率就从 0.50 变为 0.33。这一结果显然是自相矛盾的，它来源于在我们的所述案例中 logit 模型的基本假设缺乏现实性，即决策者认为备选方案是完全不同的，因此它们的随机残差是独立的。在备选方案 B 和 C 的随机残差之间引入协方差，可以得到一个更现实的选择模型。一般来说，多项式 logit 模型具有这样的性质：一个选项的选择概率的任何变化（由其属性的变化所引起的）都会导致所有其他选项的选择概率成比例变化。因此，在应用中，多项式 logit 模型应与足够清晰的选择方案一起使用，以使独立随机残差的假设是可信的。

MNL 作为基本模型，因简单易实现且易于解释，在环境资源价值评估、交通行为分析和建模等领域得到了广泛应用。但同样地，IIA 的存在会使得任意两个方案的选择概率比值不受其他任何方案的效用函数固定项的影响，而这对许多实际应用是不成立的，以交通行为选择中的"红色公共汽车-绿色公共汽车问题"为典型代表。

MNL 模型是整个离散选择模型体系的基础，在实际中也最为常用，一方面是由于其技术门槛低、易于实现；另一方面也与其简洁性及由此带来的稳健、通用性分不开，表现为样本要求低、技术成熟、出错率少等（Ye et al.，2014）。虽然 MNL 模型存在的固有理论缺陷（如 IIA），使得其在一些复杂问题上不如其他更加精细化的模型，但根据 Hensher 等（2005）的看法，前期在 MNL 模型上投入 50% 以上的时间，将有助于模型的整体优化，包括发现更多解释变量、要素水平更为合理等。可见，MNL 模型尽管较为简单，但其基础地位在任何情况下都举足轻重，应当引起研究者的高度重视。

第二节　随机参数 logit 模型

为解决多项式 logit 模型未能考虑个体差异性与 IIA 假设的限制，随机参数 logit 模型（random parameter logit model，RPLM，亦被称为混合 logit 模型）应运而生。随机参数 logit 模型如同 probit 模型一样直到计算机模拟仿真技术的问世才得以被广泛应用。1980 年，随机参数 logit 模型第一次被应用于研究汽车市场份额问题，直到 1987 年才被应用于个体层面的选择行为分析，此后，随机参数 logit 模型被广泛应用于各个领域，包括交通事故伤害程度研究领域。

RPLM 克服了传统 logit 模型的两个重要缺陷——IIA 和随机偏好性限制的替代模式。通过对解释变量和密度函数的适当的假设，研究者可以通过随机参数 logit 模型来表现任何效用最大化的行为以及许多非效用最大化的行为方式。由于随机参数 logit 模型允许个体偏好随时间变化，不可见因素具有可相关性或偏好分布，其建模具有突出的灵活性，已经成为跨领域最适用的模型之一。

多项式 logit 模型假定参数 β_j 为固定值，即自变量对每一个体的效用的影响均相同。而随机参数 logit 模型假定其参数 β_j 为随机参数而非固定值，并且服从某种分布，即 $\beta_j \sim f(\beta_j | \theta)$。$f(\beta_j | \theta)$ 是某种分布的概率密度函数，常见的分布形式有正态分布、对数正态分布、均匀分布，其密度函数是通过相应分布的参数 θ 集合来描述的，比如正态分布的参数包括均值和标准差。随机参数 logit 模型的整体形式与多项式 logit 基本一致，如下：

$$P_i(j) = \frac{\exp(x'_i \beta_j)}{\sum_{m=1}^{J} \exp(x'_i \beta_j)} \tag{3.2.1}$$

相比于多项式 logit 模型，随机参数 logit 模型的参数是非固定的，参数 β_j 的第 k 个分量为：

$$\beta_{ijk} = \mu_{kj} + \sigma_{kj} v_{ijk} \tag{3.2.2}$$

其中，μ_{kj} 为所属因变量 j 中第 k 个自变量的参数均值，σ_{kj} 为所属因变量 j 中第 k 个自变量的参数标准差，v_{ijk} 为样本 i 的不可观测随机效应并且其均值和方差分别为 0 与 1。随机参数 logit 模型可以对模型中的每个待估参数选

择不同的分布形式,从而导致该模型的概率函数为非闭合型。需要说明的是,当所有的待估参数为固定参数即 $f(\beta_j|\theta)$ 为 1 时,随机参数 logit 模型退化为多项式 logit 模型。

由于随机参数 logit 模型的概率函数为非闭合型,故不能直接通过计算积分的方式求解,而需要借助计算机模拟仿真法求近似解。这一模型的应用通常需要运用蒙特卡罗模拟方法,从多变量正态分布中重复进行随机抽样。蒙特卡罗模拟方法是以概率统计理论为基础的一种计算方法,它将所求的问题与某个概率模型联系在一起,在计算机上进行随机模拟,以获得近似解,因此该方法也被称为随机模拟法。蒙特卡罗模拟主要思想是对概率密度函数进行多次抽样,并以模拟概率均值作为积分近似解。具体步骤如下。

(1)确定随机变量的抽样方法

假设一个或多个待估参数服从某种分布(如正态分布、对数正态分布、均匀分布等),通过确定的抽样方法从 $f(\beta_j|\theta)$ 分布中随机产生若干个互不相干的随机向量。抽样的方法包括 Mersenne twister 法、Halton 法等。

(2)确定 $P_i(j)$ 的统计估计值 $\overline{P}_i(j)$:

$$\overline{P}_i(j) = \frac{1}{R}\sum_{r=1}^{R}\frac{\exp(x'_i\beta_j)}{\sum_{m=1}^{J}\exp(x'_i\beta_j)}$$

(3)确定对数似然函数:

$$L = \sum_{i=1}^{N}\sum_{j\in J}\delta_{ij}\overline{P}_i(j)$$

其中 N 为样本容量,δ_{ij} 为指示变量,当因变量为 j 时等于 1,否则等于 0。

(4)将仿真概率代入对数似然函数,通过最大似然法求解模型参数以及随机参数所服从分布的参数 θ。

个体因生活习性、家庭条件等的不同而形成了不同的消费观、价值观等,进而对同一事物或同一选择表现出不同的喜好。以往的研究多用群体的平均喜好代表群体内每个个体的喜好,而忽略了个体偏好差异。研究表明,所建立的忽略了个体偏好的模型与实际情况存在较大出入,个体偏好对其选择行为的研究具有重大意义。个体偏好就是考虑同一因素对不同个体的差异化影响,一般的 logit 模型都是将解释变量的系数设为固定参数,而随机参数 logit 模型能将解释变量的系数设为随机参数,充分考虑对选择行为有影响的各个因素对个体效用的差异化作用。

随机参数 logit 模型能有效避免 IIA 限制，并且能考虑个体偏好。Erdem（1996）、Train 等（1999）、Bhat（2003）等首先将随机参数 logit 模型运用于面板数据。Hess 等（2012）基于随机参数 logit 模型研究对经常乘坐飞机的旅客的选择行为有影响的因素，发现该类群体的喜好有明显的异质性，并且航班票价及班次频率会显著影响他们对交通工具的选择。Douglas 等（2011）、Batarce 等（2015）、Kroes 等（2018）基于随机参数 logit 模型研究了出行者为减少拥挤而愿意额外付出多少时间和金钱。Dabbour 等（2017）基于随机参数 logit 模型研究影响驾驶员在事故中受伤害程度的因素。

国内基于随机参数 logit 模型讨论个体选择行为的研究也取得了一定的成果，如鲜文铎等（2007）的研究证明随机参数 logit 模型比传统 logit 模型有着更高的拟合优度及预测准确度。其他实证研究中，国内应用随机参数 logit 模型的研究多集中于交通出行领域。杨利强等（2015）针对出行目的为上班上学、娱乐休闲的两个群体，基于随机参数 logit 模型研究轨道交通时间价值，以更好地研究需求管理政策与出行方式选择行为的相互影响机制。杨勇攀等（2009）研究随机参数 logit 模型在研究消费者偏好上的优势。王立晓等（2018）基于随机参数 logit 模型研究交通信息、出行选择习惯及交通环境等因素对客流转移的影响，研究结果表明除出行时间、费用、收入对居民出行方式选择有显著影响外，交通信息准确度、道路拥挤程度、车辆满载率及出行者通常选择的出行方式同样对居民的出行方式选择具有显著影响。唐立等（2018）基于随机参数 logit 模型研究网约车使用特征与选择偏好，结果表明在娱乐购物出行中，网约车对地铁、私家车和出租车都有较明显的替代作用。

第三节　潜在类别模型

类别变量（categorical variable）的分析是统计研究领域里非常重要的部分，例如人口变量中的性别、居住地区、教育水平，社会变量中的政党属性、职业类型，医学上的疾病分类，生物学上的物种分类等，都是类别变量。对于建立在分类资料基础上的统计学问题，人们需要通过分析类别变量的方法来解决。

一个潜在类别模型（latent class model，LCM）是由外显变量与潜变量构成的。其中，外显变量也被称为观测变量，指的是可以直接测量的变量，其不同水平是指被试在实际测量中可以选择的不同类别；潜变量指的是无法直接进行测量而必须用统计方法来估计的变量，其不同水平是指估计之后所得到的不同潜在类别（latent class）。潜在类别模型认为潜变量对外显变量有特定的倾向性，其研究的是外显变量与潜变量之间的关系，研究过程一般涉及两种类别变量：外显变量（manifest variable）与潜变量（latent variable），以及两种不同的参数：潜在类别概率（latent class probability）与条件概率（conditional probability）。

潜在类别分析（latent class analysis，LCA）是一种适用于观测变量和潜变量都为分类变量的聚类分析方法，它是一种无指导的统计学习方法，该方法通过分析潜在类别模型，利用潜在类别解释多个分类外显变量之间的复杂关联，使之能以最少的潜在类别数解释外显变量之间的关联，并使各个潜在类别中的外显变量之间满足局部独立性的要求。在潜在类别分析的过程中，数据决定了分类结果，而分类结果能够反映出每一类的特征，与此同时，同一潜在类别中的个体是同质的，但又与其他潜在类别的个体之间具有明显的差异，这是进行潜在类别分析的好处。此外，潜在类别分析不仅能够分析影响个体属于不同类别的因素，而且能够分析不同类别对其他因素的影响。它常被用于社会学、生物医学及心理学等多个领域的分类研究。

潜在类别模型结合了结构方程模型与对数线性模型的思想，由于结构方程模型只能用于处理连续潜变量，而潜在类别模型则引入了分类潜变量，使研究者可以通过概率值的大小了解到分类外显变量背后的潜在影响因素，这为分类数据的研究提供了强有力的工具。

RPL 中，β 的分布密度函数 $f(\beta|\Omega)$ 是连续函数，当 $f(\beta|\Omega)$ 是离散的密度函数时，RPL 就变成了潜在类别模型（LCM）。假设调查样本整体可分为有限的 Q 类，受访者 i 属于类别 q 的概率为 $\pi_q(q=1,\cdots,Q)$，q 类别的解释变量系数向量 β_q 的分布密度函数为 $f(\beta_q|\Omega_q)$，受访者 i 落入类别 q 并选择方案 j 带来的随机效应可表示为：

$$U_{ij|q} = X'_{ij|q}\beta_{i|q} + \varepsilon_{ij|q} \tag{3.3.1}$$

受访者 i 选择方案 j 的概率可用潜在类别随机参数 logit 模型表示：

$$P[y_i = j \mid (X_{ij}, \beta_i)] = \sum_{q=1}^{Q} \pi_q \frac{\exp X'_{ij|q}\beta_{i|q}}{\sum_{k=1}^{J} \exp X'_{ik|q}\beta_{i|q}}, j=1,\cdots,J; q=1,\cdots,Q \tag{3.3.2}$$

需要注意的一个问题是 Q 的选择，即类数。由于这不是一个参数，因此

无法直接测试关于 Q 的假设。然而,正如 Louviere 等(2003)提到的,基于 Akaike 信息标准(AIC)及其变体,已经使用了许多方法来确定 Q。方程式 (3.3.3)和方程式(3.3.4)中给出的 AIC 和一致 $AIC(CAIC)$ 用于指导模型 选择。

$$AIC = -2[LL(\hat{\beta}) - Q \cdot K_q - (Q-1)K_c] \tag{3.3.3}$$

$$CAIC = -2LL(\hat{\beta}) - [Q \cdot K_q + (S-1)K_c - 1]\ln(2N) + 1] \tag{3.3.4}$$

其中,$LL(\hat{\beta})$ 是估计参数 β 的对数似然,K_q 是类别特定选择模型效用函数 中的元素数,K_c 是分类模型中的参数总数,N 是样本中的观察数。Q 的值最 小化了 AIC 和 $CAIC$ 的每个度量值,表明应首选哪种模型(Louviere et al., 2000)。

LCM 中各类的 β_q 分布特征参数不同,类间的偏好结构异质,而每一类中 个体特征允许相关、偏好同质。与 RPL 相比,LCM 不仅能估计每一类中受访 者的选择概率,还可以分析社会经济属性变量等样本特征对其选择概率的影 响,进一步解释偏好异质性的形成机理。因此,在地理经济学、市场营销、心 理学、交通等领域的离散选择分析中的应用越来越广泛。

潜在类别分析最早是 1904 年由 Spearman 基于对智力的影响因素分析 的研究发展而来的,他将潜在变量定义为连续变量,形成了潜在特质分析理 论(latent trait analysis)。在 20 世纪 60 年代,陆续有学者将潜在变量定义为 类别变量,发展出了针对观测变量为连续变量的"潜在剖面分析"(latent profile analysis)以及观测变量为类别变量的"潜在类别分析",Lazarsfeld 等 (1968)在著作 Latent Structure Analysis 中对潜在剖面分析技术和潜在类别 分析技术都进行了介绍。潜在结构分析方法不仅能够处理横截面数据,也可 以处理纵向数据,从而展现不同潜在类别之间的变化情况。

潜在类别分析技术起初是用于二分态度测量的潜在类别估计,后来 Goodman(1974)将潜在类别分析的应用范围扩展至多分类的名义变量,并探 索了最大似然算法在该领域的应用。Formann(1998)详细介绍了潜在类别分 析的理论和应用,Hagenaars 等(2002)也在潜在类别分析的研究领域作出了 突出贡献。

近年来国内也出现了专门介绍潜变量分析方法的著作。邱皓政(2008) 在《潜在类别模型的原理与技术》一书中对新一代数据分析和测量评估的理 论及方法进行了介绍,主要介绍了以类别变量为主的潜在变量模型分析技术,阐述了类别变量的特性以及潜在类别分析的原理。张岩波(2009)在《潜变量分析》一书中阐述了如何构建和应用潜变量分析方法,并介绍了探索性和验证性潜在类别分析,以及多样本潜在类别模型,为量化研究的统计方法奠定了基础。曾宪华等(2013)在《潜在类别分析原理及实例分析》中探讨了潜在类别分析在多个二分类反应变量中聚类的应用,并采用 Mplus 软件对青少年吸烟知识的调查问卷进行了潜在类别分析,证明了潜在类别分析对于多个二分类响应变量有很好的聚类效果。目前已有多种软件可以进行潜变量分析,比较常用的有 Latent GOLD 软件,这是相对较新也是最便于使用的一种,基本的功能包含潜在类别丛集分析、多因素模型与潜在类别回归分析等。Mplus 软件和 SAS 软件的外挂模块 PROC LCA 也可以进行潜在类别分析,Mplus 还可以用于处理传统回归分析与因素分析、结构方程模型和项目反应理论等。另外,R 语言编程软件中的 poLCA 包和 BayesLCA 包也为潜在类别分析提供了支持。

在实际应用中,潜在类别分析还可与其他测量模型进行结合,进而对同时包含离散型和连续型外显变量的资料进行聚类分析,如混合潜在特质模型(mixture IRT model)、混合因素模型(mixture factor model)、混合结构方程模型等(mixture SEM)等,LCA 可拓展为处理混合数据(mix-mode data)的统计分析方法。在建立潜在类别模型时,局部独立性的这一假设条件实际上是难以实现的,但可以通过模型设限等方法来满足这一假设。另外,不同的模型评价指标选择出的模型是不一致的,评价指标的精确性会受到样本量和外显变量数目的影响。

参考文献

[1] Báez-Montenegro, A., Bedate, A. M., Herrero, L. C., et al. 2012. Inhabitants' willingness to pay for cultural heritage: A case study in Valdivia, Chile, using contingent valuation. Journal of Applied Economics 15(2):235-258.

[2] Batarce, M., Muñoz, J. C., De Dios Ortúzar, J., et al. 2015. Use of mixed stated and revealed preference data for crowding valuation on public transport in Santiago, Chile. Transportation Research Record 2535(1):

73-78.

［3］ Bhat, C. R. 2003. Random utility-based discrete choice models for travel demand analysis. Transportation Systems Planning：Methods and Applications 10：1-30.

［4］ Breffle, W. S., Morey, E. R., Lodder, T. S. 1998. Using contingent valuation to estimate a neighbourhood's willingness to pay to preserve undeveloped urban land. Urban Studies 35(4)：715-727.

［5］ Dabbour, E., Easa, S., Haider, M. 2017. Using fixed-parameter and random-parameter ordered regression models to identify significant factors that affect the severity of drivers' injuries in vehicle-train collisions. Accident Analysis & Prevention 107：20-30.

［6］ Douglas, N. J., Henn, L., Sloan, K. 2011. Modelling the ability of fare to spread AM peak passenger loads using rooftops. (2011-09-28)［2020-08-08］. https://www. worldtransitresearch. info/research/4342/.

［7］ Erdem, T. 1996. A dynamic analysis of market structure based on panel data. Marketing Science 15(4)：359-378.

［8］ Formann, A. K., Kohlmann, T. 1998. Structural latent class models. Sociological Methods & Research 26(4)：530-565.

［9］ Goodman, L. A. 1974. Exploratory latent structure analysis using both identifiable and unidentifiable models. Biometrika 61(2)：215-231.

［10］ Hagenaars, J. A., McCutcheon, A. L. 2002. Applied Latent Class Analysis. Cambridge：Cambridge University Press.

［11］ Hensher, D. A., Greene, W. H. 2003. The mixed logit model：The state of practice. Transportation 30(2)：133-176.

［12］ Hensher, D. A., Rose, J. M., Greene, W. H. 2005. Applied Choice Analysis：A Primer. Cambridge：Cambridge University Press.

［13］ Hess S., Rose J. M. 2012. Can scale and coefficient heterogeneity be separated in random coefficients models? Transportation 39 (6)：1225-1239.

［14］ Kroes E., Daly A. 2018. The economic value of timetable changes. Transportation Research Procedia 31：3-17.

［15］ Lazarsfeld, P. E., Henry, N. W. 1968. Latent Structure Analysis.

Boston：Houghton Mill.

[16] Louviere，J.，Hensher，D.，Swait，J. 2003. Conjoint Preference Elicitation Methods in the Broader Context of Random Utility Theory Preference Elicitation Methods// Gustafsson，A.，Herrmann，A.，Huber，F. Conjoint Measurement. Berlin，Heidelberg：Springer.

[17] Müller，S.，Haase，K. 2014. Customer segmentation in retail facility location planning. Business Research 7(2)：235-261.

[18] McFadden，D. 1974. The measurement of urban travel demand. Journal of Public Economics，3(4)：303-328.

[19] Spearman，F. H. 1904. The Strategy of Great Railroads. New York：C. Scribner's sons.

[20] Train，K.，Revelt，D.，Ruud，P. 1999. Mixed logit estimation routine for cross-sectional data. Review of Economics and Statistics. [2019-07-05]. https：//eml. berkeley. edu/Software/abstracts/train01 96. html.

[21] Treiman，T.，Gartner，J. 2006. Are residents willing to pay for their community forests? Results of a contingent valuation survey in Missouri，USA. Urban Studies 43(9)：1537-1547.

[22] Yang，C.，Lu，L.，Di，C.，et al. 2010. An on-vehicle dual-antenna handover scheme for high-speed railway distributed antenna system. IEEE. (2010-10-14)[2019-11-21]. https：//ieeexplore. ieee. org/abstract/document/5601195.

[23] Ye，F.，Lord，D. 2014. Comparing three commonly used crash severity models on sample size requirements：Multinomial logit，ordered probit and mixed logit models. Analytic Methods in Accident Research 1：72-85.

[24] Zhou，X.，Lin，H. S.，White，E. A. 2008. Surface soil hydraulic properties in four soil series under different land uses and their temporal changes. Catena 73(2)：180-188.

[25] 邱皓政. 潜在类别模型的原理与技术. 北京：教育科学出版社，2008.

[26] 唐立，邹彤，罗霞，等. 基于混合 Logit 模型的网约车选择行为研究. 交通运输系统工程与信息，2018(1)：108-114.

[27] 王立晓，曹建青，左志. 基于 Mixed Logit 模型的新建轨道交通客流转移

预测.公路交通科技(应用技术版),2018(11):315-319.

[28] 鲜文铎,向锐.基于混合 Logit 模型的财务困境预测研究.数量经济技术
经济研究,2007(9):68-76.

[29] 杨利强,黄亮,张宁,等.基于 Mixed Logit 模型的城市轨道交通出行时间
价值估计.城市轨道交通研究,2015(5):29-32,37.

[30] 杨勇攀,史仕新,陈锟.基于混合 Logit 模型的消费者偏好测量研究.生
产力研究,2009(2):73-75.

[31] 曾宪华,肖琳,张岩波.潜在类别分析原理及实例分析.中国卫生统计,
2013(6):3.

[32] 张岩波.潜变量分析.北京:高等教育出版社,2009.

第二部分
陈述性偏好的分析工具

第四章　条件估值法

价值是一个广义的概念,在不同的学科背景下具有不同的含义。一般而言,价值是指某种物品或行动对于实现某一特定目标或状态的贡献率(Costanza,2000)。经济学家认为价值取决于商品或服务对人们需求的满足程度,通常由支付意愿来表示(Krutilla,1967)。对于某些不能在市场上直接进行交易的物品(如气候调节等),人们的支付意愿无法通过市场价格来反映。鉴于此,经济学家提出非市场价值评估方法(non-market valuation),利用经济学原理对无法在市场上直接交易或无法通过市场体现其全部价值的物品或服务进行价值评估(Clawson,1959)。

经过数十年的发展,非市场价值评估技术已越来越多样且成熟。如今,非市场价值评估技术已发展出两个分支:揭示偏好(revealed preference,RP)和陈述偏好(stated preference,SP)方法。前者需要利用相关市场的信息进行价值估算,后者则主要利用人们对一些假想情景反映出的支付意愿来进行物品价值估计。

揭示偏好方法利用个人在实际市场和模拟市场的行为来推导环境物品或服务的价值,如一个自然保护区的价值可以从到这个地区旅行的观光人员花费的旅行费用来推导。这些方法也称为间接或替代(surrogate)市场方法。最典型的揭示偏好方法包括旅行费用法(travel cost method,TCM)和享乐价格法(hedonic pricing method,HPM)。

陈述偏好方法在假想市场的情况下,试图用调查技术直接从被调查者的回答中引出价值,因此是一种"直接方法"。陈述偏好方法主要包括条件价值评估法(contingent valuation method,CVM)、选择试验(choice experiment,CE)和实验拍卖法(experimental auction,EA)。与揭示偏好方法相比,这些方法较为灵活,且能被用于更广泛的物品或服务的价值评估。更重要的是,陈述偏好方法能用于估计总经济价值(即利用价值和非利用价值),而揭示偏好方法只能用于评估利用价值。在本章和下一章中，我们将介绍陈述偏好方法中目前应用最广泛的条件估值法和选择实验法。

第一节　条件估值法的基本原理

条件估值法是一种基于调查的估值方法，它为受访者提供了一个机会，让他们对一种不存在市场的商品作出经济决策，直接询问人们愿意支付（或愿意接受）多少钱来维持某些环境特征（如生物多样性）的存在（或对其损失进行补偿）。也就是说，估值取决于提交给受访者的模拟市场。条件估值法估值的对象通常无法在市场上出售，例如环境质量或健康状况，因此被定义为一种用于评估非市场资源的技术。还有研究认为 CVM 可以恢复其他方法无法恢复的存在值或非使用值。在自然资源估值方面，CVM 通常是通过激发受访者为防止自然资源受损或恢复受损自然资源而付费的意愿而得出的（Abdul Rahim，2005）。这项技术被归类于"陈述偏好"方法，因为人们被要求陈述他们的支付意愿，而不是从实际选择中推断价值，并且他们给出的支付意愿取决于具体的假设情景和环境服务的描述。

CVM 从个人的主观满意度出发，利用效用最大化原理，让被调查者在假想的市场环境中回答对某物品的最大支付意愿（maximum willingness to pay，WTP），或者是最小接受补偿意愿（minimum willingness to accept，WTA），采用一定数学方法评估其价值。

个人的效用受市场商品 x、环境物品或服务 q 以及个人偏好 s 的影响。假定个人偏好 s 不变，则个人效用函数可表示为 $u(x,q)$。在收入 y 和市场商品价格 p 的约束下，个人效用（u）最大化可以通过求解方程（4.1.1）实现：

$$\text{Max } u(x,q)$$

$$s.t \sum p_i x_i \leqslant y(i=1,2,3\cdots,n，为市场商品的种类) \tag{4.1.1}$$

通过方程（4.1.1）可求得一组需求函数：$x_i = h_i(p,q,y)$，在此基础上可定义间接效用函数 $v(p,q,y) = u[h(p,q,y),q]$。假设 p 不变，环境物品和服务 q 从 q_0 变为 q_1，如果这种变化是环境的改进，则个人的效用会提高，即 $u_1 = v(p,q_1,y) \geqslant u_0 = v(p,q_0,y)$。可以用间接效用函数来表示这种效用的提高：

$$v(p,q_1,y-C) = v(p,q_0,y) \tag{4.1.2}$$

式(4.1.2)中的收入补偿变化量 C 就是指：当环境改善、由 q_0 变化到 q_1（假设是一种环境改善），个人为保持效用不变所愿支付的金钱数量。CVM 方法就是通过问卷调查的方式引导出被调查者的补偿变化 C，C 表示的就是个人的 WTP。则总价值 T 为：

$$T = \sum_{i=1}^{N} WTP_i = N \cdot E(\text{WTP}) \tag{4.1.3}$$

其中 N 是假想市场的大小（人口数量、家庭数量等），$E(\text{WTP})$ 是被调查者 WTP 的期望值。

关于被调查者的支付意愿，一个显著问题是采取何种形式代表其支付意愿。WTP 和 WTA 是从两个不同的角度衡量对象价值的，从严格的经济学意义上讲，WTP 与 WTA 衡量的是两类消费者剩余，分别是补偿剩余和等价剩余。原则上，在衡量人们对某个对象一定变化的偏好时，这两者可以互换。例如，对于环境质量，既可以询问人们对于环境改善的 WTP，也可以询问人们对于环境不改善的 WTA；环境恶化同样如此。从经济理论上讲，同一环境变化，不管是用 WTP 还是 WTA 来衡量，结果应该是一样的。但在实际 CVM 应用中，两者差异非常大，WTA 通常是 WTP 的几倍甚至几十倍，这也是 CVM 备受争议的原因之一。

造成两者差异的原因有很多。边际效用递减规律表明，随着消费品数量的增加，个人从单个消费品中获得的效用会越来越低。WTP 衡量的是增加环境物品消费的效用，WTA 衡量的是减少环境物品消费的效用，所以对于生态系统服务和环境商品，WTP＜WTA。另一种解释是收入的影响。WTP 受收入的直接限制，而 WTA 则没有这种限制。Zhao(2001) 对 WTP 与 WTA 间的差异作出了一种解释，个人对生态系统服务和环境物品的价值不确定，作决策时有一定风险，所以个人会要求得到补偿，表现为低的 WTP 和高的 WTA。实践也证明了这一点：对估值对象的描述越准确可靠、越清晰全面，WTP 与 WTA 间的差距就有可能越小；经过多次反复试验，两者的差距也会缩小。

除上述原因外，还有其他因素可能造成 WTP 与 WTA 的差异，比如替代效应、禀赋效应、交易成本、获利的动机、引导方式等。虽然对于各种因素的影响大小，人们有不同意见，但是在 CVM 研究中，WTP 与 WTA 之间的差异确实是客观存在的。承认 WTP 与 WTA 存在差异，那么就出现两个问题：第一，两者的差异多大是合理的；第二，在研究中，什么时候使用 WTP 或 WTA。

对于前一个问题，Hanemann(1991)曾认为 WTA 是 WTP 的 5 倍是比较合理的。但很多实际研究表明，两者的比值可以从 1.4 倍变化到 61 倍。对于后一个问题，Carson(2000)指出，使用 WTP 还是 WTA 取决于待估值环境物品的财产权(property right)，如果消费者当前没有得到该环境物品，而且对该环境物品没有法定的权利，那么应该使用 WTP；反之，如果消费者对该环境物品拥有法定权利，让他放弃这种权利，则应该采用 WTA 进行衡量。

在实际工作中，大部分研究者支持使用 WTP，主要原因包括：第一，WTA 数值太大显得不够真实；第二，WTA 变化很大，而 WTP 相对稳定；第三，WTA 更容易引起一些策略行为。NOAA(1993)经过研究也支持使用 WTP。在我国，CVM 研究一般也都是采用 WTP。由于 WTP/WTA 的主观性比较强，在不同的文化和习俗背景下，表现出的差异也时有不同。

CVM 以调查为基础，核心在于通过调查获得被调查者的 WTP/WTA，因此，通过何种方式引导出被调查者的 WTP/WTA 是一个非常关键的问题。从 CVM 的发展历程看，主要有四种引导 WTP/WTA 的方法：投标博弈(bidding game)、开放式(open-ended，OE)、支付卡(payment card，PC)、两分式选择(dichotomous choice，DC)。

开放式和两分式选择是目前应用最多的两种引导方式。开放式是直接询问被调查者对估值对象的 WTP 是多少。这种方法非常容易操作，不存在任何起点偏差、中点偏差或范围偏差，对于旨在进行保守估计的研究，这种方法是有效的。但是开放式对被调查者来说，参与其中会有一定的困难，特别是面对不熟悉的事物时，确定自己的 WTP 并不是容易的事，这会使得一部分被调查者放弃或拒绝回答。而且在这种开放、自由的回答中，被调查者更容易产生策略行为(出于某些目的故意夸大或减少 WTP)。开放式的引导方法隐含了一个假设的前提条件：被调查者的 WTP/WTA 是个确定的单点值。但实际情况并非如此，被调查者并不确定自己的 WTP/WTA。经验的例证就是，如果就同一估值对象向一个被调查者做两次调查(有一定的时间间隔)，所得到的 WTP/WTA 很可能是不一样的。所以把 WTP/WTA 看成是一个随机变量要更符合实际一些。基于这个原因，Bishop 等(1979)引入了两分式选择。这种方法并不直接询问被调查者的 WTP/WTA，被调查者只需要对给定的投标值回答"是"或者"不是"即可，根据被调查者对不同投标值回答"是"(或者"不是")的概率，建立统计数学模型，从而求出 WTP 估计值。由于两分式选择能很好地模拟市场的讨价还价行为，被调查者容易回答，同时这种引导方式可以减少被调查者的策略行为,因此,在 CVM 研究中,人们越来越倾向于使用两分式的引导方式。目前两分式选择已开发出单边界(single-bound)、双边界(double-bound)、三边界(triple-bound)等多种形式。但两分式引导方式也存在一些问题。第一,需要比较多的观察样本和复杂的统计数据分析手段;第二,会引起起点偏差;第三,两分式的数据是离散的,在建立模型处理数据的过程中,通常需要预先假定某种特定分布,这可能导致由模型误设引起的偏差。第四,存在肯定性回答(yes-saying)偏差。

　　Carson(2000)在审查 CVM 方法中涉及的各种问题后,制定了一些被称为"参考操作条件"的指南。这五个参考操作条件是:(i)使用熟悉的产品;(ii)受访者应具有有关价值变化的评估经验;(iii)情景不应有高度的不确定性;(iv)不应使用 WTA 场景;(v)使用价值可能比非使用价值更准确。

　　继 Carson(2000)之后,Bateman 等(1992)提供了一份全面的指南清单。它们包括:(i)仅将 CVM 应用于受访者比较熟悉的商品;(ii)情景应该是现实的、清楚理解的,并且不具有高度的不确定性;(iii)应避免 WTA 场景;(iv)支付工具应现实且适当;(v)使用价值的估计可能比非使用价值更准确;(vi)使用开放式和二分法选择格式提供估值下限和上限;(vii)调查应质疑行为意图,而不是对行为的态度;(viii)该情景应根据行为提供商品;(ix)应提供足够(而不是过多)的无偏见信息,并通过未收到信息的控制组评估该信息的影响;(x)应包括具体问题,以尽量减少部分-整体(心理账户)问题;(xi)样本量必须具有统计显著性;(xii)避免起点偏差;(xiii)通过信息、问卷或采访进行调查时,避免任何直接或隐含的价值线索;(xiv)谨慎选择面对面和远程(邮件等)方法,并确保抽样的人群是适当的;(xv)如果受访者有一定的评估相关商品的经验,CVM 将是最有效的;(xvi)在二分选择格式中,较高的投标水平应实现几乎 100% 的拒绝,而较低的投标水平应达到几乎 100% 的接受;(xvii)研究人员应仔细考虑剔除异常值和使用修正方法;(xviii)告诉受访者,其他人的付款是强制性的,这可能会减少无响应,但可能会增加搭便车和战略投标;(xix)在聚合过程中需要非常小心;(xx)应进行理论有效性测试(投标函数估计),如果可行,应包括进一步的有效性测试;(xxi)在可能的情况下,稍后重新测试来评估可靠性;以及(xxii)完整报告所有结果,包括所有样本统计数据、所提供信息的详细信息和完整问卷的重印。

　　组成 NOAA 评估小组的目的是评估在估算非使用价值时使用 CVM 的情况,该小组得出结论,如果在进行 CVM 研究时遵循小组的指导方针,CVM

可以用于获得关于非使用价值的有用信息。一些重要的指导方针是：(a)使用概率抽样进行损害评估研究；(b)尽量减少无响应；(c)使用个人访谈，而不是邮件调查和电话访谈；(d)面试官效应预测试；(e)报告抽样人口的定义、使用的抽样框架、样本无应答率等；(f)对简历问卷进行预测试；(g)当响应不明确时，使用保守值；(h)使用 WTP 格式而非 WTA 格式；(i)采用公投形式，而非开放式；(j)向受访者准确描述计划或政策；(k)预先测试用于描述场景的照片；(l)提醒受访者未受损替代品的可用性；(m)确保调查与环境污染之间有足够的时间间隔，以便受访者认为完全恢复损害是合理的；(n)引出评估问题答案(是/否)的原因；以及(o)提醒受访者其他支出的可能性。

应注意的是，这些指南在性质上是通用的，并且这些指南的适用性主要取决于研究领域中普遍存在的社会经济-体制方面。因此，研究人员在使用这些指南时必须有选择性。

CVM 是一种被广泛运用的方法，同时关于 CVM 的有效性和可靠性的争论也很多。CVM 研究以调查为基础，在假想的情形中，调查者"声称"自己会怎么做，而实际上并没有相应的真实行为——这也是关于 CVM 争论的最大根源。由于可能存在的偏差，CVM 结果的有效性(validity)和可靠性(reliability)也是 CVM 研究中一个非常重要的问题。

1. 有效性，是指实际得到的结果和真实结果之间的差异。通常可以分为四种：内容有效性(content validity)、标准有效性(criterion validity)、收敛有效性(convergent validity)、理论有效性(theoretical validity)。

内容有效性反映的是调查设计和内容与研究工作相适宜的程度，一般只能通过整个调查过程中所运用的所有方法和材料来确定。Whittington (2004)指出，调查和提问的方式应该符合当地的文化习惯，才能得到有效的结果。对于内容有效性的检验应该放到调查之前进行。但这种有效性评价的全面性仍然存在问题，因为问卷设计和调查过程本身就不可避免地带有主观性，内容有效性的问题始终都存在。实际上，只要调查问卷正确且描述清楚，我们通常都认为内容有效。

标准有效性指的是比较相同或相近物品的假想 WTP 与真实 WTP 之间的一致性。Harrison 等(2008)的研究表明，假想 WTP 可以达到实际支付数量的 300% 以上。从理论上讲，标准有效性是最好的有效性检验方法，因为是将实验结果与真实结果对比。但进行标准检验的关键在于找到一个"标准"(criterion)。"标准"可以是真实的市场价格，也可以是实际的支付行为,但对于公共物品而言,基本上不存在市场和价格,也很难有实际的支付行为作为参考。因此,研究者通常是通过创造假想的模拟市场来实现标准有效性。

收敛有效性指的是不同方法的差异。比如,将 CVM 与旅行成本法和享乐价格法(hedonic price)进行对比。Carson 等(1996)对 83 个不同的研究的综合分析表明,对于相似的环境物品,CVM 的 WTP 估计比揭示偏好方法的估计稍低。但这种有效性检验本身存在一定问题,即使用同样的方法衡量消费者剩余,所选择的模型不同,结果也可能不同。

理论有效性指的是所得的 WTP 是否与经济理论一致。比如,经济理论表明,随着某物品价格提高,对该物品的需求会降低;随着收入的增加,WTP会增加。这个有效性主要关注影响 WTP 的各种因素,普遍的做法就是对WTP 与各种相关独立变量作回归分析,通过检查回归方程以及系数的显著性确定其与理论的一致性。另一种方法就是范围检验(scope test),即确定WTP 是否随环境物品的变化(质量或数量)而发生相应变化。

2. 可靠性,指的是调查结果的稳定性和可重现性。对于 CVM 研究而言,与政策有关的是 WTP 随时间的稳定性。可靠性有两种类型:时间稳定性(temporal stability)和重复试验可靠性(test-retest stability),前者指在不同时间点上用同一方式对同一总体的不同样本进行调查检验,后者是用同一种方式对同一样本在不同的时间上进行重复调查。可靠性衡量的是可比性(不同个体间、同一个体间在不同时间上的差异),与有效性不同,它并不涉及估值结果是不是估值物品的真实价值的问题。可靠性的问题主要来源于两个方面:调查取样过程和统计过程。所以,通常有两种方法可以提高有效性:(1)更大的样本容量;(2)采用更有效的统计技术处理"奇异值",奇异值指的是过于极端的回答,它会显著影响估计结果。Loomis(1990)使用重复试验的方法,采用开放式和两分式两种形式对莫诺(Mono)湖不同水质进行估值,时间间隔为 9 个月;结果发现,两个时期的开放式和两分式结果没有统计差异。大部分研究结果表明,CVM 能得出可靠的结果。但是,重复试验一个未解决的问题是时间间隔:多长的时间间隔才能保证被调查者不受前次试验的干扰,而且个人或家庭社会经济条件不会发生足以产生严重影响的剧烈变化。

第二节　对条件估值法的评析及其
在食品经济学中的应用

　　条件价值评估法是典型的陈述偏好评估技术，在假想市场情况下，直接调查和询问人们对某一环境效益改善或资源保护措施的支付意愿或对环境损害或资源损失的接受赔偿意愿。该方法最早由 Ciriacy-Wantrup(1942)提出，Davis(1963)年将其首先应用到评估缅因州林地宿营、狩猎的娱乐价值，之后无论是其研究方法还是研究范围都不断扩大，从开始的环境物品，到供水与公共卫生、旅游、游憩与国家公园，又扩展到地表水水质、健康以及生物多样性保护、犯罪控制、道路安全和限速、洪水等方面。

　　1989 年，在美国威廉王子湾埃克森-瓦尔迪兹号漏油事件发生后，该方法在量化损失方面得到了广泛应用。根据该方法得出的结果，为防止再次发生类似的漏油事件，较低的估计值为 28 亿美元，平均值为 72 亿美元(Carson et al.，1992)。

　　历史也告诉我们，人们在使用这种技术制定政策方面存在争议。1993年，美国海洋和大气管理局委托由经济学家组成的蓝丝带小组调研"CV 是确定自然资源损失经济价值的有效方法吗"(Arrow et al.，1993)。最终的结论是，虽然通过调查方法获取准确经济价值存在一些固有困难，但只要仔细设计和控制调查，CVM 可以产生可靠的估计值。随后，应用 CVM 的文献不断增加，其应用领域也不断拓展，包括用于评估空气和水质改进带来的效益，减少饮用水和地下水污染的风险，户外娱乐，保护湿地、荒野地区、濒危物种和文化遗产，提升公共教育和公共事业的可靠性，减少食品和运输风险、就医排队时间，以及在发展中国家提供饮用水和垃圾收集等基本环境服务(Carson，2000)。Tambour 等(1998)曾使用 CVM 来估算卫生保健计划的WTP；Krishnan 等(1999)提出，通过引起消费者对信息价格偏好的反应，帮助他们作出购买海鲜的决定；Kramer 等(1997)使用 CVM 对热带雨林的环境效用进行了评估。CVM 还被用于研究估算印度喀拉拉管道水连接的 WTP，通过对喀拉拉邦规定和实际支付管道水连接费用的意愿进行比较，发现 CVM研究正确预测了 91% 的实际连接管道水的决定(Griffin et al.，1995)。Bogale(2011)利用 CVM 研究了奥罗米亚州贝尔区阿达巴地区自然森林资源的支付意愿和控制权。Lin 等(2005)使用 CVM 来衡量中国消费者购买生物食品的意愿。Leong 等(2005)使用 CVM 估算了高地森林对马来西亚当地居民产生的非市场效益。Herath 等(2004)使用旅行成本和条件估值方法估算了布法罗山国家公园的经济价值。条件价值评估法基于个人陈述对环境产品或服务的支付意愿或接受意愿来进行价值评估,是目前使用最多的生态环境价值评估方法。

除了应用于环境经济学、资源经济学等领域测算公共物品的非市场价值,在食品经济学领域,CVM 的应用也已经相当成熟。

在食品经济学领域的应用中,CVM 常被用于分析消费者对传统或新兴食品属性的态度和 WTP。20 世纪 80 年代,有机农业的概念在发达国家兴起,随后以有机农产品为目标对象的食品研究开始不断涌现,这一时期也正是 CVM 被广泛应用的时期,因此以 CVM 为分析工具研究有机农产品属性 WTP 的文献层出不穷。在发达市场进行的有机农业研究试图在有机农产品的 WTP 和特定消费者的生活方式之间建立联系(Hartman,1997;Gil et al.,2000)。基于这些变量的消费者细分总结出潜在有机消费者的几个特征,这些消费者对平衡生活、食用健康食品和减少农业对环境的影响表现出坚定的态度(Thompson,1998)。

在有机食品消费水平较高的国家开展的实证研究结果表明,购买这些产品的主要原因是医疗保健,无论是因为疾病导致的痛苦还是疾病的预防(Kuchler et al.,2000)。此外,这些产品被认为在生产过程中对环境是有益的(Bonnieux et al.,1998;Baker,1999)。关于肉类产品,例如鸡肉,在巴西(Farina et al.,2003)和阿根廷(Rodríguez et al.,2006)进行消费者研究时,研究人员发现消费者对鸡肉的 WTP 与对生产过程中激素使用的风险感知是显著相关的。

关于人口统计变量,收入水平、教育水平等微观经济学研究中常用的变量亦是食品经济学研究中关注的重要消费者特征。收入水平与 WTP 之间关系的实证证据一般是无争议的。收入水平越高,对粮食供应的信心越大(Crutchfield et al.,1997)。一些研究发现,收入与 WTP 之间存在直接关联,无论是在降低风险方面,在消费更健康、更安全的食品方面(Jordan et al.,1991;Blend,1998),还是在认证质量方面(Underhill et al.,1996)。

关于教育水平作为社会经济预测因素,Misra 等(1991)得出了教育与新鲜有机产品消费之间的负相关。Govindasamy 等(1999)也得出了 WTP 和教育之间的反向关系。他们得出结论，一方面，教育水平越低，风险认知越高；另一方面，教育水平越高，对生产标准的信心越大。

此外，还有一些研究集中于阻碍有机食品需求扩大的障碍。首先是销售价格上涨和产品供应短缺，其次是对传统产品的相对满意度，以及消费者可以获得的食品质量信息水平（Michelsen et al.，1999；Richman et al.，2000）。

近年来，随着食品技术的不断发展与创新，食品经济学的研究对象也从有机农产品不断拓展，对各种新型生物技术食品的关注不断增强。Li 等（2002）的研究表明，北京消费者愿意为增强产品的生物技术支付溢价。与之相反的是，一些亚洲国家的消费者则是愿意为避免购买由加工增强配料制成的生物技术食品（从而购买非生物技术食品）而支付溢价。

McCluskey 等（2001）在日本松本市消费者合作社对 400 名消费者进行了面对面采访，根据调查数据，他们报告说这些消费者愿意以 60% 的折价购买生物技术小麦制成的面条，以 62% 的折价购买生物技术大豆制成的豆腐。在 400 名受访者中，只有 16 人表示愿意以原价购买生物技术大豆制成的豆腐，只有 12 人表示愿意以原价购买生物技术小麦制成的面条。同时，只有 15% 的受访者表示，他们愿意以随机分配的折价购买生物技术豆腐，生物技术面条则是 17% 的受访者愿意购买；其余绝大多数受访者选择不购买生物技术产品，即使价格有折扣。在研究中，他们采用条件估值法调查了消费者对生物技术食品的 WTP，并使用半双有界二分选择模型进行了估算。对消费者购买生物技术食品意愿产生负面影响的因素包括：对生物技术食品的了解、对生物技术食物标签重要性的看法、家庭规模以及对食品安全重要性的看法。相反，对使用生物技术的有利态度和较高的价格折扣增加了购买生物技术食品的可能性。

CVM 除了上文提到的半双有界二分选择模型，还有几种常见的技术，如双界二分选择（DBDC）是最常用且统计上有效的评估新商品的技术（Hanemann et al.，1991；Bateman et al.，2002；Kaye-Blake et al.，2006）。在评估转基因（genetically modified，GM）食品等较新研究中关注的重要研究对象时，该技术也得到了大量的应用（Kajale et al.，2015；Kikulwe et al.，2020）。

条件估值法是使用最广泛的资源和环境估值方法，它可以克服公共物品缺乏市场交易的弊端，透过各种不同的假设情形，了解公众对于公共物品的偏好进而评估公共物品的价值。尽管它被广泛使用，但 CVM 方法也面临问卷设计方法与引导技术、数据的统计分析及可靠性检验三方面的局限而导致的各种偏差。最重要的是，CVM 法是在假设环境下询问消费者的支付意愿而不需要真实的支付，与消费者实际的货币化支付行为相比存在差异，受访者往往给出较高的支付意愿（Diamond et al. ,1994）。

针对这些偏差，不同学者提出了改进的建议。例如，Arrow 等（1993）建议样本量至少为 1000。然而，在实践中，很难得到如此多的样本。有许多研究工作由于回答无效而丢弃了大量问卷。目前，不仅需要进一步研究以确定使用 CVM 的最佳样本量，同时还要注意，调查的实施阶段也应给予应有的重视，以取得有益的结果。

CVM 的另一个重要不足是，问卷调查要求受访者对他们以前可能不知道的事情作出决定。因此，他们的估价可能会变得随意。如果调查的目的是评估环境商品/服务的价值，那么明智的做法是，为受访者留出时间收集足够的信息，可以与家人讨论，并在考虑商品或服务的价值时深思熟虑。同样重要的是，审查向受访者提供的信息，以得出有效的结果。

起点偏差是 CVM 研究中常见的偏差。很多研究都讨论过这个问题，但没有一篇文献给出解决这一问题的指南。使用类似研究确定起始点出价以及进行进一步研究以确定建议的最佳起始点的方式是解决这一问题的有效途径。另外，关于投标的规范，当根据出价受访者的回答（是或否）有所不同时，研究人员往往也会相当随意地改变出价，并且其改变投标价格的用时范围在 10 秒到 1000 秒之间不等。为此，还必须有一个可信的系统来确定投标应更改多少、怎样改变，以获得可靠的 WTP/WTA。在这方面，反复进行调查实验可以有所帮助。

参考文献

[1] Abdul Rahim, K. 2005. Contingent valuation method (CVM). Environmental Management:1-7.

[2] Arrow, H. , McGrath, J. E. 1993. Membership matters: How member change and continuity affect small group structure, process, and performance. Small Group Research 24(3):334-361.

[3] Arrow, K. , Solow, R. , Portney, P. R. , et al. 1993. Report of the NOAA

panel on contingent valuation. Federal Register 58(10):4601-4614.

[4] Baker, G. A. 1999. Consumer preferences for food safety attributes in fresh apples:Market segments,consumer characteristics,and marketing opportunities. Journal of Agricultural and Resource Economics 24(1):80-97.

[5] Bateman,I. J. ,Turner,R. K. 1992. Evaluation of the environment:The contingent valuation method. [2019-04-23]. https://www. researchgate. net/profile/Ian-Bateman-2/publication/239757571_ Evaluation_ of _ the_ Environment_The_Contingent_ Valuation_Method/links/574e9dd908ae8 2d2c6be32cd/Evaluation-of-the-Environment-The-Contingent-Valuation-Method. pdf.

[6] Bateman,I. ,2002. Department of Transport Großbritannien. Economic valuation with stated preference techniques:A manual. Cheltenham:Edward Elgar 50:480

[7] Bishop,R. C. ,Heberlein,T. A. 1979. Measuring values of extramarket goods:Are indirect measures biased? American Journal of Agricultural Economics 61(5):926-930.

[8] Blend, J. R. , Van Ravenswaay, E. O. 1998. Consumer Demand For Ecolabeled Apples:Survey Methods And Descriptive Results. [2020-03-06]. https://ageconsearch. umn. edu/record/11645/? v=pdf.

[9] Bogale, A. 2011. Valuing natural forest resources:An application of contingent valuation method on Adaba-Dodola Forest Priority Area,Bale Mountains,Ethiopia. Journal of Sustainable Forestry 30(6):518-542.

[10] Bonnieux,F. ,Carpentier,A. ,Weaver R. 1998. Reducing soil contamination:Economic incentives and potential benefits. Agriculture,Ecosystems & Environment 67(2-3):275-288.

[11] Carson,R. T. ,Mitchell,R. C. ,Hanemann,W. M. ,et al. 1992. A contingent valuation study of lost passive use values resulting from the Exxon Valdez oil spill. [2019-05-21]. https://www. arlis. org/docs/vol1/EVOS/NRDA/EC/EC3-1. pdf.

[12] Carson,R. T. ,Flores,N E. ,Martin,K. M. ,et al. 1996. Contingent valuation and revealed preference methodologies:Comparing the

estimates for quasi-public goods. Land economics 72(1):80-99.

[13] Carson, R. T. 2000. Contingent Valuation:A User's Guide. Environmental Science&Technology 34(8):1413-1418.

[14] Ciriacy-Wantrup, S. 1942. Private enterprise and conservation. Journal of Farm Economics 24(1):75-96.

[15] Clawson, M. 1959. Methods of Measuring the Demand for and Value of Outdoor Recreation. Washington, DC:Resources for the Future.

[16] Constanza, R. 2000. Visions of alternative (unpredictable) futures and their use in policy analysis. Conservation Ecology 4(1):5.

[17] Crutchfield, S. R. , Buzby, J. C. , Roberts, T. , et al. 1997. Economic assessment of food safety regulations:The new approach to meat and poultry inspection. [2019-11-11]. https://ageconsearch. umn. edu/record/34009/? v＝pdf.

[18] Davis, R. K. 1963. The Value of Outdoor Recreation:An Economic Study of Maine Woods. Cambridge, MA:Harvard University.

[19] Diamond, P. A. , Hausman, J. A. 1994. Contingent valuation:Is some number better than no number? Journal of Economic Perspectives 8 (4):45-64.

[20] Farina, T. M. Q. , De Almeida, S. F. 2003. Consumer perception on alternative poultry. International Food and Agribusiness Management Review 5(2):12-24.

[21] Gil, J. M. , Gracia, A. , Sanchez, M. 2000. Market segmentation and willingness to pay for organic products in Spain. The International Food and Agribusiness Management Review 3(2):207-226.

[22] Govindasamy, R. , Italia, J. 1999. Predicting willingness-to-pay a premium for organically grown fresh produce. Journal of Food Distribution Research 30(2):44-53.

[23] Griffin, C. , Briscoe, J. , Singh, B. , et al. 1995. Contingent valuation and actual behavior:Predicting connections to new water systems in the state of Kerala, India. World Bank Economic Review 9:373-395.

[24] Hanemann, W. M. 1991. Willingness to pay and willingness to accept:How much can they differ? The American Economic Review 81(3):

635-647.

[25] Hanemann，W. M. ，Loomis，J. B. ，Kaninnen，B. J. 1991. Statistical efficiency of double-bounded dichotomous choice contingent valuation. American Journal of Agricultural Economics 73:1255-1263.

[26] Harrison，G. W. ，Rutström E. E. 2008. Experimental evidence on the existence of hypothetical bias in value elicitation methods. Handbook of Experimental Eeconomics Results 1:752-767.

[27] Hartman，H. 1997. The evolving organic marketplace. Bellevue: Hartman and New Hope 13:169-174.

[28] Herath，G. ，Kennedy，J. 2004，Estimating the economic value of Mount Buffalo National Park with the travel cost and contingent valuation models. Tourism Economics 10(1):63-78.

[29] Jordan，J. ，Elnagheeb，A. 1991. Public Perceptions of Food Safety. Journal of Food Distribution Research 31(3):13-32.

[30] Kajale，D. B. ，Becker，T. C. 2015，Willingness to pay for golden rice in India:A contingent valuation method analysis. Journal of Food Products Marketing 21(4):319-336.

[31] Kaye-Blake，W. H. 2006. Demand for Genetically Modified Food: Theory and Empirical Findings. Oxford，PA:Lincoln University.

[32] Kikulwe，E. M. ，Asindu，M. 2020. A contingent valuation analysis for assessing the market for genetically modified planting materials among banana producing households in Uganda. GM Crops & Food 11(2): 113-124.

[33] Kramer，R. A. ，Mercer，D. E. 1997. Valuing a global environmental good:US residents' willingness to pay to protect tropical rain forests. Land Economics 73(2):196-210.

[34] Krishnan，M. ，Birthal，P. S. ，Venugopalan，R. 1999. Consumer willingness to pay for seafood and domestic market development-the contingent valuation approach. Indian Journal of Agricultural Economics 54(4): 566-572.

[35] Krutilla，J. V. 1967. Conservation reconsidered. The American Economic Review 57(4):777-786.

［36］Kuchler, F. , Ralston, K. , Tomerlin , J. R. 2000. Do health benefits explain the price premiums for organic foods? American Journal of Alternative Agriculture 15(1):9-18.

［37］Leong, P. C. , Zakaria, M. , Ghani, A. N. A. , et al. 2005. Contingent valuation of a Malaysian highland forest:Non-market benefits accrued to local residents. Journal of Applied Sciences 5 (5):916-919.

［38］Li, Q. , Curtis, K. R. , McCluskey, J. J. , et al. 2002. Consumer attitudes toward genetically modified foods in Beijing, China. AgBioForum 5(4): 145-152.

［39］Lin, W. W. , Somwaru, A. , Tuan , F. , et al. 2005. Consumers' Willingness to Pay for Biotech Foods in China. (2005-09-08)［2019-07-04］. https:// ageconsearch. umn. edu/record/19569/? v=pdf.

［40］Loomis, J. B. 1990. Comparative reliability of the dichotomous choice and open-ended contingent valuation techniques. Journal of Environmental Economics and Management 18(1):78-85.

［41］McCluskey, J. J. , Ouchi, H. , Grimsrud, K. M. , et al. , 2001. Consumer response to genetically modified food products in Japan. Agricultural and Resource Economics Review 32(2):222-231.

［42］Mekonnen, A. 2000. Valuation of community forestry in Ethiopia:A contingent valuation study of rural households. Environment and Development Economics 5(3):289-308.

［43］Michelsen, J. , Hamm, U. , Wynen, E. , et al. 1999. The European market for organic products:Growth and development. Stuttgart: Universität Hohenheim.

［44］Misra, S. K. , Huang, C. L. , Ott S. L. 1991. Consumer willingness to pay for pesticide-free fresh produce. Western Journal of Agricultural Economics 16(2):218-227.

［45］NOAA. 1993. Report of the NOAA panel on contingent valuation, Federal Register:National Oceanic and Atmospheric Administration 58 (10):4601-4614.

［46］O'Riordan, T. 1987. Valuing environmental goods:An assessment of the contingent valuation method. Economic Geography 63(4):358-359.

[47] Richman, N., Dimitri, C. 2000. Organic Foods: Niche market venture into mainstream. Agricultural Outlook, June-July: 11-14.

[48] Rodríguez, L. C., Pascual, U., Niemeyer, H. M. 2006. Local identification and valuation of ecosystem goods and services from Opuntia scrublands of Ayacucho, Peru. Ecological Economics 57(1): 30-44.

[49] Tambour, M., Zethraeus, N. 1998. Nonparametric willingness-to-pay measures and confidence statements. Medical Decision Making 18(3): 330-336.

[50] Thompson, H. 1998. Marketing strategies: What do your customers really want? Journal of Business Strategy 19(4): 16-21.

[51] Underhill, S., Figueroa, E. 1996. Consumer preferences for non-conventionally grown produce. Journal of Food Distribution Research 27(2): 56-66.

[52] Whittington, D. 2004. Ethical issues with contingent valuation surveys in developing countries: A note on informed consent and other concerns. Environmental and Resource Economics 28(4): 507-515.

[53] Zhao, J., Kling, C. L. 2001. A new explanation for the WTP/WTA disparity. Economics Letters 73(3): 293-300.

第五章 选择实验法

陈述偏好法中最为传统的方法是条件价值评估法。CVM 通过调查受访者对于诸如"如果……你愿意怎么样?"或"你愿意支付……吗?"之类假定问题的真实回答来获取其对价值的直接表达。CVM 在过去的 40 多年得到了广泛的应用;但是,CVM 在实践应用中常常面临一些困难,也因此暴露出很多缺陷。比如,在评估生态环境的福利价值时,CVM 运用一次通常只能解决一种环境变化状态所引起的福利变化,而且只能解决环境质量整体中一种变化状态的价值估计。然而,在实践中,环境物品一般都具有多重属性,决策者更关心环境物品某种属性的变化和整体质量状况不同变化的价值估计。再比如,调查过程中样本的选取、问卷的设计、提问的方式等环节均容易造成偏差,CVM 的假想性更是经常受到人们的质疑。

CVM 方法在使用过程中经常会出现程序上或方法上的错误,从而导致结果的不可信,其他可信度更高、适用性更广泛的 RP 方法逐渐得到了更加广泛的开发和应用。相比之下,选择实验(choice experiments,CE)和实验拍卖法(experimental auction,EA)既扩大了实践范围,又克服了 CVM 的一些固有缺陷。如今,这两种方法已被越来越多地运用于非市场价值评估的相关研究,本章将详细介绍选择实验法这种非传统的非市场价值评估方法。

第一节 选择实验法的基本原理

选择实验方法是由联合分析方法扩展到陈述性偏好选择研究中而形成的新方法。CE 受访者被要求在一系列产品特征中进行选择,研究者基于消费者的选择进行各个特征的 WTP 评估。例如,在食品安全领域的选择实验一般会基于以下假设来展开研究:消费者购买安全食品时不仅会比较外观等可观察的特征,还会比较安全性等不可观察的特征,进而综合作出购买决策。消费者WTP是产品属性WTP的集合,因此,在实际调查中,往往要求消费者在与特定产品属性(如安全性、可追溯性和证书等)相关的多个产品选项间进行选择,消费者的消费决策也是基于从一系列消费选项中获得的效用程度而作出的。这种方法的目的在于确定消费者是如何在增值服务/属性及其标准间进行平衡决策的,以及旨在揭示对服务/属性及其相对价值的支付意愿。

选择实验最初是由Louviere等(1982,1983)发展起来的,最早被应用于市场营销、交通经济学和公共卫生等领域。其基本思想是创造一个假设的市场环境,通过问卷让受访者在几个备选项之间进行选择来得到人们对某一环境物品的偏好。问卷备选项由研究对象的一系列属性和不同水平组成。选择实验需要精心设计选择任务,这个选择任务必须有助于揭示影响选择的各种因素。而且,选择实验方法包括构建选择方案的统计设计理论的使用,通过统计设计理论能够得到不受其他因素影响的参数估计。应用选择实验大致可以分为6个步骤:(1)属性及状态值的定义;(2)实验问卷的设计;(3)样本的选择;(4)调研的实施;(5)数据的处理;(6)结果的分析。

选择实验的理论框架可以追溯到Lancaster(1966)的特征需求理论和随机效用理论。随机效用理论假定个体会选择备选项中提供的幸福程度或效用最大的那一项。选择实验通过构造选择的随机效用函数,将选择问题转化为效用比较问题,用效用的最大化来表示受访者对选择集合中最优方案的选择,以达到估计模型整体参数的目的。

假设效用取决于从某一选择集C中作出的选择,被调查者的直接效用函数可表示成如下形式:

$$U_{in} = U(Z_{in}, S_n) \tag{5.1.1}$$

式中,对任意个体n来说,他的某个选择的效用取决于选择的属性Z的数值。当且仅当被调查者认为$U_i > U_j$时,选择i优于选择j,因此他会选择i。同时,因为个体之间的偏好是不一致的,对于这些属性所带来的个体效用的评估是不相同的,因此每个人的经济社会特征S也会影响效用。可以将效用函数分成两个部分:一个部分是决定性的、可观测的,另一个部分是随机的、不可观测的。这样公式(5.1.1)可以改写为:

$$U_{in} = V(Z_{in}, S_n) + \varepsilon(Z_{in}, S_n) \tag{5.1.2}$$

消费者n选择i而不选择j的可能性可由公式(5.1.3)给出:

$$P(i|C) = P\{V_{in} + \varepsilon_{in} > V_{jn} + \varepsilon_{jn}, j \in C\} \tag{5.1.3}$$

式中 C 是一个完全的选择集。为了估计公式(5.1.3),必须对误差项的分布进行假定。通常的假定是效用函数的误差项服从类型 Ⅰ 的极值分布(即 Gumbel 分布)和独立同分布。因此,个体选择 i 的可能性是:

$$P(i) = \frac{\exp^{\mu\omega_i}}{\sum\limits_{j \in C} \exp^{\mu\omega_i}} \qquad (5.1.4)$$

这里,μ 是一个规模参数,它规定了反映效用未观测部分方差的真实参数,因为不能通过数据集得到其数值,因此通常正规化为 1,意味着误差项方差不变。一般用多项式 logit 模型估计此方程,并假定选择之间具有 IIA 性质,即对于每一个受访者而言,对任意两个备选项选择可能性的比率完全不受其他备选项系统效用的影响。

一般假设可观测的间接效用函数 $V(\cdot)$ 是线性形式 $V = \beta(X_n)$,其中 X 是可观测的属性向量,β 是待估计的参数向量。那么,假定两个选择备选项是 i 和 j,模型这时变为:

$$P(i) = \frac{e^{-\mu\beta(X_{in} - X_{jn})}}{1 + e^{-\mu\beta(X_{in} - X_{jn})}} \qquad (5.1.5)$$

可以通过估计参数值 β 得到间接效用值 $V(\cdot)$。

在进行参数估计时,除了用多项式 logit 模型进行估计外,常用的计量估计模型还有条件 logit 模型和混合 logit 模型,常用的估计方法是最大似然估计法。混合 logit 模型的待估计系数是一个假设的分布,需要通过模拟估计实现。假设受访者 n 面临一个情形 t 下有 j 个选项的选择,这时适用的混合 logit 模型形式是:

$$U_{ntj} = \beta'_n x_{ntj} + \varepsilon_{ntj} \qquad (5.1.6)$$

式中系数 β_n 的概率密度为 $f(\beta_{jn}/\theta^*)$,表示由人的个体特征所引起的不可观测的因素。θ^* 是这个分布真正的参数。这时,在 t 情形下受访者 n 选择 j 选项的可能性是:

$$L_{nj}(\beta_j / \eta_{nj}) = \frac{\exp(\beta'_n x_{nj})}{\sum\limits_j \exp(\beta'_n x_{nj})} \qquad (5.1.7)$$

更一般的模型形式允许系数矩阵表示为 $\beta_n = b + \eta_n$,这里 b 为待估总体的平均值,η_n 为受访者偏好从总体平均偏好中的随机偏离,这时效用可表示为:

$$U_{ntj} = b' x_{ntj} + \eta'_n x_{ntj} + \varepsilon_{ntj} \qquad (5.1.8)$$

式中 $\eta'_n x_{ntj} + \varepsilon_{ntj}$ 为效用中的随机部分,这部分与各选项之间存在关联,因为它们都受 η_n 的共同影响,而且如果 η_n 是随机系数,它可以采用不同的分布形式,如正态分布、对数正态分布或是三角形分布。

目前在利用选择实验计算支付意愿的时候,有三种具体的实现形式。第一种是资源或生态属性的边际效益,即运用对数模型(logit model)估计出来的系数。

第二种是用隐含价格(implicit price)的形式,这是目前最为常用的表达WTP的形式:

$$WTP = -\left(\frac{\beta_A}{\beta_M}\right) \tag{5.1.9}$$

式中 WTP 为每种属性的边际支付意愿;β_A 和 β_M 分别为间接效用函数估计中非市场环境属性项和价格项的系数,该部分价值的公式提供了价格变化和属性之间的边际替代比例。

第三种实现形式是计算补偿剩余。选择实验的补偿剩余(compensating surplus)福利估计公式为:

$$CS = -\frac{1}{\beta_M}(V_1 - V_2) \tag{5.1.10}$$

式中 β_M 为价格项的系数,通常解释为收入的边际效用;V_1 为初始状态的效用水平;V_2 为变化后的效用水平。

如果间接效用函数是二次形式,可以通过解以下方程得到补偿剩余:

$$V_1 = a_1(Y) - a_2(Y^2) + b(Q_1)$$
$$= a_1(Y - CS) - a_2(Y - CS)^2 + b(Q_2) = V_2 \tag{5.1.11}$$

式中 V_1 为初始状态效用水平;V_2 为变化后的效用水平;Q_1 为较低水平的环境属性;Q_2 为较高水平的环境属性;Y 为收入;a_1,a_2 和 b 为待估参数。

相对于 CVM,CE 有以下优势(Adamowicz et al.,1998)。首先,因为 CE 是基于属性的,所以可以对属性单独"赋值"。与 CVM 相比,CE 可以在更广泛的属性集之间进行权衡。其次,CE 相对于 CVM 的一个明显的优势是,CE 的设计允许变换属性级别,因此可以检查属性中规模和范围的敏感性。虽然这类测试原则上也可以用于 CVM 问题,但 CVM 通常只评估单个或少数属性,这限制了这类测试的范围。但是 CE 中属性与层次所构成的轮廓是给定的,这就导致即使属性之间存在替代关系,消费者也将被迫选择,而且往往消费者对虚拟轮廓价格不敏感,导致实验结果出现偏差。所以结合非假想性实验方法和假想性实验方法的研究框架将能更有效、更精确地度量消费者对特定物品或服务的支付意愿,这也是非市场价值评估中陈述性偏好方法的未来发展方向。

第二节 选择实验法的评析及其
在食品经济学中的应用

选择实验是在传统的 CVM 基础上发展起来的,可以说是 CVM 的一种扩展或变体。最早将选择实验用于非市场价值评估的是 Adamowicz 等 (1994)。目前,学界与之相关的研究可以大概划分为 4 个大的类型:(1)选择实验应用于价值评估时的理论基础和比较优势;(2)完善选择实验实证设计,提高数据采集的准确性;(3)改进选择实验的计量模型,提高计量过程的精确度;(4)选择实验结果效用可转移性研究,包括聚合度衡量、转移误差评估、转移方式选择等。经过近 30 年的发展,选择实验方法的应用越来越广泛,从最初用于对物品或服务的休憩娱乐和美学价值的研究,发展到目前广泛用于生态系统修复(如河流、湖泊、湿地、水土流失等)、生物多样性(如野生动植物保护)、文化和艺术(如文化遗产、国家公园等)等诸多领域的非市场价值评估。

选择实验法通过构造被调查者选择的随机效用函数模型,将选择问题转化为效用比较问题。相比条件估值法只能对单一属性或物品进行评估,选择实验法可设定一系列的场景,并在特定场景下设置选择集,每个选择集则由不同属性及不同的属性水平组成,然后设定选择场景,让消费者在备选基准选项和特定可选方案之间作出选择,可用于多种属性之间的评估,已是目前国际上研究物品属性偏好及支付意愿的主流方法。

作为目前国际上的前沿理论,选择实验理论通过设定特定的选择情景,能非常真实地模拟消费者的选择行为,近年来被广泛应用于消费者的食品需求研究。

食品质量安全问题在某种程度上是由消费者与生产者或销售者之间存在信息不对称导致的。而显示食品的特征或属性,如与食品质量安全相关的产品特征、农业技术采用情况、生产过程等,均是降低市场参与者间的信息不对称程度、缓解其导致的市场低效问题的有效手段。鉴于此,研究消费者对食品属性的偏好和支付意愿,寻求生产成本与消费者支付意愿水平的耦合,既是改进食品生产和供应方式的需要,又是重塑消费者信心、确保食品质量安全的重要举措。进入 21 世纪以来,研究消费者对食品特征或属性的偏好和支付意愿的文献逐渐增多,而选择实验是一个越来越受欢迎的、非常有效的研究此类问题的方法。

选择实验在发达国家食品需求研究中的应用主要集中在消费者对反映食品营养和质量的属性（如食品的有机、产地、产品认证、信息标签等）的偏好以及支付意愿方面。

例如，Yue等（2009）研究了美国消费者对有机种植和当地种植的新鲜农产品的支付意愿，发现消费者对有机种植属性和当地种植属性的支付意愿基本一致，消费者的社会人口统计学特征影响其对有机种植或当地种植属性的偏好，消费者在不同的购买地点对此类属性的偏好会发生变化。针对购买地点属性和有机种植属性，Onken等（2011）分析了位于美国中大西洋地区的特拉华州、马里兰州、弗吉尼亚州、新泽西州和宾夕法尼亚州的消费者对草莓脯的产地（本地、非本地、国家营销计划地）、生产方式（自然、有机）、购买地点（杂货店、农贸市场）等属性的支付意愿。其结果显示：这5个州的消费者对购买点为农贸市场均有溢价支付意愿，仅有一个州的消费者偏好有机的生产方式；不同州的消费者所偏好的产地属性的顺序不同，其中马里兰州和宾夕法尼亚州的消费者明显偏好本地生产的产品，而新泽西州的消费者偏好来自国家营销计划地的产品。

在支付意愿偏好研究的基础上，一些学者研究了食品属性变化对消费者福利或社会福利的影响。例如，Tonsor等（2013）分析了美国密歇根州的消费者对猪肉产地、饲养方式、农场规模和妊娠箱使用的偏好。其结果表明：当不用妊娠箱是基于自愿原则时，猪肉生产者不使用妊娠箱并不会提高消费者福利；当猪肉生产不再使用妊娠箱时，消费者偏好的异质性会导致其对消费者福利的影响存在明显差异。Tonsor（2011）研究了美国消费者对猪排的产地、饲养方式、产品质量认证、强化的质量和安全措施等属性的偏好，发现消费者对家庭农场生产、政府质量认证标签和强化的质量安全措施等属性均有积极的偏好，消费者对猪排这些属性的评价会影响其边际支付意愿、市场参与和政策的恰当性，并会影响消费者福利。Loureiro等（2007）发现，美国的消费者对牛肉的安全检测（经过美国农业部检测后贴安全标签）具有最高的溢价支付，其次是原产地信息、可追溯性，溢价支付水平最低的是柔嫩度，因此认为政府对消费者进行食品安全检查相关法规（如美国农业部的食品检测）教育会影响消费者的行为，进而增加净社会福利。Lusk等（2006）研究了美国消费者对在猪肉中抗生素禁用属性的偏好及支付意愿，发现在猪肉中禁用抗生素带来的消费者福利的变化取决于消费者对猪肉生产中使用抗生素的认知以及消费者能购买到无抗生素猪肉的程度,与同时存在禁用和不禁用抗生素的猪肉产品相比,对猪肉生产采取全面禁用抗生素使得消费者福利有所损失。

此外,转基因食品、动物福利以及农业生产中关系到食品安全的病菌控制、抗生素禁用、食品安全风险等也是发达国家学者利用选择实验开展研究时所关注的重要议题。基于选择实验的研究结果可以提供消费者对食品属性的偏好和需求等有价值的信息,可以帮助政府制定有效的食品政策。

Rigby 等的后续研究(2005)验证了 Burton 之前的结论,但是消费者对转基因食品的偏好表现出明显的异质性,而且消费者更愿意市场中不存在转基因食品。Lusk(2013)发现,欧洲消费者愿意对不用转基因饲料生产的牛肉进行溢价支付,其支付水平显著高于美国消费者,因此认为美国的转基因牛肉出口商在对欧洲的出口方面会遇到很大阻力。

Carlsson 等(2005)是从牲畜是否散养和活动物运输方式的角度关注瑞典消费者对动物福利的需求,通过对 6 种牲畜产品的分别研究,发现消费者对动物福利属性的评价存在明显差异,消费者对笼养鸡和散养鸡所生产的鸡蛋的支付水平并没有显著差异,但是对非速生的鸡肉、户外养殖的猪肉和散养牛的牛奶的溢价支付水平较高。Doherty 等(2014)比较了英国和爱尔兰的消费者对动物福利的偏好,发现英国消费者对动物福利的支付意愿显著强于爱尔兰消费者,当消费者认为消费鸡肉有较高风险时,爱尔兰消费者从动物福利属性得到的效用要高于英国消费者。Liljenstolpe(2008)发现,瑞典消费者对猪肉属性的偏好突出表现在安全信息和动物福利方面。

在食品安全需求研究中,消费者对食品安全的需求主要体现在病菌控制、抗生素使用和安全风险等特征属性方面。例如,Mørkbak 等(2010)研究了消费者对肉类中禁用抗生素和减少病菌措施的支付意愿,发现除了本国生产、低脂肪和动物福利等属性,丹麦消费者对减少猪肉中沙门氏菌含量和减少抗生素使用有显著偏好,并且愿意额外支付溢价。紧接着,Mørkbak 等(2011)进一步研究了丹麦消费者对利用不同方法减少感染猪肉肉松中沙门氏菌风险的支付意愿;研究结果显示,在所提供的降低沙门氏菌的不同方法中,仅当能完全消除感染风险时,消费者愿意对在饲养环节消除沙门氏菌的方法进行溢价支付。Goldberg 等(2005)计算了消费者对减少感染鸡肉中沙门氏菌和弯曲杆菌风险的支付意愿,根据该风险的减少程度,消费者的溢价支付意愿在 5%—67%之间。Mørkbak 等(2010)还研究了消费者对在猪肉中限制使用抗生素的支付意愿;结果显示,消费者对加强抗生素使用限制的评价不受细菌风险等其他安全属性的影响，消费者愿意为减少抗生素使用进行溢价支付。此外，一些欧洲学者还利用选择实验研究了消费者对反映食品质量的属性（如食品品牌、产品认证和产品信息标签等）的偏好。例如，Enneking(2004)研究了德国消费者对香肠的品牌、QS 标签和有机生产特性的支付意愿，发现消费者对有 QS 标签的香肠有 20% 的溢价支付意愿，该研究提供了公众支持第三方和 QS 认证的典型例子。Scarpa 等(2004)研究了意大利消费者对橄榄油的产品认证和产地的偏好，结果显示消费者偏好于本地生产的产品。Scarpa 等(2021)在后续研究中进一步印证了这一结论。

总的来说，此类研究结果为农产品生产和贸易、农业企业的农产品营销等方面提供了极具价值的参考信息，帮助食品生产商明确产品的特色及竞争力、加强市场营销的有效性、合理控制成本。利用选择实验研究消费者对食品属性的偏好和支付意愿，其研究结果可为相关政策的制定提供量化信息，发达国家的部分农业和食品方面政策的设计和实施就是依靠此类基于选择实验的研究。

在以中国为代表的发展中国家的相关食品研究中，质量安全依然是最受关注的研究方向。Ortega 等(2009)利用选择实验，研究中国消费者对猪肉的可追溯、产品的第三方认证、政府认证以及生产信息标签等反映猪肉质量安全的属性的偏好和支付意愿。其结果显示：消费者对政府认证的信任要超过对第三方认证的信任，这就需要政府提供足够的质量安全控制措施；在反映猪肉质量安全的所有属性中，中国消费者对猪肉生产标签的支付水平最低。Ortega 等(2012)随后研究了中国城镇消费者对超高温杀菌液态奶的质量安全属性的需求。其研究结果显示：消费者偏好保质期较短的产品，对政府产品认证的支付意愿仍最高，这与其先前的研究结论一致；消费者对第三方认证也有一定的溢价支付意愿，因此进行第三方认证可以增加消费者福利，并降低政府认证垄断所导致的低效率。王怀明等(2011)研究了中国消费者对猪肉质量安全标识的支付意愿，发现消费者对可追溯标识有较高的支付意愿。张振等(2013)通过研究发现，我国消费者对政府认证属性的支付意愿最高，对品牌、第三方认证等属性各有一定的支付意愿。

通过考察已有文献可以发现，目前选择实验在国外已被较多运用于分析消费者食品需求问题。近年来，我国屡见不鲜的食品质量和安全事件引起人们对食品质量安全的关注，但是，经济发展水平和研究积淀等因素使得我国居民食品质量安全需求的研究较欧美发达国家和地区依然显著滞后，尤其是对转基因、抗生素使用、动物福利等当前热点问题缺乏关注,这也是国内学者后续应研究的议题。

选择实验被越来越多地应用于各种领域的非市场价值评估,被经济学家公认为当前非市场价值评估领域最具前景的方法。选择实验方法设计时包括的模型结构能将环境政策的生态结果表达得更为精确,并具有选择行为分析等特点,因而,该方法具备极强的理论基础;同时,该方法的结果是以既定环境政策生态结果的不同特征为变量的效用函数,这个结果在理论上很适合用于效益转移(benefit transfer)研究。选择实验不仅扩充了陈述偏好法的实践范围,而且克服了传统 CVM 方法中的一些缺陷。与 CVM 不同,选择实验必须通过一些以个人行为和选择模型为基础的间接技术推断出货币化价值。经过近 30 年的应用、提高和发展,选择实验目前已经成为北美、欧洲等地区发达国家最为常用和相对可靠的一种方法。

选择实验在众多学科、领域有着广泛的应用前景。但在应用选择实验的实践中,还需注意以下 3 个方面的关键问题。

(1)选择实验的有效性问题。选择实验的有效性取决于该实验模拟真实决策各个关键方面的程度。因此要求研究者设计出尽可能模拟真实选择情形的实验。也就是说,如果能够确保受访者了解该环境物品及其所处的背景,那么选择实验就是动机相容的,而且选择的结果相对是准确无偏的。

(2)选择实验的设计问题。一般考虑到研究成本的影响,不可能将所有的属性状态组合都呈现给受访者,因此选择集的设计要采用部分因素正交设计的方法。但这样得到的设计方案并不能保证问卷具有研究需要的特性,因此问卷设计的细节应尽量描述清楚,而且设计的统计性质很重要。

(3)选择实验的模型使用问题。因为选择实验涉及人们的选择行为,因此研究者应该将重点放在人们选择行为的理论框架上,以行为理论来指导模型。通常选择实验使用的模型是多项式 logit 模型、条件 logit 模型和混合 logit 模型,但如果考虑人们选择行为中未观测的变异性,比如偏好异质性,那么可以使用潜在分类模型。

因为选择实验涉及多学科的交叉,经济学、心理学和统计学等学科之间的交流与融合是选择实验能够进一步发展的前提。有了其他领域知识的支撑,在使用选择实验时才可以尽量避免出现错误。选择实验的发展不仅需要统计选择模型的支持,还需要行为理论的深入发展以及实证研究提供的洞察力来指导模型发展。

参考文献

［1］ Adamowicz，W.，Boxall，P.，Williams，M.，et al. 1998. Stated preference approaches for measuring passive use values:Choice experiments and contingent valuation. American Journal of Agricultural Economics 80(1):64-75.

［2］ Adamowicz，W.，Louviere，J.，Williams，M. 1994. Combining revealed and stated preference methods for valuing environmental amenities. Journal of Environmental Economics and Management 26(3):271-292.

［3］ Burton,M.，Rigby，D.，Young，T. 2003. Modelling the adoption of organic horticultural technology in the UK using duration analysis. Australian Journal of Agricultural and Resource Economics 47(1):29-54.

［4］ Carlsson,F.，Frykblom,P.，Lagerkvist,C. J. 2005. Consumer preferences for food product quality attributes from Swedish agriculture. AMBIO:A Journal of the Human Environment 34(4):366-370.

［5］ Doherty,E.，Campbell,D. 2014. Demand for safety and regional certification of food:Results from Great Britain and the Republic of Ireland. British Food Journal 116(4):676-689.

［6］ Enneking，U. 2004. Willingness-to-pay for safety improvements in the German meat sector:The case of the Q&S label. European Review of Agricultural Economics 31(2):205-223.

［7］ Goldberg,I.，Roosen,J. 2005. Measuring consumer willingness to pay for a health risk reduction of Salmonellosis and Campylobacteriosis. ［2019-09-14］. https://ageconsearch. umn. edu/record/24512/? v＝pdf.

［8］ Lagerkvist,C. J.，Frykblom,P.，Carlsson,F. 2004. Consumer benefits of labels and bans on genetically modified food-An empirical analysis using Choice Experiments. ［2020-09-26］. https://ageconsearch. umn. edu/record/20370/? v＝pdf.

［9］ Lancaster，K. J. 1966. A new approach to consumer theory. Journal of Political Economy 74(2):132-157.

［10］ Liljenstolpe,C. 2008. Evaluating animal welfare with choice experiments:An application to Swedish pig production. Agribusiness: An International Journal 24(1):67-84.

[11] Loureiro,M. L. ,Umberger,W. J. 2007. A choice experiment model for beef:What US consumer responses tell us about relative preferences for food safety,country-of-origin labeling and traceability. Food policy 32 (4):496-514.

[12] Louviere,J. J. , Hensher, D. A. 1982. On the design and analysis of simulated choice or allocation experiments in travel choice modelling. Transportation Research Record 890(1):11-17.

[13] Louviere, J. J. 1983. Integrating conjoint and functional measurement with discrete choice theory:An experimental design approach. Advances in Consumer Research 10(1):151

[14] Lusk,J. L. ,Norwood,F. B. ,Pruitt,J. R. 2006. Consumer demand for a ban on antibiotic drug use in pork production. American Journal of Agricultural Economics 88(4):1015-1033.

[15] Lusk,J. L. 2012. Consumer information and labeling//Armbruster,W. J. , Knutson, R. D. US Programs Affecting Food and Agricultural Marketing. New York,NY:Springer:349-374.

[16] Lusk, J. 2013. The Food Police: A Well-Fed Manifesto About the Politics of Your Plate. New York:Crown Forum.

[17] Mørkbak,M. R. , Christensen, T. , Gyrd-Hansen, D. 2010. Consumer preferences for safety characteristics in pork. British Food Journal 112 (7):775-791.

[18] Mørkbak,M. R. ,Christensen, T. ,Gyrd-Hansen,D. 2011. Consumers' willingness to pay for safer meat depends on the risk reduction methods—A Danish case study on Salmonella risk in minced pork. Food Control 22(3-4):445-451.

[19] Olynk,N. J. ,Wolf,C. A. ,Tonsor ,G. T. 2012. Production technology option value:The case of rbST in Michigan. Agricultural Economics 43:1-9.

[20] Onken, K. A. ,Bernard,J. C. ,Pesek,J. D. 2011. Comparing willingness to pay for organic,natural,locally grown,and state marketing program promoted foods in the mid-Atlantic region. Agricultural and Resource

Economics Review 40(1):33-47.

[21] Ortega, D. L., Wang, H. H., Olynk, N. J., et al. 2012. Chinese consumers' demand for food safety attributes: A push for government and industry regulations. American Journal of Agricultural Economics 94(2):489-495.

[22] Ortega, D. L., Wang, H. H., Wu, L. 2009 Food safety and demand: Consumer preferences for imported pork in urban China. Journal of Food Distribution Research,40:52-63.

[23] Rigby, D., Burton, M. 2005. Preference heterogeneity and GM food in the UK. European Review of Agricultural Economics 32(2):269-288.

[24] Scarpa, R., Bazzani, C., Begalli, D., et al. 2021. Resolvable and near-epistemic uncertainty in stated preference for olive oil: An empirical exploration. Journal of Agricultural Economics 72(2):335-369.

[25] Scarpa, R., DEL GIUDICE, T. 2004. Market Segmentation via mixed logit: Extra-virgin olive oil in urban Italy. Journal of Agricultural & Food Industrial Organization 2(1):1-18.

[26] Tonsor, G. T. 2011. Consumer inferences of food safety and quality. European Review of Agricultural Economics 38(2):213-235.

[27] Tonsor, G. T., Schroeder, T. C., Lusk, J. L. 2013. Consumer valuation of alternative meat origin labels. Journal of Agricultural Economics,64 (3):676-692.

[28] Viske, D., Lagerkvist, C. J., Carlsson, F. 2006. Swedish consumer preferences for animal welfare and biotech: A choice experiment. AgBioForum 9(1):51-58.

[29] Yue C., Tong C. 2009. Organic or local? Investigating consumer preference for fresh produce using a choice experiment with real economic incentives. HortScience 44(2):366-371.

[30] 王怀明,尼楚君,徐锐钊. 消费者对食品质量安全标识支付意愿实证研究——以南京市猪肉消费为例. 南京农业大学学报(社会科学版),2011(1):21-29.

[31] 张振,乔娟,黄圣男. 基于异质性的消费者食品安全属性偏好行为研究. 农业技术经济,2013(5):95-104.

第三部分
陈述性偏好在食品经济学中的
实证研究

第六章 中国消费者对基于区块链技术的可追溯牛肉产品的需求分析

第一节 引 言

当前,美国牛肉价格波动、牛肉人均消费量饱和使得美国牛肉寻找美国之外的牛肉消费市场变得尤其重要。尽管牛肉在中国并不是最受欢迎的肉产品,但它是中国最具市场潜力的肉类产品,其需求增长率超过了猪肉等被更广泛食用的肉类(Liu et al. ,2009)。

从 2011 年的 645 万吨到 2017 年的 789 万吨,中国牛肉消费量增长了22.3%,2019 年人均消费量达到 8.5 磅(3.86 千克)(Li et al. ,2018;OECD,2019)。由于中国消费者对牛肉需求的快速增长和本国有限的牛肉产量,中国已经成为世界第二大牛肉进口国。自 2014 年以来,牛肉进口量和进口额均增加了一倍左右。2018 年,中国进口牛肉约 100 万吨,比 2017 年增长约51%,比 2000 年增长 160 倍(UNSD,2018)。对美国生产商来说,潜在的盈利机会值得他们去分析中国牛肉市场。特别是考虑到美国牛肉已在中国市场缺席十几年,了解中国消费者对美国牛肉的偏好十分必要。本研究提供了中国消费者对美国牛肉偏好的最新认识,并评估了美国牛肉在中国市场的潜力。

牛肉需求增长的同时,随着经济的发展与收入的增长,中国消费者对食品安全也越来越重视(Ortega et al. ,2011;Ortega et al. ,2012;Wang et al. ,2008)。食品安全问题的出现,在很大程度上是由于消费者和生产者之间的信息不对称为食品行业中的生产商、加工商等提供了机会主义行为的激励(Akerlof,1970;Hölmstrom,1979;Ollinger et al. ,2020;Starbird,2005)。产品的可追溯性指追溯产品信息直至生产地,从经济学理论上看,它被认为是解决信息不对称、提高食品安全的政策工具（Hobbs，2004；Pouliot et al.，2008）。因此，投资可追溯体系是解决中国消费者食品安全担忧的潜在途径之一，缓解中国消费者对食品安全问题的担忧有助于食品企业获得更大的市场份额。然而，在实践中，传统的、集中的可追溯体系在确保食品安全方面存在技术上不可靠等问题，这一点被广泛报道的食品安全相关事件所印证（Lin Q et al.，2019；Tian，2017；Yiannas，2018）。这是因为传统的可追溯体系由一个集中的机构管理和维护，一旦该机构不能实施有效管理，数据篡改和信息欺诈容易发生（Bodkhe et al.，2020）。

　　针对上述问题，关于分布式账本技术的最新进展提供了一种潜在的、有效的解决方案。区块链技术是其中一种分布式账本技术，它是一种分散的数字账本，用于记录已得到所有关联方，而不是权威机构批准的信息（Sander et al.，2018）。与传统的、集中的可追溯体系不同，基于区块链的食品可追溯体系不再由单一的主体控制，而且整个产品供应链上的交易信息能够在所有利益相关者之间共享，从而达成相互监督的目的，提高信息的准确性和透明度。基于区块链技术的可追溯体系的另一个显著特征在于，如果没有所有利益相关者的许可，任意主体无法随意更改已经写入区块链账簿的信息，从而进一步增加数据真实性、激励所有利益相关方确保数据的可靠性（Yiannas，2018）。基于上述特点，基于区块链技术的食品可追溯体系能够提供更加真实可靠的食品安全相关信息，缓解乃至消除食品生产者与消费者之间的信息不对称问题。尽管基于区块链的食品可追溯性有望解决食品安全问题，但是这一新兴技术能否被成功采纳，取决于市场上消费者对该技术的态度与需求。

　　综上所述，本章利用假设性的离散选择实验方法考察中国消费者对美国牛肉的市场需求，同时评估中国消费者对基于区块链的可追溯体系的接受程度。此外，本研究还将根据消费者对不同牛肉产品的支付意愿和社会人口统计特征、牛肉消费与购买信息等，将被调查者划分进不同的细分市场，为分析美国牛肉在中国的市场前景提供科学依据，从市场需求的视角探讨基于区块链技术的可追溯体系的采纳可行性。聚类分析结果表明，与国产牛肉相比，63%的中国消费者对美国牛肉的估价为负值，这表明美国牛肉如果想在中国市场取得成功，迫切需要有影响力的市场营销策略。其中，基于区块链技术的可追溯体系的采纳可能有助于美国牛肉出口商扩大在中国的市场份额。与传统的数字可追溯牛肉相比，中国消费者愿意为使用区块链技术追踪的牛肉支付平均每磅（453.59克）约 0.60 美元的溢价。此外，研究发现偏好从美国进口的牛肉产品和基于区块链技术的可追溯牛肉产品的中国消费者同时倾向于网购牛肉,且每次购买的牛肉数量较为可观。

相较于已有的相关文献,本章的研究存在以下不同或创新。第一,本研究是美国牛肉行业被禁止进入中国市场 14 年之后,首次调查中国消费者对美国牛肉的态度和购买行为的学术研究。本章的分析结果有助于农商企业评估美国牛肉重新进入中国市场后中国牛肉进口市场的状况,从而为其市场进入与市场营销策略提供科学支撑。第二,从技术角度而言,基于区块链技术的可追溯体系可以解决食品安全的信息不对称问题,减缓中国消费者对食品安全的担忧,但是,围绕消费者是否会对这一新兴技术作出预期的市场反应以及他们会在多大程度上作出市场反应等关键问题,目前学术界尚未能作出充分的回应。出于上述考虑,本章实证测度中国消费者对美国进口的牛肉产品以及基于区块链技术的可追溯牛肉产品的接受程度,并考察在美国牛肉出口行业采纳基于区块链技术的可追溯体系促进其在中国市场的销售量的可行性。已有研究认为由于牛肉生产和出口商对追溯技术和追溯成本存在担忧,在美国实施农产品全产业链可追溯体系比较困难(Schroeder et al.,2012;Schulz et al.,2010)。鉴于美国之外的世界主要牛肉出口国都已经采纳可追溯体系,美国牛肉出口商若想在世界牛肉市场取得竞争优势,确定并实施适当的可追溯体系至关重要。

第二节　研究背景与相关文献

本节首先回顾中国牛肉的进出口趋势,其次介绍基于区块链技术的可追溯体系。

2020 年,中国牛肉进口量增长至 260 万吨(USDA FAS,2019)。近年来,中国进口牛肉主要来自乌拉圭、巴西、澳大利亚、阿根廷和新西兰 5 个国家(UNSD,2018)。所有出口到中国的牛肉都遵循同样的可追溯性要求。除巴西外,这些国家都已经建立了政府强制的可追溯体系,使所有出口到中国的牛肉都符合其可追溯要求(Gregg et al.,2018)。值得注意的是,政府强制的可追溯体系并不依赖区块链技术,而且中国政府也不要求将牛肉的追溯信息向终端消费者公开。

加拿大和澳大利亚历来是中国重要的贸易伙伴。Mao(2008)研究表明,中国人对牛肉品质性状的口味与西方人的口味相似，首先是偏好高肌内脂肪，其次是嫩度和多汁性。此外，风味在食品消费者所期望的一系列牛肉品质中排名很高。因此，在牛肉质量方面，美国牛肉生产能够满足中国消费者的需求。这使美国成为加拿大和澳大利亚在中国牛肉市场上的主要竞争对手，因为他们都有能力生产出同样高质量的、令中国消费者满意的牛肉。加拿大与美国采用的是以谷物为基础的饲养方式（Lim et al.，2013），而澳大利亚是以牧草为基础的饲养方式（MLA，2020）。近年来，澳大利亚牛肉行业正在部分转向谷物饲养系统，以迎合中国市场（USMEF，2012）。尽管其他竞争者也生产和出口优质牛肉，但加拿大和澳大利亚在市场地位上与美国牛肉的位置最接近，这三个原产国在包装和营销材料上突出展示的趋势就可以证明（Hansen et al.，2017）。尽管美国牛肉作为优质产品在中国市场具有竞争力，但由于牛海绵状脑病暴发的负面影响和随后的贸易禁令，美国牛肉在 2003 年失去进入中国市场的机会，与不断增长的、新兴的中国牛肉市场"擦身而过"（Greene，2017）。

继 2003 年的美国牛肉进口禁令于 2017 年解除后，为保障中国消费者的食品安全，中国政府对美国牛肉实施了严格的进口限制。根据 USDA FSIS（2018），出口到中国的合格牛肉必须来自 30 个月以下的牛，并且可追溯，以证明这些牛是（1）在美国出生、饲养和屠宰的；或（2）从加拿大或墨西哥进口，在美国饲养和屠宰的；或（3）从加拿大或墨西哥进口、在美国直接屠宰的。此外，出口商还必须参加美国农业部向中国出口牛肉的验证程序。上述措施对牛肉可追溯性的要求普遍高于美国本土的牛肉追溯标准。如果美国牛肉出口商有意向中国出口牛肉，扩大美国牛肉在中国的市场份额，那么投资牛肉可追溯体系建设将无法避免。这些严格的农产品可追溯性要求侧面反映了中国政府在确保中国居民食品安全方面的付出和决心。

接下来，本章将具体介绍基于区块链技术的可追溯体系在食品产业链中的应用。区块链技术为建设可追溯体系注入新动力，其提供了农产品或食品从农场到零售商再到消费者的全过程的真实信息。虽然传统的农产品可追溯体系在食品安全事件爆发时为召回问题产品提供了信息支撑，但基于区块链技术的新兴可追溯体系通过赋能产业链中所有利益相关者、共同验证产品的来源和流动，从技术上能够确保信息的准确性与系统性。具体而言，为在牧场的动物创建一个唯一的标签或标识符，然后全程跟踪、记录其流向。区块链系统可以记录和跟踪产品在运输过程中的情况，进一步提高其作为食品安全保障的实用性。然后,通过终端产品包装上的二维码甚至餐厅菜单来提供农产品追溯信息,消费者只需用移动设备扫描二维码就可以获得产品在供应链上每一步的记录(Biele,2019)。除了产品移动的物流,目前的区块链追踪工作允许消费者随时接收生产者的信息,包括牲畜饲养状况、疫病等(Bandoim,2019)。一些初创区块链追踪公司已经在探索利用区块链技术向消费者展示农产品生产的即时信息,例如美国的 HerdX 和澳大利亚的 Beef Ledger(Bandoim,2019;Foth et al. ,2019)。

第三节　研究方法

本章的研究方法主要有以下四方面:离散选择实验的设计、消费者对新技术接受程度的测度、离散选择模型的设定以及聚类分析方法。

第一,就离散选择实验的设计而言,为了揭示中国消费者对美国牛肉产品和区块链可追溯性的偏好与支付意愿,本章开展了一项关于牛腩的线上离散选择实验。出于理论一致性、允许参与者选择退出选项的灵活性以及在一系列属性之间进行权衡的能力等原因,选择实验至今仍是最常用的陈述性偏好方法(Hanley et al. ,2001;Louviere et al. ,2000;Louviere et al. ,2010;Lusk et al. ,2004)。这种方法为被调查者提供了多个产品购买的决策场景或决策任务,请被调查者选择其最偏好的产品选项或产品方案。在本次选择实验中,每个决策场景包含两个实验设计的产品选项和一个什么都不购买的退出选项。

首先,除了产品是否具有区块链可追溯性外,考虑到进口牛肉是中国牛肉供应的重要来源,本章还将原产国作为产品属性之一进行评估以捕捉消费者对进口牛肉的感知。原产地等级包括国内和中国的 3 个主要贸易伙伴(美国、澳大利亚、加拿大)。选择澳大利亚和加拿大是因为它们在中国市场的地位相似,均提供高质量的进口牛肉。并且,加拿大、澳大利亚和美国往往是中国牛肉市场上最常见的原产国,其标签暗含着对西方和中国的广大消费者所重视的特征的呈现,即大理石花纹、嫩度、多汁性和风味。其次,考虑到已有研究发现牛肉嫩度是中国牛肉消费者最重视的食用品质特征(Mao et al. ,2016),因此牛肉嫩度作为牛肉产品属性之一被包括进选择实验设计中。随着收入的增加，中国消费者对安全和有质量保证的牛肉产品的需求将越来越大（Liu et al.，2009）。与此同时，其他国外的研究也强调了嫩度在牛肉购买决策中的重要性（Caputo et al.，2016；Gao et al.，2009；Loureiro et al.，2007；Lusk et al.，2001）。最后，牛肉产品价格也作为选择实验的属性之一。价格是消费者购买决策时一个重要的影响因素，而且价格参数可以用于计算支付意愿。本次选择实验中的牛肉价格从 28 元/500 克到73 元/500 克①不等，这些价格反映了本研究进行时牛肉的低端和高端市场价格。

基于所选的牛肉属性及其属性水平，本章首先进行全因子设计，有两个实验产品选项的全因子设计一共需要 4096（$4^{2×2}$ × $2^{2×2}$）个不同的选择任务。其次，为了减少在实际调研过程中展示给被调查者的选择任务的数量，提高被调查者的答题质量，本章采用 Street 等（2007）提出的方法生成 16 个不同的选择任务，然后将该 16 个选择任务随机分成两个版本，每个版本 8 个选择任务。参与者被随机分配到两个版本中的一个。每个选择任务包括两个有实验设计的产品选择和一个退出选项，包含一个退出选项可以更好地模拟真实的市场情况。8 个选择任务的出现顺序在不同参与者之间是随机的。在被调查者进行选择任务之前，本章向其提供了区块链可追溯性的信息。该信息简要介绍了区块链技术、区块链可追溯性以及其相对于传统可追溯体系的区别和优势。考虑到区块链技术是一项新兴技术，信息的提供有助于受访者在选择任务中更好地评估选择实验中不同的牛肉产品。

第二，为了衡量消费者接受新技术（如区块链可追溯性）的倾向，本章采用了技术接受度指数（TRI）量表，该量表最初由 Parasuraman（2000）开发。技术接受度是指一个人在家庭生活和工作中为了实现目标而接受和使用新技术的倾向。自从 2000 年 TRI 的最初版本发布以来，重大的技术变革不断发生。因此，我们采用了一个更新版本，即 TRI 2.0，这是一个可靠和有效的消费者细分工具（Parasuraman et al.，2015）。TRI 的分数范围为 1 到 5，分数越高表明技术成熟度越高。在发达国家和发展中国家，该指数被广泛应用于评估消费者对自助服务技术的态度，如在线购物和移动支付（Mummalaneni et al.，2016；Wiegard et al.，2019；Zulkifly et al.，2016）。

该指数包括四个维度：乐观、创新、不适和不安全感。乐观和创新是技术

---

① 本研究进行时 1 美元＝6.96 元。

采用的驱动力,衡量个人相信技术可以使他们的生活受益的程度和尝试新技术的愿望。相反,不适和不安全感是阻碍因素。不适感评估的是受访者认为技术缺乏控制的程度,而不安全感评估的是受访者对技术的不信任和怀疑程度。为了提取消费者技术取向的四个维度,本研究采用 TRI 2.0 量表,通过 16 项量表进行测量。每个维度有 4 个量表问题,每个问题要求被调查者使用李克特式量表(Likert-type scale),从 1(非常不同意)到 5(非常同意)评估对技术的态度陈述。例如,一项衡量乐观程度的陈述是"新技术有助于提高生活质量"。遵从 Parasuraman 等(2015)的做法,这 16 项陈述的呈现顺序是随机的。我们通过取四个测量维度的项目的平均值来计算被调查者在每个维度上的得分。整体 TRI 得分是对不适和不安全感得分进行反向编码后的四个维度的平均得分。

第三,基于 Lancaster(1966)的消费者需求理论,本章设定间接效用函数模型来实证分析消费者的牛肉购买决策。在随机效用理论(McFadden,1974)的基础上,选择实验假设消费者个体 n 在第 t 个选择场景中从选项 j 中获得的效用可以表示为:

$$U_{njt} = V_{njt} + \varepsilon_{njt} \tag{1}$$

其中,V_{njt} 是该效用函数的确定部分,它取决于选项 j 的属性及其水平,ε_{njt} 代表个体效用中随机的、未观察到的部分。基于模型(1),本节实证估计了基于支付意愿的随机参数 logit 模型,放宽了固定价格系数的假设(Scarpa et al.,2008),因此估计所得系数可以直接解释为边际支付意愿的估值(Scarpa et al.,2010)。此外,消费者对一个给定产品属性的偏好可能与他们对另一个产品属性的偏好相关(Hess et al.,2017),在本章的分析中,消费者对可追溯性的偏好可能与购买进口牛肉产品的意愿有关。因此,在估计模型(1)时,本节引入产品属性偏好参数之间的相关性。本章所用的效用函数的具体设定如下:

$$U_{njt} = \theta_n(-Price_{njt} + \beta_{n1}Block_{njt} + \beta_{n2}Tender_{njt} + \beta_{n3}USA_{njt} + \beta_{n4}CAN_{njt} + \beta_{n5}AUS_{njt} + ASC) + \varepsilon_{njt} \tag{2}$$

其中 θ_n 为表示价格/等级参数的随机正标量;$Price_{njt}$ 是一个连续变量,在设计中包含四个价格级别;$Block_{njt}$ 和 $Tender_{njt}$ 是区块链可追溯性和嫩度属性的虚拟变量;USA_{njt}、CAN_{njt} 和 AUS_{njt} 也是虚拟变量,当产品分别来自美国、加拿大和澳大利亚时,其值为 1,否则为 0;ASC 是不购买选项的替代特定常数;

β_s 为支付意愿的估计参数，服从正态分布；ε_{njt} 为随机误差项，服从 I 型极值分布。

第四，本节通过聚类分析考察中国牛肉市场的不同细分消费群体。聚类分析是一种统计方法，通过对一组多变量数据进行排序，从一个异质群体中构建出同质子群体（Hair et al.，1998）。聚类分析方法已被广泛应用于不同领域的细分分析，如生物学、心理学、市场营销和经济学。具体而言，本章采用的是 Petrovici 等（2005）以及 Van den Broeck 等（2017）的两阶段聚类方法。第一步是利用 Ward 聚类方法确定最优的聚类数量，最大限度地提高聚类间的异质性并最小限度地降低聚类内的异质性。Ward 方法是一种分层聚类的方法，其中点之间的平方欧氏距离是最小的。第二步是 K-means 聚类分析，以纠正在聚类之间的边界上观察到的可能的错误分类（Jansen et al.，2006）。作为最流行和最有效的聚类技术之一，K-means 方法通过最小化每个点到其最近中心的平均平方距离来组织相似的组（Jain，2010）。对于本研究而言，在聚类分析中使用的变量包括中国消费者对美国牛肉的 WTP 值和区块链可追溯性、TRI 指数、牛肉消费和购买习惯以及人口统计特征。在聚类分析后，本节还使用统计检验（如 F 检验或卡方检验）来确定组间变量的显著差异。

第四节　实证结果

本章的数据来源于专业市场调研公司 Qualtrics 于 2018 年 11 月招募的一组 383 个中国城市消费者样本。该样本要求受访者年龄不小于 18 岁，是家庭食品杂货的主要采购者，而且在上个月购买过牛肉产品。受访者在地理上分布在中国的不同地区[①]。近 60％的受访者是女性，平均年龄 35 岁，其家庭规模为四到五人。大多数受访者拥有大学本科学历，每月家庭收入超过13000 元。受访者平均每周至少在传统零售渠道，如菜市场或国内超市，购买一次牛肉。与已有的关注北京牛肉消费者的研究（Ortega et al.，2016）相比，

---

① 我们样本的区域分布与中国城市人口的分布普遍对应，北方为 31％（我们的样本）对 22％（人口），东部为 38％对 32％，中部为 5％对 14％，南部为 15％对 18％，西部为 10％对 14％，北方的受访者略多，中部的受访者更少。

在我们的样本中,女性和年轻受访者的比例较高。这是因为我们要求本研究的受访者是主要的家庭食品采购员,而在中国,主要是女性负责家庭食品的采购和准备。本章的受访者比较年轻,这是因为年轻人通常更开放,更愿意参与网络调查。在评估潜在的、新兴的市场需求时,关注年轻消费群体的行为可能是一种优势(Sanjuán-López et al.,2020)。中国消费者最偏爱国产牛肉,其次是澳大利亚牛肉、加拿大牛肉,最后是美国牛肉。中国消费者对牛肉国别的描述性排名可能是疯牛病发生后,中国政府对美国牛肉发出进口禁令,美国牛肉在中国市场的缺位所致。为揭示中国消费者对区块链的认知,本研究采用受访者自我报告的提问方式,即"你认为你对区块链可追溯性有多了解?"该问题按照李克特式量表设计,得分从1(完全不了解)到9(非常了解)。我们的样本关于区块链可追溯技术认知的自我报告的平均分为5.38,说明样本在一定程度上了解区块链的可追溯性。在区块链购买体验方面,约45%的被调查者表示他们曾经购买过具有区块链可追溯性的产品,大多数受访者(86%)表示他们听说过区块链技术。上述结果与我们的样本中发现的高 TRI 分数是一致的。在本研究中,TRI 的总分值为3.51,表明消费者对新技术有较强的接受倾向。具体来说,在 TRI 的四个维度中,"乐观"的得分最高(4.27),而"不适"的得分最低(2.89),这表明中国消费者对技术持相当积极的态度,认为新技术为人们的生活提供了更高的控制性、灵活性和效率。与美国的被调查者相比,中国消费者更加"乐观"和"创新",技术成熟度更高,而美国的受访者通常更怀疑和不信任技术的功能性并经常感到不知所措(Meng et al.,2009)。但值得注意的是,10 年前的情况与 2020 年截然不同:就总体 TRI 及其四个维度而言,在 10 年前美国消费者比中国消费者更有可能接受新技术(Hmielowski et al.,2019;Meng et al.,2009;Wang et al.,2017)。

除此之外,本研究邀请受访者指出他们分配给牛肉产品包装上不同区域的关注水平。10% 的受访者表示在考虑购买牛肉时,原产国是最重要的因素。消费者认为嫩度(34%)和区块链可追溯性(31%)是他们购买决定中最重要的因素,约 10% 的受访者认为价格是牛肉购买的驱动力。

表 6.1 报告了随机参数 logit 模型在 WTP 空间的模型估计结果,表 6.2 为模型相关数据。随机参数 logit 模型展示了消费者对产品属性偏好的异质性与随机性,但模型估计的结果依赖对消费者偏好的分布函数的先验假设

（Balcombe et al.，2009）。因此，本节首先就消费者偏好参数的分布进行测试，再最终确定区块链可追溯性、嫩度和原产国偏好参数的正态分布和价格参数的单边三角形分布。

表 6.1   WTP 结果（美元/磅，等值）

变量	平均值	标准差
区块链	0.63** (0.31)	1.31*** (0.49)
嫩度	0.32 (0.28)	1.23 (0.96)
美国	−0.42 (0.60)	6.54*** (0.81)
澳大利亚	1.11** (0.49)	4.66*** (1.19)
加拿大	0.44 (0.51)	4.83** (2.09)
ASC	−3.78***	

注：***、** 表示在 0.01、0.05 水平上有显著性差异。括号中为标准差。模型以当地货币和数量单位进行估计。本研究进行时的汇率为 1 美元＝ 6.96 元。

表 6.2   模型数据

指标	数值
参数数量	22
选择数量	3064
观测数量	383
Log-likelihood	−2492
AIC/N	1.64

实证估计结果表明，消费者对区块链可追溯性和牛肉原产国的偏好参数的标准差显著不等于零，说明偏好存在很强的异质性。就牛肉原产国而言，澳大利亚牛肉从被调查的消费者手中获得的溢价最高。平均而言，中国消费者愿意额外支付每磅 1.11 美元的价格将国产牛肉"升级"为澳大利亚牛肉。

尽管这一发现偏离了消费者最喜欢国产产品的描述性排名分析①,但是它与其他已有的相关研究是一致的。例如,有学者发现中国牛肉消费者愿意为澳大利亚牛肉产品支付比美国牛肉、国产牛肉更高的价格(Ortega et al., 2016)。我们的估计结果表明,一般来说,消费者对美国和加拿大牛肉的估值与其对国产牛肉的估值相似。虽然美国牛肉的平均估计值在统计上不显著,但消费者对美国牛肉的偏好存在强烈的异质性。消费者对每磅美国牛肉的估值从－＄18到＄10不等,其中超过一半(54％)的受访者要求获得赔偿才能平等对待美国牛肉和国产牛肉,其余46％的人则表示愿意为美国牛肉支付更高的价格。总的来说,本章目前的结果与Ortega等(2016)的发现一致,即中国消费者更喜欢澳大利亚牛肉而不是美国牛肉。这一发现背后的原因可能在于,在美国发生疯牛病并导致中国在2003年至2017年禁止进口美国牛肉后,澳大利亚产牛肉在中国市场得到扩张。另一个可能的原因是2018年以来美国和中国之间的贸易争端导致美国肉类价格相对于其竞争对手更高。就牛肉嫩度而言,尽管它吸引了消费者的关注度,但嫩度并不是中国消费者牛肉购买的重要驱动因素,反映在其均值和标准差的估计参数均不显著上。

就消费者对基于区块链的可追溯性的偏好来看,该产品属性对消费者的整体效用具有统计上显著的、积极的影响。与以往的数字可追溯的牛肉(进口肉类产品的标准)相比,消费者愿意为区块链可追溯的牛肉额外支付约0.60美元/磅。通过量化消费者对区块链可追溯性的偏好和估值,本章提供了一个可用于中国肉类供应链区块链可追溯性的市场可行性分析的基线数据。另外,个体消费者对于美国牛肉的WTP与基于区块链的可追溯性之间存在显著的正相关关系,这表明偏爱美国牛肉的个人愿意为区块链可追溯性支付高溢价,反之亦然。美国牛肉与区块链可追溯性之间的互补性表明,采用区块链可追溯性可以为美国牛肉对华出口创造更多收益。

接下来,本节采用聚类分析法进一步考察美国牛肉和区块链可追溯牛肉在中国消费者群体中的市场细分。表6.3展示了三类不同的消费者群体在牛肉WTP、人口统计特征和牛肉消费特征方面的差异。在三类群体中,最大的群体占38％,本节称之为"区块链好奇者",因为他们对区块链可追溯性的付

---

①　这个结果并不令人惊讶,因为研究表明,描述性等级问题和选择实验会产生不同的选择结果(Caparros et al.,2008;Merino-Castello,2003)。Adamowicz等(1994)强调选择实验的结果,因为它们更接近真实的市场决策。

费意愿较为保守(每磅 0.52 美元)。这一阶层的消费者虽然不愿意为美国牛肉支付溢价,但他们更倾向于从网上商店等新兴零售商那里购买牛肉,而且他们有一些区块链购买经验和知识;大约 25% 的样本属于"传统主义者"的群体,这些消费者对区块链的可追溯性和美国牛肉的评价都是负面的,他们偏向国产牛肉产品。与其他两类群体相比,"传统主义者"的收入最低,每次去杂货店购物时购买的牛肉量最少,缺乏基于区块链的可追溯性方面的知识或经验。相比之下,"区块链爱好者"(占样本中的 37%)愿意为区块链可追溯性和美国牛肉支付显著的溢价,他们对美国产牛肉的平均 WTP 为每磅 4.00 美元,对区块链可追溯牛肉的平均 WTP 为每磅 1.39 美元,这意味着美国牛肉在该类群体中具有最大的市场潜力。"区块链爱好者"这部分人拥有相当高的 TRI、家庭收入和关于区块链可追溯性的主观知识。这一群体的消费者受教育程度更高,购买牛肉的频率更高,也更频繁地光顾线上零售商。这一发现表明在网上购买牛肉的消费者有可能成为美国和区块链可追溯牛肉产品的目标客户。这与已有文献的结果相似,有学者支持将电子商务确定为中国优质肉制品的一个有前景的零售渠道(Lin W et al.,2019)。

表 6.3　聚类分析结果

变量	簇 1 "区块链好奇者"	簇 2 "区块链爱好者"	簇 3 "传统主义者"	P 值
区块链 WTP (美元/磅,等值)	0.52	1.39	−0.39	0.05
美国 WTP (美元/磅,等值)	−1.13	3.90	−6.00	0.05
TRI	3.48	3.61	3.47	0.24
年龄	35	36	35	0.08
女性	63	57	52	0.18
本科	83	90	81	0.27
家庭收入	7.98	8.85	7.52	0.33
每次购买牛肉数量	806	837	768	0.09

续表

变量	簇 1 "区块链好奇者"	簇 2 "区块链爱好者"	簇 3 "传统主义者"	P 值
每周购买牛肉	28	24	31	0.51
网店购买过牛肉	10	15	9	0.02
购买过区块链产品	50	50	34	0.03
区块链主观知识水平	5.43	5.69	4.82	0.06
集群组成				
观测值	145	143	95	
市场份额	38%	37%	25%	

注:区块链 WTP 和美国 WTP 分别表示 500g 区块链可追溯牛肉和美国牛肉的平均支付意愿值。家庭收入作为连续变量纳入分析。例如,7 表示月收入落入 13000—14999 元区间,8 表示 15000—16999 元区间,9 表示 17000—18999 元区间。

第五节　结论与政策启示

本章使用离散选择实验研究了中国消费者对国产和进口(美国、加拿大、澳大利亚)牛肉产品,以及基于区块链的可追溯牛肉的偏好与需求。在此基础上,根据消费者对牛肉产品的 WTP 和社会人口特征等信息将消费者划分为不同的细分市场群体。细分分析表明,与国产牛肉相比,63% 的中国消费者对美国牛肉的估值为负。这意味着如果美国牛肉想在中国市场取得成功,迫切需要有影响力的营销策略。其中,因为区块链可追溯性是牛肉购买决定的一个重要驱动因素,与常规的数字可追溯性相比,消费者愿意为每磅区块链可追溯牛肉平均支付 0.63 美元的溢价,因此基于区块链的可追溯体系可能有助于开拓美国在中国的牛肉市场,

在本章的样本中,31% 的消费者认为基于区块链的可追溯性是购买牛肉时最重要的因素。市场细分分析表明,有一群受访者(37%)愿意为美国牛肉和区块链可追溯牛肉产品支付高额溢价。鉴于目前对向中国出口美国牛肉

的可追溯性要求,这意味着美国牛肉行业和区块链可追溯性投资者有着良好的投资营销机会。美国牛肉与基于区块链的可追溯性之间的互补关系为美国牛肉行业利用区块链在中国获得市场份额提供了支持。市场细分分析还发现,愿意为美国牛肉支付溢价的消费者始终更喜欢区块链可追溯体系。因此,如果美国牛肉行业想要成功地在中国营销他们的产品,区块链的使用可能会显著提高他们触及最容易接受美国牛肉的中国消费者的能力。

本节发现偏好美国牛肉与区块链可追溯牛肉的消费者更有可能在网上购买牛肉。进口肉类在网上肉类销售中占相当大的比例,2016 年进口肉类占京东肉类销售的近 1/3(Patton,2017)。由于网上销售已经是进口牛肉的一个主要出口渠道,而网上牛肉购买者往往更青睐美国牛肉,那么关注网上牛肉销售可能会让美国牛肉出口商更容易在中国市场占据市场份额。此外,这些在线购买的消费者每次购买量往往相对更大,这对美国牛肉出口商如何瞄准潜在客户亦有启示。为了获得更多的曝光并且直接与澳大利亚产品竞争,美国牛肉行业可以增加其营销活动,例如与中国的大型零售商举办美式烧烤节。美国牛肉产品也可以从中国大型电商平台中获利,尤其是在中国春节期间。其他研究也发现,产品评级和评论数量是中国网上购物者选择产品的重要决定因素(Lin W et al.,2019)。这些决定因素可能会对美国牛肉进入中国在线食品零售市场产生影响。对美国牛肉公司来说,引导营销努力提高产品评级和激励消费者在网络平台上分享他们的经验将是有益的。为此,在产品发布不久后建立消费者评论库将为消费者提供有价值的信息,有助于进一步提高美国牛肉的市场份额。

综上所述,本章的研究结果为美国牛肉行业提供了有益的中国市场信息。在中国实施了近 14 年的贸易禁令后,美国牛肉行业期待扩大在中国市场的营销力度及影响力。中国消费者对原产国牛肉偏好的重要信息,表明中国消费者更喜欢澳大利亚牛肉而不是国内牛肉和北美牛肉。由于一些澳大利亚牛肉出口已经采用区块链技术(Smith,2017),而中国消费者对澳大利亚牛肉有明确的偏好,美国牛肉出口商必须谨慎地对自己和竞争对手进行定位,以有效地赢得更大的市场份额,而采用区块链可追溯技术可能是进行定位的必要条件。

需要说明的是,本章不能完全排除分析结果存在假设偏差的可能性。虽然在调研过程中没有明确包括假设性偏差的缓解方法,但本章谨慎地选择经验丰富的食品购买者为受访者,并在离散选择实验开始前为其提供区块链信息,以帮助受访者更好地评估他们的购买决策。文献表明,假设的偏差缓解技术在有经验的参与者中或在提供产品信息时似乎是无效和多余的(Fifer et al.,2014;List,2001),因为假设偏见在这些情况下不太可能存在。虽然本章的样本与其他研究具有可比性,但目前的样本容量不足以探究区域异质性。今后的研究可以针对牛肉产品的区域偏好开展更多工作,以制定特定区域的定位战略。尽管研究结果表明区块链可追溯美国牛肉在中国存在合适的市场,但是追溯工作在美国历史上遇到过一些阻力(Schroeder et al.,2012;Schulz et al.,2010),未来的研究需要了解美国牛肉生产商对这一特殊市场机会的态度。此外,基于区块链的可追溯性在美国的应用对美国消费者的影响亦值得研究。在美国实现区块链可追溯性可能同样重要,因为这些技术可能会在与中国不稳定的贸易环境中保护美国消费者。

参考文献

[1] Adamowicz, W., Louviere, J., Williams, M. 1994. Combining revealed and stated preference methods for valuing environmental amenities. Journal of Environmental Economics and Management 26(3):271-292.

[2] Akerlof, G. A., 1970. The market for"lemons":Quality uncertainty and the market mechanism. Quarterly Journal of Economics 84(3):488-500.

[3] AQSIQ (General Administration of Quality Supervision, Inspection and Quarantine of PRC). 2020. Meat Registration Application. (2020-03-21) [2020-08-06]. https://www. aqsiq. net/application/meat-registration.

[4] Balcombe, K., Chalak, A., Fraser, I. 2009. Model selection for the mixed logit with Bayesian estimation. Journal of Environmental Economics and Management 57(2):226-237.

[5] Bandoim, L. 2019. Can Blockchain and Chip Technology Improve Beef Sourcing Transparency? Forbes. (2019-08-18) [2020-08-08]. https://www. forbes. com/sites/lanabandoim/2019/04/30/ can-blockchain-and-chip-technology-improve-beef-sourcing-transparency/ #441ecf473284.

[6] Biele, C. 2019. UPS and HerdX Deliver Blockchain-Verified Beef From U. S. to Japan. (2019-11-11)[2020-08-08]. https://pressroom. ups. com/

pressroom/ContentDetailsViewer. page? ConceptType ＝ PressReleases&id＝
1573245679338-340&WT. mc _ id ＝ UPSCOM _ NEWSANDINFO _
HERDX_PRESSRELEASE_111119.

[7] Bodkhe, U. , Tanwar, S. , Parekh, K. , et al. 2020. Blockchain for Industry
4. 0:A comprehensive review. IEEE Access, 8:79764-79800.

[8] Caparros, A. , Oviedo, J. L. , Campos, P. 2008. Would you choose your
preferred option? Comparing choice and recoded ranking experiments.
American Journal of Agricultural Economics 90(3):843-855.

[9] Caputo, V. , Scarpa, R. , Nayga, Jr. R. M. 2016. Cue versus independent
food attributes: The effect of adding attributes in choice experiments.
European Review of Agricultural Economics 44(2):211-230.

[10] Fifer, S. , Rose, J. , Greaves, S. 2014. Hypothetical bias in stated choice
experiments: Is it a problem? And if so, how do we deal with it?
Transportation research part A: Policy and practice 61:164-177.

[11] Foth, M. , McQueenie, J. 2019. Creatives in the country? Blockchain and
agtech can create unexpected jobs in regional Australia. (2019-06-13)[2020-
05-02]. https://theconversation. com/creatives-in-the-country-blockchain-
and-agtech-can-create-unexpected-jobs-in-regional-australia-117017.

[12] Gao, Z. , Schroeder, T. C. 2009. Effects of label information on consumer
willingness-to-pay for food attributes. American Journal of Agricultural
Economics 91(3):795-809.

[13] Greene, J. L. 2017. U. S. Beef: It's what's for China. U. S. Foreign
Agricultural Service Congressional Research Report. (2017-07-22)
[2019-10-04]. https://fas. org/sgp/crs/row/IN10724. pdf.

[14] Gregg, D. , Juday, D. , Herrington, M. 2018. Comprehensive Feasibility
Study: U. S. Beef Cattle Identification and Traceability Systems. World
Perspectives, Inc. (2018-01-31)[2020-09-24]. https://www. ncba. org/
ncba-news/news-releases/news/details/25511/search. aspx.

[15] Hair, J. F. , Black, W. C. , Babin, B. J. , et al. 1998. Multivariate Data
Analysis. Upper Saddle River, NJ: Prentice hall 5(3):207-219.

[16] Hanley, N. , Mourato, S. , Wright, R. 2001. Choice modelling approaches: A
superior alternative for environmental valuation? Journal of Economic

Surveys 15(3):435-462.

[17] Hansen, J., Marchant, M. A., Tuan, F., et al. 2017. US agricultural exports to China increased rapidly making China the number one market. Choices 32(2):1-6.

[18] Hess, S., Train, K. 2017. Correlation and scale in mixed logit models. Journal of Choice Modelling 23:1-8.

[19] Hmielowski, J. D., Boyd, A. D., Harvey, G., et al. 2019. The social dimensions of smart meters in the United States: Demographics, privacy, and technology readiness. Energy Research & Social Science 55:189-197.

[20] Hobbs, J. E. 2004. Information asymmetry and the role of traceability systems. Agribusiness: An International Journal 20(4):397-415.

[21] Hölmstrom, B. 1979. Moral hazard and observability. The Bell Journal of Economics 10(1):74-91.

[22] Jain, A. K. 2010. Data clustering: 50 years beyond K-means. Pattern Recognition Letters 31(8):651-666.

[23] Jansen, H. G. P., Pender, J., Damon, A., et al. 2006. Policies for sustainable development in the hillside areas of Honduras: A quantitative livelihoods approach. Agricultural Economics 34(2):141-153.

[24] Lancaster, K. J. 1966. A new approach to consumer theory. Journal of Political Economy 74(2):132-157.

[25] Li, X. Z., Yan, C. G., Zan, L. S. 2018. Current situation and future prospects for beef production in China—A review. Asian-Australasian Journal of Animal Sciences 31(7):984.

[26] Lim, K. H., Hu, W., Maynard, L. J., et al. 2013. US consumers' preference and willingness to pay for country-of-origin-labeled beef steak and food safety enhancements. Canadian Journal of Agricultural Economics/Revue Canadienne D'agroeconomie 61(1):93-118.

[27] Lin, Q., Wang, H., Pei, X., et al. 2019. Food safety traceability system based on blockchain and EPCIS. IEEE Access 7:20698-20707.

[28] Lin, W., Ortega, D. L., Caputo, V. 2019. Are Ex-Ante Hypothetical Bias Calibration Methods Context Dependent? Evidence from Online

Food Shoppers in China. Journal of Consumer Affairs 53(2):520-544.

[29] List,J. A. 2001. Do explicit warnings eliminate the hypothetical bias in elicitation procedures? Evidence from field auctions for sportscards. American Economic Review 91(5):1498-1507.

[30] Liu, H., Parton, K. A., Zhou, Z. Y., et al. 2009. At-home meat consumption in China:An empirical study. Australian Journal of Agricultural and Resource Economics 53(4):485-501.

[31] Loureiro,M. L.,Umberger,W. J. 2007. A choice experiment model for beef:What US consumer responses tell us about relative preferences for food safety,country-of-origin labeling and traceability. Food Policy 32 (4):496-514.

[32] Louviere, J. J., Hensher, D. A., Swait, J. D. 2000. Stated Choice Methods:Analysis and Applications. Cambridge:Cambridge University Press.

[33] Louviere,J. J., Flynn, T. N., Carson, R. T. 2010. Discrete choice experiments are not conjoint analysis. Journal of Choice Modelling 3 (3):57-72.

[34] Lusk,J. L. 2003. Effects of cheap talk on consumer willingness-to-pay for golden rice. American Journal of Agricultural Economics 85(4): 840-856.

[35] Lusk,J. L.,Schroeder,T. C. 2004. Are choice experiments incentive compatible? A test with quality differentiated beef steaks. American Journal of Agricultural Economics 86(2):467-482.

[36] Lusk,J. L.,Marsh, T. L., Schroeder, T. C., et al. 2001. Wholesale demand for USDA quality graded boxed beef and effects of seasonality. Journal of Agricultural and Resource Economics 26(1):91-106.

[37] Mao,Y. 2008. Study on palatability assurance critical control point of beef.[2019-08-12]. http://d. wanfangdata. com. cn/Thesis_Y1374525. aspx.

[38] Mao,Y.,Hopkins,D. L.,Zhang,Y.,et al. 2016. Consumption patterns and consumer attitudes to beef and sheep meat in China. American Journal of Food and Nutrition 4(2):30-39.

[39] McFadden, D. 1974. Conditional Logit Analysis of Qualitative Choice Behavior. New York: Academic Press.

[40] Meng, J., Elliott, K. M., Hall, M. C. 2009. Technology readiness index (TRI): Assessing cross-cultural validity. Journal of International Consumer Marketing 22(1):19-31.

[41] Merino-Castello, A. 2003. Eliciting consumers preferences using stated preference discrete choice models: Contingent ranking versus choice experiment. UPF economics and business working paper. [2019-02-22]. https://papers. ssrn. com/sol3/papers. cfm? abstract_id=562982.

[42] MLA (Meat & Livestock Australia). 2020. Australia's beef trade with China. (2020-03-15)[2020-07-07]. https://www. mla. com. au/news-and-events/industry-news/australias-beef-trade-with- china/#.

[43] Mummalaneni, V., Meng, J., Elliott, K. M. 2016. Consumer technology readiness and e-service quality in e-tailing: What is the impact on predicting online purchasing? Journal of Internet Commerce 15(4): 311-331.

[44] National Bureau of Statistics of China. 2019. China Statistical Yearbook. Beijing: China Statistical Press.

[45] OECD. 2019. Meat consumption (indicator). (2019-04-20)[2019-08-12]. https://doi. org/10. 1787/fa290fd0-en.

[46] Ollinger, M., Bovay, J. 2020. Producer Response to Public Disclosure of Food-Safety Information. American Journal of Agricultural Economics 102(1):186-201.

[47] Ortega, D. L., Wang, H. H., Olynk, N. J., et al. 2012. Chinese consumers' demand for food safety attributes: A push for government and industry regulations. American Journal of Agricultural Economics 94(2):489-495.

[48] Ortega, D. L., Hong, S. J., Wang, H. H., et al. 2016. Emerging markets for imported beef in China: Results from a consumer choice experiment in Beijing. Meat Science 121:317-323.

[49] Ortega, D. L. 2018. Testimony before the U. S. China Economic Security Review Commission: Hearing on "China's Agricultural Policies: Trade,

Investment，Safety，and Innovation". （2018-04-26）［2019-10-04］.
https://www. uscc. gov/sites/default/files/Ortega％ 20Testimony％
204-13-18. pdf.

［50］ Ortega，D. L. ，Wang，H. H. ，Wu，L. ，et al. 2011. Modeling heterogeneity in
consumer preferences for select food safety attributes in China. Food
Policy 36(2)：318-324.

［51］ Parasuraman，A. 2000. Technology Readiness Index （TRI） a multiple-
item scale to measure readiness to embrace new technologies. Journal of
Service Research 2(4)：307-320.

［52］ Parasuraman，A. ，Colby，C. L. 2015. An updated and streamlined
technology readiness index：TRI 2. 0. Journal of Service Research 18
(1)：59-74.

［53］ Patton，D. 2017. Smithfield Food Foes Online to Sell U. S. Pork in
China. （2017-10-24）［2020-02-15］. https://www. reuters. com/article/
us-china-smithfield-pork/smithfield-foods-goes-online-to-sell-u-s-pork-in-
china-idUSKBN1CU07B.

［54］ Petrovici，D. A. ，Gorton，M. 2005. An evaluation of the importance of
subsistence food production for assessments of poverty and policy
targeting：Evidence from Romania. Food Policy 30(2)：205-223.

［55］ Pouliot，S. ，Sumner，D. A. 2008. Traceability，liability，and incentives
for food safety and quality. American Journal of Agricultural Economics 90
(1)：15-27.

［56］ Sander，F. ，Semeijn，J. ，Mahr，D. 2018. The acceptance of blockchain
technology in meat traceability and transparency. British Food Journal
120(9)：2066-2079.

［57］ Sanjuán-López，A. I. ，Resano-Ezcaray，H. 2020. Labels for a Local Food
Speciality Product：The Case of Saffron. Journal of Agricultural
Economics 71(3)：778-797.

［58］ Scarpa，R. ，Willis，K. 2010. Willingness-to-pay for renewable energy：
Primary and discretionary choice of British households' for micro-
generation technologies. Energy Economics 32(1)：129-136.

［59］ Scarpa，R. ，Thiene，M. ，Train，K. 2008. Utility in willingness to pay space：A tool to address confounding random scale effects in destination choice to the Alps. American Journal of Agricultural Economics 90(4)：994-1010.

［60］Schroeder，T. C. ，Tonsor ，G. T. 2012. International cattle ID and traceability：Competitive implications for the US. Food Policy 37(1)：31-40.

［61］Schulz，L. L. ，Tonsor，G. T. 2010. Cow-calf producer preferences for voluntary traceability systems. Journal of Agricultural Economics 61 (1)：138-162.

［62］Smith，G. 2017. Blockchain project sets out to defend Australia's world-class beef. New Food. （2017-12-13）［2019-11-14］. https：//www. newfoodmagazine. com/news/46916/ australia-beef-blockchain/.

［63］Starbird，S. A. 2005. Moral hazard，inspection policy，and food safety. American Journal of Agricultural Economics 87(1)：15-27.

［64］Street，D. J. ，Burgess，L. 2007. The Construction of Optimal Stated Choice Experiments：Theory and Methods. Hoboken，New Jersey：John Wiley & Sons.

［65］Tian，F. 2017. A supply chain traceability system for food safety based on HACCP，blockchain & Internet of things. In 2017 International conference on service systems and service management. IEEE. (2017-07-31)［2020-04-12］. https：//ieeexplore. ieee. org/abstract/document/7996119.

［66］UNSD. 2018. UN Comtrade Database：Trade between China and all reporters. New York：United Nations.

［67］USDA FAS（United States Dept of Agriculture Foreign Agricultural Service）. 2019. China- People Republic of Livestock and Products Annual. (2019-05-21)［2020-08-12］. https：//gain. fas. usda. gov/ Recent％ 20GAIN％ 20Publications/Livestock％ 20and％ 20Products％ 20Annual_ Beijing_China％20-％20Peoples％20Republic％20of_7-22-2019. pdf.

［68］USDA FSIS （United States Dept of Agriculture Food Safety and Inspection Services）. 2018. Export Requirements for The People's Republic of China. （2018-07-12）［2020-02-21］. https：//www. fsis. usda. gov/wps/portal/fsis/topics/international-affairs/exporting-products/ export-library-requirements-by-country/Peoples-Republic-of-China.

［69］USMEF. 2012. Australia's Cattle on Feed up Sharply；Grain-fed Exports Shift toward China，EU.（2012-03-25）［2019-06-07］. https://www. usmef. org/australias-cattle-on-feed-up-sharply-grain-fed-exports-shift-toward-china-eu/.

［70］Van den Broeck，G. ，Swinnen，J. ，Maertens，M. 2017. Global value chains，large-scale farming，and poverty：Long-term effects in Senegal. Food Policy 66：97-107.

［71］Wang，Y. ，So，K. K. F. ，Sparks，B. A. 2017. Technology readiness and customer satisfaction with travel technologies：A cross-country investigation. Journal of Travel Research 56(5)：563-577.

［72］Wang，Z. ，Mao，Y. ，Gale，F. 2008. Chinese consumer demand for food safety attributes in milk products. Food Policy 33(1)：27-36.

［73］Wiegard，R. B. ，Breitner，M. H. 2019. Smart services in healthcare：A risk-benefit-analysis of pay-as-you-live services from customer perspective in Germany. Electronic Markets 29(1)：107-123.

［74］Yiannas，F. 2018. A new era of food transparency powered by blockchain. Innovations：Technology，Governance，Globalization 12(1-2)：46-56.

［75］Zulkifly，M. F. ，Ghazali，S. E. ，Che Din，N. ，et al. 2016. A review of risk factors for cognitive impairment in stroke survivors. The Scientific World Journa 2016.

第七章　中国消费者对基因编辑农产品的偏好与支付意愿测算

第一节　引　言

一、中国基因编辑生物技术的最新进展与食品问题

自史前第一次驯化农业动植物以来,人类一直在通过影响动植物的基因组来获得理想的性状。18世纪中期,孟德尔的植物杂交实验促成了遗传学的建立和研究,并在农业领域取得了重大的科学突破。利用基因工程工具精确控制生物体基因变化的能力,带来了基因改造生物(GMOs)的发展。基因改造食品是指那些利用转基因生物生产的食品,这些转基因生物的遗传物质改变不是通过交配和/或自然重组发生。转基因生物被认为是基因改造生物,是将外源基因插入生物体的基因组或细胞而创造出来的(Wong et al.,2016)。基因工程的好处包括提高作物产量、保障粮食安全、降低生产成本、增强抗病性,并且使一些动植物在以往不可能存活的地区茁壮成长。尽管这些转基因的动植物有潜在优势,但是通过外源基因表达改变生物体自然状态会导致潜在的、无法预测的后果,许多依赖转基因的产品都遭到了强烈的反对(Phillips,2008)。消费者对转基因食品看法也显示出了明显的两极分化(Funk et al.,2015)。

根据基因编辑生物技术的最新发展,目前该技术可以对基因组进行精确改变,同时不将外来遗传物质引入宿主生物体。这一技术发展可能使社会更容易接受转基因技术,减少对转基因技术态度的两极分化程度。基因编辑在动植物农业应用中均显示出巨大的潜力(Zhang et al.,2018;Tait-Burkard et al.，2018）。但对于农业应用来说，要产生商业上可行的食品，这些假设必须通过目标消费者充足的市场需求来证明（Ufer et al.，2019）。

　　大米和猪肉分别作为谷物和动物产品，在世界上的消费十分广泛，尤其在中国，这两种农产品常常被视为主要食物。然而，由于存在生物和非生物风险，例如大米中的镉污染和非洲猪瘟（ASF），这两种产品的相关负面信息被新闻媒体频繁报道。尽管镉污染和非洲猪瘟对人类构成的风险截然不同，但大米和猪肉在中国饮食和农业经济中具有重要地位，因此在政策制定和生物技术研发领域时必须重点考虑这些风险。

　　镉是一种重金属，工业污染或过度使用农药、化肥等农业化学品，都会导致镉在土壤中的积累。积累在土壤中的镉会被水稻等作物吸收，甚至在食用谷物时，残留的镉含量水平依然对人类和动物都具有毒性。人类食用被镉污染的大米等食物，会对肺和肝等重要器官造成严重损害，并可能导致癌症和其他致命的疾病。2014 年，中国政府公布了一项全国土壤调查结果，有 19.4％的农田受到了化学污染物和重金属（包括镉）的污染。据估计，治理中国所有被污染土壤的成本将高达 1000 万亿元（145 万亿美元），接近世界财富总量的两倍（The Economist，2017）。显然，治理所有受污染的农田是不可行的。然而，简单地将大片土地闲置也可能导致全球粮食危机。解决水稻污染问题的另一种更具成本效益的方法是，培育出新的水稻品种或杂交品种，使这些品种能够在已经受到污染的土壤上产出安全的可食用的谷物。水稻生物技术已实现了这些目标。除了转基因水稻的开发外，科学家还能够利用基因编辑 CRISPR/Cas9 系统开发新的水稻品系，从而降低镉在谷物中的积累（Ueno et al.，2010，Tang et al.，2017）。

　　非洲猪瘟是一种具有高度传染性和致命的病毒性疾病，影响所有年龄段的家猪和野猪。虽然 ASF 不能通过猪—人直接传播或通过食用受感染的猪肉传播给人类，但它会对动物种群产生重大影响，从而对猪肉生产者、其社区和更广泛的经济范围产生影响。从 2018 年 8 月开始，非洲猪瘟在中国的持续暴发对猪肉生产造成了毁灭性的影响，导致 40％的中国生猪死亡，并使得中国猪肉零售价格突破历史纪录（Mason-D'Croz et al.，2020）。转基因和基因组编辑技术都显示出抑制病毒传播的潜力，并可能成为对抗非洲猪瘟的有效工具（Whitworth et al.，2016；Hübner et al.，2018；Proudfoot et al.，2019）。本章将重点关注基因编辑技术在这两个领域的应用，以了解基因编辑在中国植物和动物食品中应用的市场可行性。

二、对生物技术的态度和中国的国情

关于转基因食品与基因编辑食品偏好的初步研究表明,消费者对基因编辑生物技术的接受程度高于转基因食品,但消费者仍认为这些食品不如传统或非生物工程产品(Shew et al.,2018;Murigai et al.,2019;Caputo et al.,2020)。类似地,先前关于消费者对顺基因食品和基因内食品偏好的研究表明,消费者对这些类型的改造食品比对转基因食品拥有更积极的看法。在顺基因食品和基因内食品中,基因修饰所使用的外源基因来源被限制在与受体生物性相容的生物范围内(Edenbrandt et al.,2018;Colson et al.,2011)。但是,相对于这些其他类型的非转基因生物技术,基因编辑提供了更具针对性和更有效率的改造。

关于中国消费者对转基因食品偏好的研究尚无定论。虽然早期研究发现中国消费者能够接受转基因食品(Huang et al.,2006;De Steur et al.,2010),但最近的研究发现消费者对使用生物技术有一定的反感(Gao et al.,2019;Ortega et al.,2020)。这些结果反映出消费者对用于区分被调查产品的生物学性质(例如,作物与动物)、框架和不同类型的信息提供的偏好。根据现有相关偏好研究的发现,可以得出的一个结论性成果是,消费者对生物技术的偏好和态度存在显著的异质性。但目前缺乏关于消费者对基因编辑生物技术接受程度的实质性研究,因此在这一方面开展研究十分重要。

尽管生物技术在中国被指定为战略性产业,但农业农村部的监管体系仍然不透明。并且玉米(高植酸酶)和水稻(抗虫)等主要作物在已经获得了国内生产的生物安全证书的情况下,依然没有实现商业化,部分原因是公众对转基因技术的反对(USDA Foreign Agricultural Service,2019)。中国的生物技术监管体系目前侧重于从国外进口并用于进一步加工成动物饲料或植物油的作物(USDA Foreign Agricultural Service,2020)。虽然农业农村部已经声明,基因编辑产品将适用于中国的 GMO 法规,但截至撰写本章内容时,有关这些产品的政策尚未发布。在公众的关注和公私伙伴关系的不发达背景下,基因编辑食品的商业化十分具有挑战性,尤其是对动物产品而言(USDA Foreign Agricultural Service,2020)。因此,基因编辑技术能否被广泛应用于解决非洲猪瘟和镉大米污染,在很大程度上取决于消费者对这些产品的接受程度。

三、研究目的和假设

本研究测量了消费者对基因编辑应用的偏好，这些基因编辑应用分别针对大米和猪肉产品中的镉污染和非洲猪瘟。消费者对这些产品的估价是相对于转基因生物技术产品和市场上可用的传统非生物技术产品来衡量的。这项研究的独特之处在于测量了消费者对动植物产品中使用基因编辑生物技术的偏好。本章在以下几个方面为消费者对新食品的偏好研究作出贡献。首先，本研究记录了相对于转基因和传统非生物工程产品，消费者对基因编辑食品的偏好。提出并验证假设 $1(H_1)$：相比于食品中的转基因生物技术，消费者更接受食品中的基因编辑。其次，本研究评估了提供突出基因编辑生物技术的差异与好处的信息，如何影响人们对水稻和猪肉产品的偏好。考虑到基因编辑生物技术所要解决的问题（镉污染和 ASF）存在差异，因此提出并验证假设 $2(H_2)$：这种信息对不同的产品（大米和猪肉）的影响不同。最后，本研究分析了消费者对食品技术的厌恶如何影响产品接受度。提出并验证假设 $3(H_3)$：减少消费者对新食品技术的恐惧可以提高生物工程产品的接受度。对这些研究问题和假设的深入了解，能够帮助理解中国消费者——处于世界上最大的消费者市场的消费者对基因编辑食品的接受程度和偏好。

第二节　研究方法

一、研究设计

为了探究消费者对生物技术的偏好，本章使用陈述性偏好来模拟购买实验。主要的实验过程是，为消费者提供实验设计的产品选项，并要求他们在备选品中选择一项购买，这种实验方法通常被称为选择实验。这种方法与 Lancaster 消费者需求理论和随机效用理论相一致，可实证分析消费者在评估产品特性时所作的权衡。除了观察选择行为外，通过这些实验还可估计使用货币度量的支付意愿。

目前关于消费者对不同类型食品生物技术偏好的研究有限。本章重点关注消费者对转基因和基因编辑生物技术的偏好,这两项技术解决了当前影响主食产品的重要问题。为了评估消费者对生物技术应用于植物产品与动物产品的偏好差异,本章的研究使用两种已经过基因编辑的产品进行实验:一种是能够抵抗镉吸收的水稻,另一种是能够抵抗 ASF 的猪。消费者需要参与两个独立的模拟购物实验,这两个实验的顺序是随机的。在文献回顾和实验设计预测试的基础上,本实验选定三个属性来描述具体的产品,这三个属性分别是:生产方法、可追溯性和价格(见表 7.1)。首先,生产方法属性分为三类,包括使用传统方法种植/饲养、使用转基因(GMO)生物技术以及使用基因编辑生物技术。实验时会明确告知消费者,使用生物技术是为了解决大米中的镉污染和猪肉生产中的 ASF。其次,可追溯性属性分为可追溯和不可追溯。可追溯属性是指产品是否具有来源信息,其生产来源是否可以通过供应链进行追溯(Lin et al. ,2020)。之前的研究表明,产品可追溯性是中国消费者食品采购决策的一个驱动因素(Ortega et al. ,2011,Liu et al. ,2019;Lin et al. ,2020)。由于病毒或细菌传播导致的疾病暴发(比如 ASF)和工业污染所导致土壤污染(如镉浓度过高)往往是区域性的,因此了解食品的生产来源对消费者而言很重要。最后是产品价格属性,价格是购买决策的重要决定因素。在模拟购买实验中,将价格作为产品属性之一,便于发现使用货币度量的支付意愿。每种产品的价格规定为四个水平,这四个水平的选定可以反映出进行研究时的实际市场价格范围。

表 7.1　实验设计的属性和属性水平

属性	水平
生产方法	传统
	转基因
	基因编辑
可追溯性	可追溯
	不可追溯

续表

属性	水平	
	大米（元/5kg）	猪肉（元/斤）
价格	15	10
	30	25
	45	40
	60	55

为了设计模拟的购物场景或选择任务，首先使用产品属性和相应的属性水平来进行正交分数因子设计。随后，使用 Street 等（2007）提供的方法生成一套 12 对的选择任务，将其随机分为两组，以减少受试者的疲劳（D 效率为95.3%）。大米和猪肉实验的设计特点是相同的。因此，每位消费者共评估了 12 项选择任务，6 项与大米有关，6 项与猪肉有关。为了减轻排序效应，大米和猪肉实验的顺序以及每个实验中选择任务的顺序都是随机的。每个产品的模拟购买场景示例如表 7.2 所示。

表 7.2　选择任务示例

大米选择任务

		如果只提供选项 A 和选项 B，我将不会在这家商店购买任何大米
抗镉转基因	传统大米	
可追溯		
30 元/5kg	15 元/5kg	
选项 A	选项 B	选项 C

猪肉选择任务

		如果只提供选项 A 和选项 B,我将不会在这家商店购买任何猪肉
抗 ASF 转基因	抗 ASF 基因编辑	
可追溯		
40 元/斤	25 元/斤	
选项 A	选项 B	选项 C

　　为了确保不同参与者均具有基本的理解水平,实验前向所有参与者提供了每个属性水平的基本描述,并指出转基因和基因编辑产品是为了实现所需的性状,使用特定类型的生物技术生产的产品。鉴于先前的研究表明消费者对转基因食品的估价和需求受到信息的影响(Lusk et al.,2004,Rousu et al.,2007,McFadden et al.,2015,Ortega et al.,2020),实验采用跨主体设计来探索消费者对转基因技术和基因编辑技术之间的差异,以及对基因编辑技术相对于转基因技术具有更高的准确性和效率信息的反应。消费者被随机分配到未受处理的对照组(未收到任何信息)或实验组(收到以下附加信息):

　　　　基因组编辑技术和转基因技术(也称为基因改造)都可以改变生物体的基因组,从而可以遗传所需的性状,但两者之间有很大的区别。基因组编辑是通过删除或替换目标基因来操纵原始生物体的基因组,从而产生具有有意选择和期望特征的个体。转基因技术将外源基因引入到原始生物中,使其具有新的特性。因此,基因编辑技术的使用不仅快速、准确,并且不引入外源 DNA 片段。

　　在选择实验之前,收集了一些数据,包括参与者购买大米和猪肉的行为(即他们购买这两种产品的频率和购买的典型数量)、对镉污染和 ASF 的认识,以及他们在基因编辑和转基因生物技术方面的主观知识水平。在完成选择实验后，使用心理测量学调查模块对参与者进行调查，能够得出每位参与者的食品技术新奇恐惧症量表（FTNS）得分（Cox et al.，2008）。FTNS 是消费者消费新食品技术生产的食品意愿的有效预测指标。其得分范围为 13 到91，分数越高表明个人对新的食品技术越厌恶。在 FTNS 模块之后，调查的内容是一系列关于生物技术政策和基本社会人口信息的问题。

二、消费者偏好建模

本章根据 Lancaster 消费者需求理论（Lancaster，1966），使用单独的效用函数，从选择实验中为大米和猪肉产品特性的偏好建模。根据随机效用理论（McFadden，1974），个体 n 在选择情况 t 下选择备选品 j 得出的效用可表示为：

$$U_{njt} = V_{njt} + \varepsilon_{njt} \tag{1}$$

其中，V_{njt} 是效用函数的系统部分，它取决于备选品 j 的实验设计产品属性，ε_{njt} 是随机（未观察到的和随机的）成分。为了将随机效用模型转化为选择模型，需要对 V_{njt} 的函数形式和 ε_{njt} 的联合分布进行某些假设。

本章使用在偏好空间中指定效用的混合 logit 模型进行估计。消费者 n 从选择任务 t 中选择备选品 j 得到的效用可表示如下：

$$U_{njt} = ASC - \beta_{pn} Price_{jt} + \beta_{1n} TRANS_{jt} + \beta_{2n} EDITED_{jt} +$$
$$\beta_{3n} TRACE_{jt} + \varepsilon_{njt} \tag{2}$$

其中，ASC 是"不购买"选项的替代特定常数；$Price_{jt}$ 是一个连续变量，在实验设计中有四个价格水平；$TRANS_{jt}$ 和 $EDITED_{jt}$ 分别表示经过实验设计的转基因和基因编辑生物技术属性的虚拟变量；$TRACE_{jt}$ 也是一个虚拟变量，表明产品是否包含原产地信息、是否可追溯到其生产来源；ε_{njt} 是未观测到的误差项，遵循 Gumbel（极值类型 I）分布。

为了估计选择模型，随机参数的分布假设是必要的。非价格产品属性被指定为服从正态分布，允许不受约束的偏好范围。与需求理论（特别是产品价格边际效用的非正性）一致，价格系数被指定为对数正态分布。本章推导了使用货币度量的产品特征的支付意愿，即产品属性的边际效用与收入的边际效用之比（由平均价格系数的负值表示）。

通过引入生产方法属性水平与 FTNS 分数和主观知识变量之间的交互项，进一步增强了（2）中的效用函数规范。为了便于解释平均支付意愿值，这些交互变量以平均值为中心。与 Shew 等（2018）的研究结果类似，社会人口统计和区域变量在解释转基因和基因编辑属性的支付意愿方面没有统计学意义。

三、数据

本次包含选择实验在内的调查实施于 2019 年 10 月,是通过国际调查抽样组织(survey sampling international)的在线选择消费者小组进行的。参与者需要符合一定的资格:必须年满 18 岁,并且是家庭中的主要食品采购员。平均调查持续时间约为 10 分钟,95％的参与者在 22 分钟内完成调查。有效样本量为 835 名消费者,其中 419 名分配给对照组,416 名分配给实验组。

第三节　实证结果

一、样本人口统计特征和产品购买行为

总体而言,样本中 52％为女性,平均年龄 34 岁,86％接受过高等教育。受访家庭平均有 2.77 名成年成员和 0.90 名子女(见表 7.3)。样本在地理上具有分散性,42.65％的消费者居住在中国东部或东北部的省份。

表 7.3　样本的社会统计特征

变量	控制组	实验组	总体	P 值
女性/％	52	51	52	0.87
年龄/周岁	34.19(8.56)	33.81(8.86)	34.00(8.71)	0.53
接受过高等教育/％	86	87	86	0.80
家庭中的成人数量	2.70(1.07)	2.85(1.23)	2.77(1.15)	0.13
家庭中的孩子数量	0.93(0.71)	0.88(0.79)	0.90(0.75)	0.28
家庭月收入/％				0.95
＜7000	9.30	8.17	8.74	

续表

变量	控制组	实验组	总体	P 值
7000—10999	11.46	11.06	11.26	
11000—14999	20.05	21.64	20.84	
15000—18999	20.29	22.84	21.56	
19000—22999	23.87	22.36	23.11	
>23000	15.04	13.94	14.49	
地区人口分布/%				0.45
北方＋西北	25.54	24.04	24.79	
东部＋东北	45.11	40.39	42.65	
中南	22.91	27.40	25.15	
西南	6.44	8.17	7.31	
N	419	416	835	

　　注：括号内为标准误。P 值来自检验实验组和对照组之间无差异的原假设的 t 检验。至于地区，"北方"包括北京、天津、河北、山西、内蒙古，"东北"包括辽宁、吉林、黑龙江，"东部"包括上海、江苏、浙江、安徽、福建、江西、山东，"中南"包括河南、湖北、湖南、广东、广西、海南，"西南"包括重庆、四川、贵州、云南、西藏，"西北"包括陕西、甘肃、青海、宁夏、新疆。百分比数据经四舍五入处理，故部分加总不为 100%，后同。

二、消费者对镉污染和 ASF 的担忧、生物技术的主观认识以及产品接受度

　　受访者关注程度的评分范围为 1（不关注）到 9（极度关注），结果表明受访者对水稻中的镉污染略有关注，对 ASF 非常关注，平均得分分别为 6.58 和 7.11。主观知识水平的评分范围为 1 分（完全不了解）到 9 分（非常了解），根据受访者报告，他们对生物技术的了解超过了现代水平，平均分为 5.88 分。总体而言，实验组和控制组在社会人口特征、猪肉和大米购买、主观知识方面的差异无统计学意义（见表 7.4、表 7.5）。

表 7.4　大米和猪肉购买行为

购买行为	控制组/%	实验组/%	总体/%	P 值
大米				
购买频率				0.67
每天	1.43	1.92	1.68	
一周一次	10.98	10.82	10.90	
两周一次	26.49	30.05	28.26	
一月一次	43.20	41.11	42.16	
两月一次	13.37	10.58	11.98	
少于两月一次	4.53	5.53	5.03	
购买数量				0.74
小于 1kg	1.43	1.92	1.68	
1—5kg	26.25	29.09	27.66	
6—10kg	40.33	37.98	39.16	
大于 10kg	31.98	31.01	31.50	
类型/品种				0.22
粳米	74.46	69.95	72.22	
籼稻	24.34	29.33	26.83	
其他	1.20	0.72	0.95	
猪肉				
购买频率				0.28
每天	14.32	14.66	14.49	
一周 2—3 次	52.27	57.93	55.09	
每周一次	21.96	19.23	20.60	
两周一次	6.44	3.37	4.91	
一月一次	2.15	1.68	1.92	
小于每月一次	2.86	3.12	2.99	
购买数量				0.43
小于 1 斤	15.27	17.07	16.17	

续表

购买行为	控制组/%	实验组/%	总体/%	P 值
1—3 斤	67.30	69.47	68.38	
3.1—6 斤	14.80	12.02	13.41	
6.1—8 斤	1.19	0.96	1.08	
大于 8 斤	1.43	0.48	0.96	

注:P 值来自检验实验组和对照组之间无差异的原假设的 t 检验。

表 7.5　消费者关注和知识水平

变量	控制组	实验组	总体	P 值
关注(1=不关注,9=极度关注)				
镉污染	6.52(2.13)	6.64(2.00)	6.58(2.07)	0.40
ASF	6.95(2.21)	7.27(1.80)	7.11(2.02)	0.02
主观知识水平(1=完全不了解,9=非常了解)				
生物技术	5.96(2.18)	5.81(2.08)	5.88(2.13)	0.28
转基因	5.98(2.16)	5.91(1.98)	5.95(2.07)	0.66
基因编辑	5.21(2.47)	5.10(2.35)	5.16(2.41)	0.49

注:括号内为标准误。P 值来自检验实验组和控制组之间无差异的原假设的 t 检验。

为了衡量消费者对产品的接受程度,调查中包括了一系列的意见问题。平均而言,参与者认为基因编辑食品应比转基因食品更为常见:45%的受访者同意中国应允许基因编辑植物产品,而允许转基因植物产品的比例仅为36%。与植物产品相比,人们对动物产品的支持度普遍较低,但呈现出相似的特点:38%的受访者支持允许对动物产品进行基因编辑,而只有 30%的人支持转基因动物产品。

三、食品技术新奇恐惧症

在对参与者完成选择实验后,本章使用 Cox 等(2008)描述的 13 项食品技术新奇恐惧症量表(FTNS)测量了受访者对新食品技术的厌恶程度。现有研究已经证明了 FTNS 具有时间稳定性,并且是评估消费者对使用新技术生产的食品态度的可靠工具(Evans et al.,2010)。该量表由四个维度组成:

(1)新食品技术是不必要的,(2)风险感知,(3)健康选择,(4)信息/媒体,并解决环境、健康和道德问题。对于这 13 项陈述的每一项,受访者都用李克特量表进行打分,范围从 1(非常不同意)到 7(非常同意)。对这些回答进行评分和汇总,总体而言,得分从 13 分到 91 分不等,分数越高,表明个人对新食品技术的恐惧或厌恶程度相对越高。样本的平均得分为 52.5,90% 的样本得分在32.5 和 68.5 之间(见图 7.1),这与 Ortega 等(2020)的发现相近。根据Kolmogorov-Smirnov 检验,实验组和控制组之间的食品技术新奇恐惧症得分分布似乎没有显著差异(P 值为 0.33)。但是,有证据表明某些社会人口特征与得分之间存在显著关系(见表 7.6)。平均而言,本章发现中国女性、年龄小于 35 岁、本科及以上和收入较高的家庭消费者的 FTNS 得分较低(因此对食品中使用技术的厌恶程度较低)。

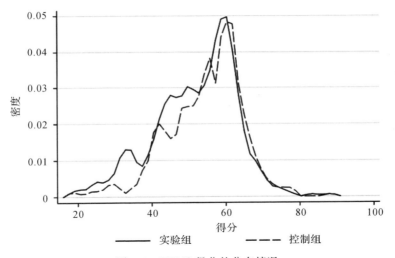

图 7.1　FTNS 得分的分布情况

表 7.6　根据社会人口统计数据的 FTNS 得分

变量	平均值	标准误	P 值
性别			0.002
男	53.73	11.02	
女	51.37	11.43	
年龄			0.001
小于 35 岁	51.45	11.48	

续表

变量	平均值	标准误	P 值
35 岁及以上	54.07	10.82	
受教育水平			0.005
本科以下	55.25	9.93	
本科及以上	52.08	11.43	
家庭月收入			<0.001
<7000 元	56.62	10.93	
7000—10999 元	53.84	10.80	
11000—14999 元	53.56	9.57	
15000—18999 元	51.98	10.60	
19000—22999 元	50.13	12.69	
>23000 元	52.11	11.98	

注：P 值来自检验实验组和控制组之间无差异的原假设的 t 检验。

四、消费者对生物技术和产品可追溯性的支付意愿

本章使用 1000 Halton draw 方法进行模拟，分别对大米和猪肉产品以及控制组和实验组进行了混合 logit 模型估计（模型结果见补充资料）。根据估计结果，计算每一种商品的边际效用与价格边际效用的负比率，可得到人们为每种商品特征支付的意愿（见表 7.7）。在控制组中，消费者通常对大米和猪肉产品中使用的任何一种生物技术都折价，转基因生物技术的折价更大。对于大米，相对于传统的非生物工程产品，消费者对转基因和基因编辑修改的平均支付意愿分别为 -35.8 元和 -12.9 元。对于猪肉，消费者对转基因和基因编辑修改的平均支付意愿分别为 -37.3 元和 -18.3 元，这表明：消费者在对生物工程食品和传统食品可以无差别消费之前，需要获得显著的补偿。消费者对产品来源信息的需求是正向而显著的：消费者分别愿意为大米和猪肉的可追溯性信息支付 8.4 元和 14.0 元。虽然这些结果支持了假设 1，即相对于转基因生物技术，消费者更愿意接受基因编辑（H_1），但值得注意的是，样本中的消费者通常不愿意在食品中使用生物技术。

表7.7 支付意愿的平均值和95%置信区间

产品	属性	控制组		实验组	
		支付意愿	置信区间	支付意愿	置信区间
大米	转基因	−35.84	[−50.29, −21.39]	−42.94	[−65.67, −20.22]
	基因编辑	−12.89	[−24.57, −1.20]	−16.40	[−32.82, 0.03]
	可追溯	8.40	[1.37, 15.43]	20.59	[8.79, 32.39]
猪肉	转基因	−37.31	[−54.84, −19.78]	−14.80	[−29.69, 0.08]
	基因编辑	−18.26	[−31.85, −4.67]	−4.45	[−11.42, 2.53]
	可追溯	13.99	[5.90, 22.07]	6.17	[−0.34, 12.68]

注：支付意愿的价值是用1000 draw进行模拟、通过混合logit模型得出的。方括号内为置信区间，是用delta方法构造的。大米单位为元/5kg，猪肉单位为元/斤。

五、信息对消费者接受生物技术的影响

关于这两种生物技术之间差异的信息对大米和猪肉产品的需求产生了不同的影响（H_2）。对于大米，基因编辑的均值估计中异质性增加，消费者为可追溯性信息支付的意愿显著增加（$P=0.04$）。在猪肉方面，两种生物技术的支付意愿都有所增加，产品可追溯性的支付意愿平均估计值略有下降。将这些结果与生物技术所要解决的问题联系起来分析是很重要的。在大米实验中，生物技术旨在减少产品中镉的吸收。与ASF不同，镉浓度对人类健康有着真实而直接的影响，而ASF从未被证明对人类健康有任何直接影响。因此，接受信息的消费者可能会对难以观察到的产品特性更敏感，因此不愿意购买在一些土壤污染严重地区种植的大米，即使这种大米被设计成能够抵抗土壤中镉的吸收。消费者可能会将生物技术解决方案视为大米已在受污染土壤中种植的信号。在接受信息处理的子样本中，消费者对大米产品可追溯性的估价的增加支持了这一说法。如前所述，与ASF不同，土壤污染在地理上局限于中国特定的热点地区。对于猪肉，由于ASF对人类健康没有任何已知影响，消费者可能不会将转基因或基因编辑视为一种信号，而是将其视为一种对生产者或动物本身有利的保护，因此，这些信息可能不会让消费者表现出对大米信息那样的反感。对大米和猪肉产品信息处理的不同反应，在一定程度上是由这两类事件在地理上的传播和发生方式决定的。镉污染仅在

中国少数省份普遍存在，而 ASF 目前在全国范围内都存在。因此，在收到有关生物技术特征的信息后，消费者对大米中镉污染的不同解决方案进行权衡，并发现可追溯性信息是识别潜在污染大米的安全且相对简单的方法。

六、食品技术新奇恐惧症与消费者对生物技术的支付意愿

为了评估对新型食品技术的态度如何影响对生物技术的需求和接受，本章从控制组样本中模拟了不同程度的食品技术新奇恐惧症消费者的支付意愿。具体而言，本章估计了受访者在 FTNS 得分变化的不同假设下对购买各种大米和猪肉产品的意愿。表 7.8 展示了代表性消费者的支付意愿估计值，食品技术新奇恐惧症的标准差分别降低了 0.5、1 和 1.5。结果表明，FTNS 得分降低 0.5 个标准差（即相对于平均分 53.16 分下降 5.65 分）会使消费者在基因编辑和传统大米及猪肉产品之间表现出有效的差异（基因编辑大米及猪肉产品的 95％置信区间均为零）。FTNS 得分的进一步降低显著增加了转基因和基因编辑产品的接受度和需求。如果 FTNS 得分变化为 1 个标准差（即相对于平均分 53.16 分下降 11.29 分），消费者愿意为基因编辑的大米和猪肉分别支付 34.1 元和 24.36 元的溢价（P 值<0.01）。这些结果突出了对食品技术的厌恶在影响新型生物技术市场生存能力方面所起的重要作用（H_3）。

表 7.8　在 FTNS 得分变化的不同假设下的支付意愿和置信区间

产品	属性	0.5SD		1SD		1.5SD	
		支付意愿	置信区间	支付意愿	置信区间	支付意愿	置信区间
大米	转基因	−17.12	[−30.26,−3.98]	1.57	[−14.00,17.14]	20.29	[−0.18,40.75]
	基因编辑	10.63	[−2.20,23.45]	34.1	[16.02,52.18]	57.61	[32.62,82.60]
猪肉	转基因	−18.89	[−32.87,−4.92]	−0.51	[−15.76,14.75]	17.91	[−2.57,38.40]
	基因编辑	3.07	[−10.01,16.14]	24.36	[5.77,42.95]	45.69	[19.06,72.32]

注：0.5 SD 对应的是减少 FTNS 得分 0.5 个标准差时的支付意愿，以此类推。方括号内为 95％置信区间。大米单位为元/5kg，猪肉单位为元/斤。

第四节　结论与讨论

一、通过基因编辑应对食品供应挑战和消费者的担忧

近年来,中国发生了几起引人注目的事件,一些主要食品受到了生物和非生物危害的不利影响,这些危害威胁到国内食品供应链的稳定。大米和猪肉是中国两种最重要的农产品和消费最广泛的食品,受到的打击尤其严重。大米生产受到了土壤污染事件的影响,猪肉则受到了 ASF 疫情的影响。尽管这两种危害引发了不同的食品安全担忧,但这两种事件所引发的对食品供应链整体影响担忧具有广泛性,需要广大决策者和科学界予以重视。

食品生物技术的最新进展提供了解决这些食品供应挑战的潜在途径。特别是,转基因生物和基因组编辑技术(CRISPR-Cas9 技术)已经成为两种最重要的食品生物技术,它们都为改善食品安全提供了潜在的好处。尽管许多转基因生物具有优势,但一些消费者对将外来物种的遗传物质引入宿主食品的 DNA 这一做法持相当怀疑的态度。由于基因组编辑不涉及外来物种的遗传物质,只涉及从同一生物体中移除或移动基因序列,因此人们普遍认为,这类技术有可能以社会更为接受的方式彻底改变食品生物技术。将产品推向市场必须在这两种技术方法中投入时间和金钱,但为了证明这一说法的合理性,需要更深入地了解消费者对这些产品的接受程度。

这项研究填补了一个重要的知识空白,为中国消费者接受转基因和基因编辑产品提供了证据,这些经过转基因和基因编辑的产品可以防止大米生产中的镉污染和猪肉生产中的 ASF。研究发现,消费者通常更喜欢非生物技术食品,而不是生物技术加工的产品,但消费者更愿意接受经过基因组编辑而非转基因改造的产品。这一结果适用于研究中的植物食品和动物食品,也意味着允许基因编辑的植物食品和动物食品进入中国市场的政策会获得更多支持。有趣的是,关于这两种生物技术之间差异的信息对大米和猪肉的产品需求产生了异质性影响:关于转基因和基因编辑之间差异的信息,导致了消费者对这两种生物技术生产的水稻产品的支付意愿下降,但这一信息导致了对这两种生物技术生产的猪肉产品的支付意愿增加。同时,这些信息对消费

者对产品可追溯性的偏好产生了相反的影响:在收到关于两种食品生物技术之间差异的信息后,消费者愿意为大米产品的可追溯性支付更高的溢价,但愿意为猪肉产品的产品可追溯性支付更少的费用。

对研究结果的分析表明,生物技术解决方案被视为易受到食品安全威胁的信号,特别是当防止镉吸收的转基因技术应用于水稻时。显然消费者认为,只有在已知受到污染的地区种植的大米才需要这些生物技术解决方案。而且,由于这些地区在地理上属于特定的污染严重地区,消费者会对大米产地更感兴趣。由于消费者了解 ASF 不会对人类构成威胁,因此他们对猪肉的来源不太感兴趣,也不认为生物技术是产品质量的信号,但可能认为生物技术是保护动物本身或为猪肉生产者提供保险的一种手段。

二、通过减少消费者恐惧和信息定位,提高对生物技术的接受度

该研究结果还表明,消费者对食品生物技术的需求受到对食品技术的总体态度的制约,而这本身可能只是知识和信息有限的结果。分析发现,减少对食物生物技术应用的厌恶可以提高消费者对这两种食品生物技术的接受度和支付意愿。相对于转基因生物,消费者的态度对基因编辑产品的影响更大;相对于猪肉,其对大米的影响更大。事实上,消费者对食品生物技术的恐惧程度的小幅降低(FTNS 分数增加 0.5 个标准差)就足以消除消费者对非常规、使用生物技术生产的大米和猪肉产品的需求折价。此外还发现,中国女性、年轻人、受过大学教育和收入较高的家庭消费者的 FTNS 分数较低,并且可能更接受食品中的生物技术应用。总之,这对生物技术公司具有启示意义,生物技术公司可从考虑消费者偏好和食品特性的本质差异中获益。将消费者偏好纳入研发政策,将确保这些公司在市场可行的应用领域进行投资和创新。

虽然本研究的样本在地理上具有一定的分散性,但值得注意的是,这些样本并不代表大多数中国居民。所采用的抽样框架的特性使本研究的消费者样本总体上比较年轻、收入水平较高、受教育程度较高,因此研究结果不应该泛化以代表所有的中国消费者。然而,该研究结果确实表明,目前对食品生物技术的怀疑程度对此类产品的商业可行性构成了重大挑战。并且减少这种怀疑、提高这些产品的可接受性,可能会对这些技术在市场上的发展规

模产生重大影响。那么,如何改变这种态度? 该实验中的信息干预表明,简单而廉价的信息可以提高消费者对食品生物技术的接受度,但前提是生物技术不被视为食品质量可能存在问题的信号,例如减少大米吸收镉的生物技术不被视为大米受到镉污染的信号。 在这种情况下,将生物技术信息与产品可追溯性相结合,可以为这些食品生物技术产品的市场推广提供充分的依据。鉴于最近生物技术创新的步伐,需要进行更多的研究来了解新出现的问题,并解决本研究的其他局限性。本研究的局限性在于如使用陈述性偏好实验可能无法捕捉真实偏好。但由于所考虑的产品当前还未被允许在市场上销售,因此使用陈述性偏好实验是必要的。一旦这些产品被批准用于人类消费,便可以进一步用真实的实验或揭示性偏好数据验证以上的研究结论,这是一个潜在的领域。此外,未来可在消费者对自然和可持续农业认知的更广泛背景下研究转基因和基因编辑食品,这对食品生物技术发展以及农业发展领域具有重要意义。

三、结论

本章首先测量了中国消费者对植物和动物食品中基因编辑应用的偏好。研究发现,相对于转基因生物技术,中国消费者普遍更接受基因编辑。其次,研究了向消费者提供食品生物技术性质信息对消费者偏好的影响,并发现这些影响是产品特有的,并且与提供产品来源信息有关。最后,分析探讨了食品技术新奇恐惧症对消费者接受度的作用,发现降低消费者对新食品技术的恐惧可以显著提高消费者对生物工程食品的估值和市场接受度。

参考文献

[1] An, H., Adamowicz, W. L., Lloyd-Smith, P. 2019. Strategic behavior in stated preferences and the demand for gene-edited canola oil. Conference paper, meeting of the Agricultural and Applied Economics Association. (2019-07-21)[2020-5-20]. https://ideas.repec.org/p/ags/aaea19/290837.html.

[2] Caputo,V. ,Lusk,L. ,Kilders,V. 2020. Consumer acceptance of gene edited foods:A nationwide survey of US consumer beliefs,knowledge, understanding and willingness to pay for gene-edited foods under different information treatments. Food Marketing Institute Foundation Report.

[3] Colson,G. ,Huffman,W. ,E. 2011. Consumers' willingness to pay for genetically modified foods with product-enhancing nutritional attributes. American Journal of Agricultural Economics 93(2):358-363.

[4] Cox,D. N. ,Evans,G. 2008. Construction and validation of a psychometric scale to measure consumers' fears of novel food technologies:The food technology neophobia scale. Food quality and preference 19(8):704-710.

[5] De Steur,H. ,Gellynck,X. ,Storozhenko,S. ,et al. 2010. Willingness-to-accept and purchase genetically modified rice with high folate content in Shanxi Province,China. Appetite 54(1):118-125.

[6] Edenbrandt, A. K. , House, L. A. , Gao, Z. , et al. 2018. Consumer acceptance of cisgenic food and the impact of information and status quo. Food Quality and Preference 69:44-52.

[7] Evans, G. , Kermarrec, C. , Sable, T. , et al. 2010. Reliability and predictive validity of the food technology neophobia scale. Appetite 54 (2): 390-393.

[8] Funk,C. ,Rainie,L. 2015. Public and Scientists' Views on Science and Society. Washington,DC:Pew Research Center.

[9] Gao,Z. ,Yu,X. ,Li,C. ,et al. 2019. The interaction between country of origin and genetically modified orange juice in urban China. Food Quality and Preference 71:475-484.

[10] Huang,J. ,Qiu,H. ,Bai,J. ,et al. 2006. Awareness,acceptance of and willingness to buy genetically modified foods in Urban China. Appetite 46(2):144-151.

[11] Hübner, A. ,Petersen,B. ,Keil,G. M. ,et al. 2018. Efficient inhibition of African swine fever virus replication by CRISPR/Cas9 targeting of the viral p30 gene (CP204L). Scientific Reports 8(1):1-7.

[12] Lancaster, K. J. 1966. A new approach to consumer theory. Journal of

Political Economy 74(2):132-157.

[13] Lin, W., Ortega, D. L., Ufer, D., et al. 2022. Blockchain-based traceability and demand for US beef in China. Applied Economic Perspectives and Policy, 44(1):253-272.

[14] Liu, R., Gao, Z., Nayga Jr. R. M., et al. 2019. Consumers' valuation for food traceability in China: Does trust matter? Food Policy 88:101768.

[15] Lusk, J. L., House, L. O., Valli, C., et al. 2004. Effect of information about benefits of biotechnology on consumer acceptance of genetically modified food: Evidence from experimental auctions in the United States, England, and France. European Review of Agricultural Economics 31 (2):179-204.

[16] Mason-D'Croz, D., Bogard, J. R., Herrero, M., et al. 2020. Modelling the global economic consequences of a major African swine fever outbreak in China. Nature Food 1(4):221-228.

[17] McFadden, D. 1974. Conditional logit Analysis of Qualitative Choice Behavior. New York: Academic Press.

[18] McFadden, B. R., Lusk, J. L. 2015. Cognitive biases in the assimilation of scientific information on global warming and genetically modified food. Food Policy 54:35-43.

[19] Muringai, V., Fan, X., Goddard, E. 2019. Canadian consumer acceptance of gene-edited versus genetically modified potatoes: A choice experiment approach. Canadian Journal of Agricultural Economics/ Revue Canadienne D'agroeconomie 68(1):47-63.

[20] Ortega, D. L., Wang, H. H., Wu, L., et al. 2011. Modeling heterogeneity in consumer preferences for select food safety attributes in China. Food Policy 36(2):318-324.

[21] Ortega, D. L., Lusk, J. L., Lin, W., et al. 2020. Predicting responsiveness to information: Consumer acceptance of biotechnology in animal products. European Review of Agricultural Economics 47(5):1644-1667.

[22] Phillips, T. 2008. Genetically modified organisms (GMOs): Transgenic crops and recombinant DNA technology. Nature Education 1(1):213.

[23] Proudfoot, C., Lillico, S., Tait-Burkard, C. 2019. Genome editing for

disease resistance in pigs and chickens. Animal Frontiers 9(3):6-12.

[24] Rousu, M. , Huffman, W. E. , Shogren, J. F. , et al. 2007. Effects and value of verifiable information in a controversial market:Evidence from lab auctions of genetically modified food. Economic Inquiry 45 (3): 409-432.

[25] Shew, A. M. , Nalley, L. L. , Snell, H. A. , et al. 2018. CRISPR versus GMOs: Public acceptance and valuation. Global Food Security 19: 71-80.

[26] Street, D. J. , Burgess, L. 2007. The Construction of Optimal Stated Choice Experiments:Theory and Methods (Vol. 647). New York:John Wiley & Sons.

[27] Tait-Burkard, C. , Doeschl-Wilson, A. , McGrew, M. J. , et al. 2018. Livestock 2. 0-genome editing for fitter,healthier,and more productive farmed animals. Genome Biology 19(204):1-11.

[28] Tang, L. , Mao, B. , Li, Y. , et al. 2017. Knockout of OsNramp5 using the CRISPR/Cas9 system produces low Cd-accumulating indica rice without compromising yield. Scientific Reports 7(1):1-12.

[29] The Economist. 2017. The most neglected threat to public health in China is toxic soil. (2017-06-08)[2019-05-19]. https://www. economist. com/briefing/2017/06/08/the-most-neglected-threat-to-public-health-in-china-is-toxic-soil.

[30] Ueno, D. , Yamaji, N. , Kono, I. , et al. 2010. Gene limiting cadmium accumulation in rice. Proceedings of The National Academy of Sciences 107(38):16500-16505.

[31] Ufer,D. ,Ortega,D. L. ,Wolf,C. A. 2019. Economic foundations for the use of biotechnology to improve farm animal welfare. Trends in Food Science & Technology 91:129-128.

[32] USDA Foreign Agricultural Service,2019. People's Republic of China Agricultural Biotechnology Annual. (2019-02-22)[2020-08-15]. https://fas. usda. gov/events.

[33] USDA Foreign Agricultural Service,2020. People's Republic of China Agricultural Biotechnology Annual. (2020-02-24)[2020-10-21].

https://fas. usda. gov/events.

[34] USDA. 2018. Secretary Perdue Issues USDA Statement on Plant Breeding Innovation. (2018-03-28)[2019-11-10]. https://www. usda. gov/media/press-releases/2018/03/28/secretary-perdue-issues-usda-statement-plant-breeding-innovation.

[35] Whitworth, K. M. , Rowland, R. R. , Ewen, C. L. , et al. 2015. Gene-edited pigs are protected from porcine reproductive and respiratory syndrome virus. Nature Biotechnology 34(1):20.

[36] World Health Organization. 2014. Frequently asked questions on genetically modified foods. (2014-05-01)[2020-04-15]. http://www. who. int/foodsafety/areas _ work/food-technology/faq-genetically-modified-food/en/.

[37] Wong, A. Y. T. , Chan, A. W. K. 2016. Genetically modified foods in China and the United States: A primer of regulation and intellectual property protection. Food Science and Human Wellness 5(3):124-140.

[38] Zhang, Y. , Massel, K. , Godwin, I. D. , et al. 2018. Applications and potential of genome editing in crop improvement. Genome Biology 19 (1):210.

第四部分
陈述性偏好在食品经济学中的
方法创新

第八章　事前假设性偏差校准
方法的有效性对比分析

第一节　引　言

为帮助制定营销策略、提供政策依据、提升消费者福利,选择实验(CEs)已被学界广泛应用于研究消费者对公共物品和私人物品的偏好和需求。然而,选择实验常常受到假设偏差的干扰。所谓假设偏差,即指从假设的环境(如:调查)中得到的价值与真实的环境(如:现实市场)中的价值之间的差值(Harrison et al.,2008),可能会削弱选择实验的信度和效度。

诸多领域的学者均在研究中考虑到了假设偏差,这些领域包括:环境经济学中的公共物品和公共服务的估价(Bishop et al.,1979;List et al.,2001;Murphy et al.,2005)、食品和农业经济学(Carlsson et al.,2005;Lusk et al.,2004;Ready et al.,2010)、交通(Hensher,2010)和医疗保健(Özdemir et al.,2009)。他们得出的结论均表明:在假设环境中,消费者对私人和公共产品的支付意愿(WTP)往往被夸大(Kling et al.,2012)。为减少假设偏差,学者们主要提出了两类解决方法,即事前缓解法与事后缓解法。事前缓解法包括闲谈(cheap-talk)(Aadl et al.,2003;Cummings et al.,1999;List,2001)、承诺(solemn oath)(Jacquemet et al.,2011;Stevens et al.,2013)、诚实驱动(honesty priming)(de-Magistris et al.,2013)等;事后缓解法包括后续确定性量表(Champ et al.,1997;Morrison et al.,2009)等。

虽然大量研究都讨论了不同缓解法的作用(Loomis,2014),但究竟哪种方法能最有效地减少假设偏差,未有统一定论。事前缓解法是研究设计的一部分,但是该方法在不同应用中所得到的效果并不一致。前人主要检验了事前缓解法在模拟线下食品市场时的有效性，但这些方法对于模拟"线上食品市场"的有效性仍存疑。当下，全球互联网食品零售业务正在迅猛发展，因此，事前缓解法对于模拟线上食品市场的效果问题的重要性越发凸显。为了填补这一研究的空白，且考虑到猪肉是在中国线上食品市场上销量最高的肉类之一，本章开展线上选择实验调查，研究三种事前假设偏差缓解方法（闲谈、承诺和诚实驱动）对中国消费者所陈述的猪肉购买行为的影响（Nielsen，2015）。

本章在以下方面补充与推进了消费者食品选择和消费者行为的研究。首先，本章密切关注新兴经济体的消费者线上食品购买行为。线上购物不仅在发达国家越来越流行，而且在新兴经济体中也颇具人气，中国拥有世界上最大的电子商务市场。中国国家统计局数据显示，2015 年中国线上销售额同比增长率超过 30％，达到了 5895.9 亿美元（Nielsen，2016）。中国商务部报告显示，2015 年的前三季度，中国生鲜食品的线上销售额已达 57.6 亿美元，超过了 2014 年线上食品销售总额的半数。因此，理解消费者的网上购买行为以及认识其与传统零售渠道的差异，对于满足消费者需求而言颇为重要。其次，本章证明了事前缓解法在模拟线上食品市场时的有效性。线上食品购物行为与日俱增，加之选择实验在食品消费研究中被广泛使用，让对事前缓解法效果的研究更为必要。

本章的其余部分安排如下。首先，介绍消费者线上购物行为的相关研究背景，并介绍最常用的事前假设偏差的缓解方法。其次，介绍实验设计、研究假设和实证模型。最后，探讨研究结果，讨论电子商务如何能够更好地满足消费者的需求，并得出研究结果以及对于相关研究设计及后续消费者线上食品购物行为研究的启示。

第二节　相关文献回顾

电子商务的普及催生了一批线上购物行为的研究。前人的研究表明，消费者的人口统计学特征、互联网使用情况、文化信仰、购物导向和动机、心理感知等内在因素影响其对线上购物的接受程度（Clemes et al.，2014；Yoon，2009；Zhou et al.，2007）；此外，产品信息等外在因素也会产生影响（Park et al.，2003）。网络信息是促进中国线上购物快速发展和提升消费者满意度的引擎。Yang 等(2013)发现,网络平台上的用户评论有效地节约了消费者处理信息的时间和精力。

消费者线上和线下的购买行为存在显著差异。Shankar 等(2003)比较了线上和线下消费者的满意度和忠诚度,发现虽然两组消费者的满意度差异不大,但线上顾客更忠诚,因为线上的商店提供了更多信息。研究还发现,线上消费者和线下消费者对价格的敏感度不同,且主要取决于产品类别(Chu et al.,2010;Degeratu et al,2000;Melis et al.,2015)。线上消费者往往对非食品的价格更敏感,而对肉类和奶制品的价格敏感度较低(Chu et al.,2008;Chu et al.,2010)。Chu 等(2008)认为,消费者对线上商品价格弹性较低的原因是,消费者愿意为获取信息和便利程度支付额外费用。同时,大量研究证明,便利是消费者线上购物的主要原因(Hiser et al.,1999;Morganosky et al.,2000;Rohm et al.,2004)。Hand 等(2009)通过研究一些降低消费者购物便利性和灵活性的因素(如生了孩子、没有足够的时间购物)与线上购物行为的关系,佐证了上述观点。消费者线上购买食品的过程也受到自身购物经验的影响。Melis 等(2015)的研究表明,当消费者刚开始进行线上购物时,他们往往更依赖线下购物的经验;随着线上购物的次数增加,他们将更多地受到产品特征和线上购物平台的其他属性(如产品种类与等级)的影响。

虽然上述研究探讨了线上购物的特征和影响因素,但鲜有研究关注消费者的线上食品选择行为。据此,本节提出疑问:产品的产地信息在消费者的线上食品购买决策中起什么作用?产品信息如何影响线上食物选择?消费者在线上购买场景中的行为是怎样的?研究设计如何影响对消费者需求的估计?

本节的剩余部分将讨论几种事前假设偏差的缓解方法。

与事后缓解法不同,事前缓解法是研究设计的一部分,而事后缓解法通常依赖后续问题的应用,以及数据重新编码来处理假设偏差。一种事前缓解法是与受访者明确讨论假设偏差问题,这一策略最初被 Cummings 等(1999)称为闲谈。他们的实验结果表明,闲谈可以消除假设偏见。从社会心理学角度看,这种闲谈让受访者"尽最大努力"纠正了调查的假设性质。之后,闲谈法逐渐被应用于解决环境、食品和农业经济方面的问题(Lusk,2003;Carlsson et al.,2005;Murphy et al.,2005;List et al.,2006;Tonsor et al.,2011)。List(2001)补充了 Cummings 等的研究,并提出闲谈并不能消除有市场经验的受访者的假设偏差。之后,Lusk(2003)测试了闲谈对消费者食品支付意愿的影响,发现对大多数受访者而言,闲谈能有效地降低支付意愿;然而,List(2001)的调查结果表明,闲谈并没有降低知识渊博的消费者的支付意愿。除了消费者的个人经验及对商品的经验,相关研究表明,闲谈的有效性可能与文本长度和支付金额有关。Poe 等(2002)在一项自愿捐款调查中使用了篇幅较短的闲谈文本,发现短文本没有显著效果。Brown 等(2003)发现,较长的闲谈文本在调查中是有效的,但也只适用于报酬较高的情境(如 10 美元),且闲谈可能会在低报酬(如 1 美元)的情境中出现纠正偏差不足的情况。Murphy 等(2005)的研究结果也证明,闲谈可能会消除假设偏差,但只适用于那些收到更高报酬的受访者。然而,Blumenschein 等(2008)认为,闲谈对减少假设偏差没有显著作用。Ehmke 等(2008)通过比较中国、法国、美国印第安纳州、美国堪萨斯州和尼日尔的真实投票和模拟投票情况,发现假设偏差在不同地区存在显著差异。对比模拟情境和真实情境中的投票结果,中国的参与者的"赞成"票减少了 13%,印第安纳州减少了 49%,堪萨斯州减少了 23%;而在尼日尔,这一数字有所增加。

对于选择实验中的假设偏差,一种解释是受访者缺乏说实话的承诺(Jacquemet et al.,2011)。这一观点源于社会心理学。大量研究已经检验了承诺的效果(Albarracín et al.,2005;Durantini et al.,2006;Girandola et al.,2007)。近年来,一些学者在环境研究(Carlsson et al.,2013;Jacquemet et al.,2011,2013,2017)和食品调查(de-Magistris,2014)中研究了承诺的作用。Jacquemet 等(2011)认为,相比于闲谈,在承诺的情境下,竞标者更重视预算约束和参与约束。Jacquemet 等(2017)发现,承诺可以减少甚至消除假设偏差。类似地,Carlsson 等(2013)的研究表明,在作出承诺的情况下,零支付意愿和极高支付意愿的受访者比例均会降低。然而,这种方法存在一定局限性,比如参与者会不堪这种方法的压力(de-Magistris et al.,2013)。

另一种事前缓解法"诚实驱动"也出现于一些研究中。Bargh(1990)在自动模型中提出,诚实行为由心理表征的无意识激活所驱动。Bargh 等(1999)认为,自动思维过程涉及某些条件反射。一旦检测到触发事件,这一过程就会在无意识的状态下自动运行。然而,诚实驱动的有效性一直存在争议。Rasinski 等(2005)发现,在词汇任务中接触到诚实相关词汇的参与者与接触到中性词汇的参与者相比,报告出更多的社会敏感行为,如酗酒。然而,Pashler 等(2013)使用了相同的设计,却发现诚实驱动对参与者报告的饮酒行为没有显著影响。在应用经济学研究中,除了上述 de-Magistris 等(2013)的研究,有关诚实驱动的正确性和有效性进行的评价仍较少。

一些学者结合并比较了各种方法对减少假设偏差的效果。Jacquemet 等(2013)评估了闲谈和承诺的效果,认为二者是互补的——闲谈解决了受访者对商品了解不足的问题,同时使得访员相信他们说的是真话(实际上可能撒了谎);而承诺增加了受访者说实话的概率。虽然闲谈有利于帮助受访者更好地认知自己的偏好,但承诺能促使更多受访者真实地说出自己的偏好。与 Jacquemet 等(2013)的研究相似,de-Magistris 等(2014)发现,相比于闲谈,作出承诺的受访者支付意愿的估计值更低。de-Magistris 等(2013)以真实环境的选择实验为基础,使用闲谈法证明了假设偏差的存在,并发现诚实驱动的支付意愿值与真实选择实验的支付意愿值之间没有显著差异。

尽管前人比较了各种事前缓解法的有效性,并关注了线上零售业的发展,但鲜有研究将二者相联系,从而评估这些方法在线上调查中缓解假设偏误的有效性。基于 List(2001)和 Lusk(2003)的研究结果,本节提出疑问:由于现有研究对购物环境已具有充分认知,如何看待不同的事前缓解方法得出的支付意愿之间的差异?

第三节　实验设计与研究假说

本节通过开展线上选择实验来模拟消费者线上购买猪肉的情境。由于开展成本相对较低、完成时间较快,且结果与邮寄调查一致,在获取消费者支付意愿时,线上调查逐渐收获更多研究的青睐,但也因此需要格外注重线上选择实验调查中的假设偏差问题(Carlsson et al.,2013;Fleming et al.,2009;Loo et al.,2011;Nielsen,2011;Tonsor et al.,2011)。本调查得到的数据于 2016 年 4 月从 1146 名中国消费者样本中收集。消费者由专业的市场研究机构 Qualtrics 招募,且均年满 18 岁,并在调查开始前的三个月内有线上购买猪肉的经历或购买意向。

基于相关文献与消费者焦点小组访谈,本问卷中的猪里脊产品的描述信息共分为四个属性:价格、原产国、评论数量和产品评级(见表 8.1)。每项属性均包括 4 个不同的水平,并根据阿里巴巴和京东的数据进行校准。由于消费者对肉制品估价受到原产国的重大影响(Loureiro et al.,2007;Pouta et al.,2010),因此,问卷基于阿里巴巴平台上的 112 种猪里脊产品(其中,84 种来自中国,15 种来自西班牙,7 种来自丹麦,4 种来自美国,2 种来自法国),以及京东平台上的 21 种猪里脊产品,选择了四个水平来描述"原产国"属性:中国、西班牙、丹麦和美国——后三个国家均是中国进口猪肉的主要来源国(Ortega et al.,2017)。

表 8.1　选择实验中使用的产品属性和属性水平

产品属性	属性水平
价格(元/500g)	30,45,60,75
原产国	中国,美国,丹麦,西班牙
评论数量	47,103,502,2089
产品评级	3.0,4.0,4.5,5.0

已有研究表明,消费者的产品评级和评论数量是消费者线上购买的重要决定因素(Chatterjee,2001;Lee et al.,2008)。产品评级,指曾经购买过猪里脊的消费者对该产品的整体评价;在大多数网店中,这个等级通常在 0 到 5 之间。因为在中国很少出现评级低于 3.5 的产品,于是在本章开展的实验中,产品等级为 3 到 5。评论数量是购买过该产品并进行产品评级的消费者数量,根据阿里巴巴和京东平台的数据,评论数量的范围为 47 至 2089。

价格是消费者选择产品的主要决定因素之一,许多选择实验通过评估价格,从而得到消费者支付意愿的货币计量。本实验中的价格从 30 元/500 克到 75 元/500 克不等。

选择实验由一系列选择任务组成,采用贝叶斯序列设计,每个任务都有三个选项:两个产品选项和一个"不购买"选项(Caputo et al.,2017;Sandor et al.,2001;Scarpa et al.,2007a;Van Wezemael et al.,2014)。在初始阶段,本实验创造了一个零优先级的 D-最优选择设计,以收集未进入最终研究的消费者的初步数据。预调查于 2016 年 2 月进行,并使用 Ngene 软件提供必要的先验参数,以生成最终的贝叶斯最优选择设计。最终的设计(D-error 为 0.05)由 27 个选择任务组成,每个参与者仅需完成 9 个选择任务(包括 3 个模块),以减轻认知负担与疲劳。选择任务的呈现顺序均是随机的,以减轻可能的排序效应。图 8.1 是一个选择任务示例。

图 8.1　选择任务示例

实验使用了样本间比较方法,以评估事前缓解法对于降低消费者模拟支付意愿值的有效性。一共有五个实验组,每个参与者被随机分配到其中的一个。五个实验组包括:标准的假设选择实验组(T1,对照组)、闲谈组(T2)、承诺组(T3)、诚实驱动组(T4)和中性驱动组(T5)。中性驱动用来测试打乱句子引起的影响。闲谈组(T2)遵循了 Cummings 等(1999)的设计方法,承诺组(T3)遵循了 Jacquemet 等(2011,2013)的设计方法,而诚实和中性驱动组(T4,T5)则遵循了 de-Magistris 等(2013)的设计方法。

基于上述研究设计,本节提出以下研究假设。第一个假设比较了闲谈实验组和对照组之间的支付意愿,定义如下:

$H0_1$: $(WTP^{Cheap\ talk}\_WTP^{Control}) \geqslant 0$

$H1_1$: $(WTP^{Cheap\ talk}\_WTP^{Control}) < 0$

Cummings 等(1999)、List(2001)以及 Aadland 等(2003)的研究都拒绝了 $H0_1$,说明闲谈减少了个体支付意愿中的假设偏差。

同样,为了测试承诺和诚实驱动的效果,本节也检验了以下假设:

$H0_2$: $(WTP^{Oath}\_WTP^{Control}) \geqslant 0$

$H1_2$: $(WTP^{Oath}\_WTP^{Control}) < 0$

$H0_3$: $(WTP^{Honesty\ priming}\_WTP^{Control}) \geqslant 0$

$H1_3$: $(WTP^{Honesty\ priming}\_WTP^{Control}) < 0$

同样,拒绝 $H0_2$ 和 $H0_3$ 说明承诺和诚实驱动减少了个体支付意愿中的假设偏差。

此外,按照 de-Magistris 等(2013)的研究,本节还通过检验以下假设,探究中性驱动组与对照组、诚实驱动组是否存在差异:

$H0_4$: $(WTP^{Neutral\ priming}\_WTP^{Control}) \geqslant 0$

$H1_4$：$(WTP^{Neutral\ priming} - WTP^{Control}) < 0$

$H0_5$：$(WTP^{Honesty\ priming} - WTP^{Neutral\ priming}) \geqslant 0$

$H1_5$：$(WTP^{Honesty\ priming} - WTP^{Neutral\ priming}) < 0$

拒绝 $H0_4$ 和 $H0_5$ 说明诚实观念被激活，以及诚实驱动可以有效减少假设偏差。

第四节　实证模型和数据

为了检验上述假设，基于随机效用框架中的 Lancaster 消费者需求理论（Lancaster，1966），本节建立一个效用函数。根据随机效用理论（McFadden，1974），选择实验依赖以下假设：在选择情境 t 中，个体 n 选择选项 j 的效用可以表示为：

$$U_{njt} = V_{njt} + \varepsilon_{njt} \tag{1}$$

其中，V_{njt} 是效用函数的系统性或代表性部分，取决于选项 j 的产品属性，而 ε_{njt} 是随机（未观察到的和随机的）部分。为了将随机效用模型转化为选择模型，需要对 V_{njt} 的函数形式和 ε_{njt} 的联合分布进行一定的假设。

在本节中，数据分析包括一个混合 logit 模型的估计，该模型包含一个误差分量（MXLE），其效用在支付意愿空间中是确定的。除了考虑消费者偏好的异质性，MXLE 还考虑了与不购买选项相关的效应，以及实验设计的不同选项效用之间的相关随机效应［参考 Scarpa et al.（2005），以了解更多模型细节，以及 Caputo et al.（2017）在食物选择方面的应用］。在支付意愿空间中的特定模型放宽了固定价格系数的假设（Scarpa et al.，2008）。因此，这种方法的优点是，系数可以直接解释为边际支付意愿，相比边际效用（如偏好空间估计）方法，这种方法在比较不同实验方法时更可行（Caputo et al.，2017；Scarpa et al.，2010）。

对于所有的实验方法，个体 n 在选择情境 t 中选择选项 j 得到的效用可以表示为：

$$U_{njt} = \theta_n(-PRICE_{njt} + \omega_{n1}CHINA_{njt} + \omega_{n2}US_{njt} + \omega_{n3}DEN_{njt} +$$
$$\omega_{n4}RAT_{njt} + \omega_{n5}REV_{njt} + ASC + \eta_{njt}) + \varepsilon_{njt} \tag{2}$$

其中 θ_n 是表示价格/等级参数的随机正标量；$PRICE$ 是一个连续变量，包含设计中的四个价格水平；$CHINA_{njt}$、US_{njt} 和 DEN_{njt} 是实验设计的"原产国"

中国、美国、丹麦的虚拟变量。因此,当产品来自对应国家时,其值为 1,否则为 0。RAT_{njt} 和 REV_{njt} 是连续变量,分别表示产品评级和评论数量的对数;ASC 为不购买选项的特定替代常数;ω 为估计的支付意愿值的系数;η_{njt} 为零均值正态分布误差分量;ε_{njt} 是服从 Gumbel(极值 I 型)分布的未观察到的误差项。

根据 de-Magistris 等(2013)以及 Bazzani 等(2017)的做法,本节通过收集数据和建立含有虚拟变量的扩展效用函数,来检验不同实验组之间的差异,其中每个虚拟变量代表一个特定的实验方法。基于对不同实验组的比较,汇集数据:对照组 vs. 闲谈/承诺/诚实驱动/中性驱动,以及诚实驱动 vs. 中性驱动。因此,本节运用 dTrea 二元变量标记实验方法,在分析比较中,如果是第一个实验组就取 1,否则取 0:

$$U_{njt} = \theta_n [-PRICE_{njt} + \omega_{n1} CHINA_{njt} + \omega_{n2} US_{njt} + \omega_{n3} DEN_{njt} +$$
$$\omega_{n4} RAT_{njt} + \omega_{n5} REV_{njt} + ASC + \delta_1 (CHINA_{njt} \times dTrea) +$$
$$\delta_2 (US_{njt} \times dTrea) + \delta_3 (DEN_{njt} \times dTrea) +$$
$$\delta_4 (RAT_{njt} \times dTrea) + \delta_5 (REV_{njt} \times dTrea) + \eta_{njt}] + \varepsilon_{njt} \qquad (3)$$

(3)式中 δ_1、δ_2、δ_3、δ_4 和 δ_5 分别代表每个属性的实验效果。基于 Bazzani 等(2017)的研究,估计的 δ_s 及其标记的意义确定了不同实验方法对边际支付意愿估计的影响。因此,它们决定了各种属性的边际支付意愿是否不同,以及在不同实验方法中是否存在差异。本节为每一组待检验的假设分别建立了一个扩展的效用函数,共有五个扩展的效用函数,以确定事前缓解法对于减轻假设偏差的影响。

五种实验方法的样本量分别为 172、239、244、245 和 246。表 8.2 和表 8.3 报告了样本的人口统计特征和猪肉购买情况。统计检验结果(χ^2 检验的 P 值)表明,五组样本在年龄、受教育情况、家庭规模、家庭月收入、家庭每周食品购买支出、购买猪肉的频率与地点以及家庭猪肉消费量方面均无显著差异。大多数样本的年龄在 18 岁至 40 岁之间,拥有本科学历。近 50% 的样本家庭月收入在 13000 元以上,通常每周在超市购买一次猪肉。线上购物群体与其他研究中的传统猪肉购物群体相比,具有更高的受教育程度和收入水平(Ortega et al.,2011,2012;Ortega et al.,2017;Yan et al.,2016)。

关于选择行为,本节报告了五种实验方法中消费者选择购买和不购买选项的频率(见表 8.4)。相较于对照组,闲谈组、诚实驱动组和中性驱动组中的消费者选择购买猪肉选项的比例更高。对照组、闲谈组、承诺组、诚实驱动组和中性驱动组在不购买选项上的差异显著。诚实驱动组与其他实验组在"不购买"选项的频率差异在 10% 水平上显著。

表 8.2   个体和家庭特征($N=1146$)

特征		T1/%	T2/%	T3/%	T4/%	T5/%	P 值
年龄	18—40 岁	83.14	85.77	84.84	84.90	84.15	0.98
	40—60 岁	16.28	13.81	13.93	13.88	14.63	
	>60 岁	0.58	0.42	1.23	1.22	1.22	
受教育情况	初中	2.91	5.02	4.10	3.67	4.47	0.35
	本科	90.70	86.19	90.98	88.98	88.21	
	研究生	6.39	8.79	4.51	6.94	7.32	
家庭规模	<4 人	54.07	50.63	56.97	51.84	47.15	0.35
	4—10 人	45.93	49.37	43.03	45.76	52.85	
	>10 人	0.00	0.00	0.00	0.40	0.00	
家庭月收入	<5000	1.74	0.42	4.10	3.27	2.44	0.18
	5000—8999 元	12.21	9.62	9.43	10.61	11.79	
	9000—12999 元	23.84	20.08	23.36	22.04	19.92	
	13000—16999 元	33.72	35.15	27.87	29.39	36.18	
	17000—20999 元	20.35	22.59	17.62	22.02	19.92	
	≥21000 元	8.14	12.13	17.62	12.65	9.76	
家庭每周食品购买支出	200 元	8.72	2.93	3.69	4.49	4.88	0.31
	201—350 元	18.02	18.83	15.98	13.78	17.07	
	351—500 元	26.16	23.85	25.41	22.04	25.61	
	501—650 元	33.72	36.40	36.48	30.61	34.15	
	651—800 元	7.56	13.39	13.52	14.69	10.98	
	>800 元	5.81	4.60	4.92	9.39	7.32	

注:实验组分别为对照组(T1)、闲谈组(T2)、承诺组(T3)和诚实驱动组(T4)和中性驱动组(T5)。P 值为各实验组之间的等效检验的参数。

表 8.3　猪肉消费特征($N=1146$)

特征		T1/%	T2/%	T3/%	T4/%	T5/%	P 值
猪肉购买地点	批发市场	33.72	33.89	38.11	35.92	33.33	
	超市	51.16	48.54	45.49	50.2	49.6	0.84
	网店	15.12	17.57	16.4	13.47	17.07	
每次购买猪肉数量	≤0.5kg	13.37	12.55	15.16	12.65	16.26	
	0.5—1kg	52.91	47.7	47.54	46.94	48.37	
	1.1—1.5kg	22.67	28.87	25.00	25.31	26.43	0.88
	1.6—2kg	10.47	9.62	11.07	13.06	8.13	
	>2kg	0.58	1.26	1.23	2.04	0.81	
猪肉购买频率	一天一次	10.47	7.95	7.38	12.24	11.79	
	一周一次	45.35	55.65	50.41	44.49	52.44	
	两周一次	35.47	30.54	34.43	37.55	29.67	0.29
	一月一次或更少	8.72	5.86	7.79	5.71	6.1	
家庭每周消费猪肉数量	1—1.5kg	17.44	14.23	18.03	16.33	16.67	
	1.6—2kg	25.00	19.25	19.67	18.37	14.23	
	2.1—2.5kg	18.02	20.50	22.54	19.18	16.26	
	2.6—3kg	20.35	19.67	14.75	18.37	19.11	0.33
	3.1—3.5kg	11.63	18.41	14.34	17.55	23.58	
	3.6—4kg	5.23	5.02	7.38	8.16	6.91	
	>4kg	2.33	2.93	3.28	2.04	3.25	

注:实验组分别为对照组(T1)、闲谈组(T2)、承诺组(T3)和诚实驱动组(T4)和中性驱动组(T5)。P 值为各实验组之间的等效检验的参数。

表 8.4　实验组的选择($N=1146$)

	T1	T2	T3	T4	T5
选择购买选项/%	59.32	63.05	55.82	73.68	69.96
选择不购买选项/%	40.68	36.95	44.18	26.32	30.04
Pearson $\chi^2(4)=9.07$					
P 值=0.06					

注:实验组分别为对照组(T1)、闲谈组(T2)、承诺组(T3)和诚实驱动组(T4)和中性驱动组(T5)。P 值为各实验组之间的等效检验的参数。

第五节　实证结果

MXLE 模型的估计结果如表 8.5 所示。对照组的结果显示,消费者对产自西班牙(基准水平)的同类产品的评价为 9.31 元。产品评级每增加 1 单位,消费者支付意愿增加 12.27 元。说明消费者在线上购物时,产品评级是重要的参考标准。评论数量也受到了消费者的重视,尤其当消费者考虑购买评论较少的产品时,其发挥着重要作用。在其他条件相同的前提下,当猪里脊的评论数量为 47 条时,评论数量每增加 1 单位,消费者的支付意愿提升 0.12 元;当评论数量为 502 条时,评论数量每增加 1 单位,消费者的支付意愿则仅增加 0.01 元[①]。这说明,当产品的评论数量较少时,评论数量的增加带来的边际价值更高。误差分量的标准差在所有模型中都是显著的。这表明,与不购买选项相比,购买产品选项之间显著存在未观察到的误差相关性,购买产品选项之间的感知和替代性显著存在更多未观察到的变化(Kragt et al.,2012;Scarpa et al.,2007)。

---

　①　考虑到此属性的对数规范,支付意愿值只针对特定的评论数量进行计算。

表 8.5　MXLE 模型的估计结果

		T1	T2	T3	T4	T5
平均值	美国	0.98 (4.01)	2.98 (2.98)	4.61 (3.55)	2.87 (3.50)	1.44 (2.99)
	中国	9.31** (4.43)	5.01 (3.50)	7.14* (3.68)	2.20 (3.38)	0.95 (3.59)
	丹麦	7.11 (5.13)	3.77 (3.51)	5.43 (4.43)	3.78 (3.65)	3.09 (3.85)
	评论数量	5.64*** (1.73)	5.98*** (1.28)	7.58*** (1.41)	6.31*** (1.28)	6.61*** (1.35)
	评级	12.27*** (2.41)	13.46*** (1.85)	11.02*** (1.90)	8.87*** (1.83)	9.68*** (1.91)
	不购买	−1.59** (0.68)	−1.46** (0.59)	−0.91* (0.47)	−2.54*** (0.52)	−2.26*** (0.54)
标准差	美国	6.71 (6.99)	6.89 (4.30)	12.23* (6.41)	11.67* (6.07)	9.24* (5.56)
	中国	22.63** (7.19)	24.27*** (3.79)	25.87*** (5.44)	21.75*** (5.04)	26.90*** (4.89)
	丹麦	36.07*** (5.67)	26.05*** (5.70)	43.69*** (12.69)	23.35*** (8.31)	36.45*** (9.83)
	评论数量	14.47** (6.50)	12.14*** (4.28)	14.22** (6.74)	13.03*** (3.14)	13.25*** (2.73)
	评级	18.06*** (4.98)	19.08** (9.55)	17.05** (6.12)	16.80*** (4.83)	18.21*** (3.99)
	η_{njt}	119.96*** (37.67)	120.59* (63.41)	110.44** (44.32)	103.04*** (37.26)	115.50*** (22.80)
N		1548	2151	2196	2205	2214
Log-likelihood		−1271.11	−1697.68	−1828.71	−1747.86	−1757.05
AIC		2564.22	3417.36	3679.43	3517.72	3536.09

注:本模型使用 Nlogit 5.0 估计,进行了 1000 抽签模拟。相关矩阵可联系作者获得。实验组分别为对照组(T1)、闲谈组(T2)、承诺组(T3)、诚实驱动组(T4)和中性驱动组(T5)。* $P<0.10$; ** $P<0.05$; *** $P<0.01$。

不同实验组之间的差异比较方面,相较于承诺组、诚实驱动组和中性驱动组,对照组对产品评级的边际支付意愿的平均点估计值更高,诚实驱动组最低。然而,与对照组相比,产品评级每增加 1 单位,闲谈组的消费者愿意多支付 1.19 元。与对照组相比,所有其他实验组对评论数量的支付意愿都更高,其中承诺组最高。与对照组类似,在闲谈组和承诺组中,消费者最喜爱国产猪肉,其次是丹麦和美国猪肉。

为了检验上述差异在统计学上的显著性,本节对不同实验组进行了等效假设检验。参考 Bazzani 等(2017)以及 de-Magistris 等(2013)的做法,本节分别将对照组样本与闲谈组、承诺组、诚实驱动组和中性驱动组样本进行合并。结果见表 8.6。

表 8.6 等效检验结果

假设检验	系数	标准误	P 值
$H0_1$：($WTP^{Cheap\ talk}$ _ $WTP^{Control}$)$\geqslant 0$			
$dTrea * US$	0.01	0.16	0.97
$dTrea * CHINA$	−0.19	0.15	0.20
$dTrea * DEN$	−0.18	0.16	0.25
$dTrea * REV$	0.03	0.04	0.53
$dTrea * RAT$	0.04	0.05	0.42
$H0_2$：(WTP^{Oath} _ $WTP^{Control}$)$\geqslant 0$			
$dTrea * US$	0.10	0.15	0.51
$dTrea * CHINA$	−0.05	0.15	0.76
$dTrea * DEN$	−0.11	0.16	0.49
$dTrea * REV$	0.02	0.04	0.66
$dTrea * RAT$	−0.09	0.05	0.09
$H0_3$：($WTP^{Honesty\ priming}$ _ $WTP^{Control}$)$\geqslant 0$			
$dTrea * US$	0.12	0.15	0.44
$dTrea * CHINA$	−0.18	0.15	0.21
$dTrea * DEN$	−0.04	0.16	0.81
$dTrea * REV$	0.05	0.04	0.20
$dTrea * RAT$	−0.01	0.05	0.86

假设检验	系数	标准误	P 值
$H0_4$：$(WTP^{Neutral\ priming}\_WTP^{Control})\geqslant 0$			
$dTrea*US$	0.05	0.15	0.72
$dTrea*CHINA$	−0.19	0.15	0.22
$dTrea*DEN$	−0.10	0.16	0.53
$dTrea*REV$	0.06	0.04	0.12
$dTrea*RAT$	−0.02	0.05	0.65
$H0_5$：$(WTP^{Honesty\ priming}\_WTP^{Neutral\ priming})\geqslant 0$			
$dTrea*US$	0.05	0.15	0.82
$dTrea*CHINA$	−0.02	0.16	0.89
$dTrea*DEN$	0.05	0.17	0.79
$dTrea*REV$	−0.01	0.05	0.83
$dTrea*RAT$	−0.03	0.07	0.62

注：本模型使用 Nlogit 5.0 估计，进行了 1000 抽签模拟。

结果表明，等效假设在所有实验组中都不能被拒绝，这意味着各实验组中的边际支付意愿与对照组在统计学上的差异不显著。关于闲谈组，本节的研究结果验证了 List(2001)和 Lusk(2003)的观点，即闲谈无法降低经验丰富的消费者的边际支付意愿，并与其他认为闲谈法降低支付意愿的研究形成对比(Cummings et al.，1999；Carlsson et al.，2005；Blumenschein et al.，2008)。本实验的样本在过去 3 个月内有购买猪肉的经历，且超过 90％的样本至少每两周购买一次猪肉①。因此，样本对产品的熟悉程度和购买经验影响研究结果，这与 Lusk(2003)的结论一致。

此外，本节得出的结果并不能验证 Jacquemet 等(2013)以及 de-Magistris 等(2014)的结论，即承诺会引起较低的边际支付意愿。承诺法，即要求受访者以自己的名誉发誓他们会如实回答，其效果可能会受到受访者文化背景的影响。在这一方面，de-Magistris 等(2013)认为，由于存在文化背景和规范等

① 根据数据，T1、T2、T3、T4、T5 中，分别有 91.28％、94.14％、92.21％、94.29％、93.9％的受试者至少每两周购买一次猪肉。

各种差异,某些人可能不会认真对待自己的承诺。因此,本节认为,在某些情况下,承诺在减少假设偏差方面可能是无效的。

最后,与 de-Magistris 等(2013)的结论不同,本节的结论显示,在诚实驱动组、中性驱动组和对照组之间,所有属性的边际支付意愿在统计学上没有显著差异。尽管 de-Magistris 等(2013)发现诚实驱动有助于减少假设偏差,但由于该领域的研究数量有限,其结果的稳健性仍待检验。

为了进一步研究不同实验组的消费者估值的差异,本节还计算了消费者对不同产品组合的总支付意愿,并比较了它们在不同实验组间的差异。表 8.7 报告了十个产品组合的总支付意愿及置信区间。置信区间重叠表明,对照组和各实验组(例如,Caputo et al.,2017)之间的总支付意愿没有显著差异。例如,对于一款评价数量为 219 条、评级为 4.8 的国产猪肉,实验组的总体平均支付意愿与对照组的偏差范围从 2.26(闲谈组)到 21.39(诚实驱动组)不等。虽然在诚实驱动组中,平均总支付意愿的估计值相对较低,但在中性驱动组中,平均总支付意愿的估计值同样较低,置信区间重叠表明它们没有明显差异。上述结论适用于各种产品组合(包括国产和进口产品),并质疑了事前缓解法在特定环境中的有效性。

表 8.7　十个产品组合的总支付意愿及置信区间

产品组合	对照组(T1)		闲谈组(T2)		承诺组(T3)		诚实驱动组(T4)		中性驱动组(T5)	
	均值	95%置信区间	均值	95%置信区间	均值	95%置信区间	均值	95%置信区间	均值	95%置信区间
中国(219,4.8)	78.05	[44.64, 108.97]	80.31	[58.64, 101.47]	78.37	[55.40, 99.60]	55.76	[33.19, 76.36]	58.82	[35.95, 80.88]
中国(47,3)	52.97	[29.88, 73.99]	52.55	[37.01, 67.71]	53.13	[37.25, 67.76]	36.67	[20.97, 51.27]	38.69	[23.12, 54.15]
中国(47,5)	77.23	[45.21, 108.38]	79.07	[57.50, 100.31]	75.41	[52.96, 96.35]	53.65	[31.16, 51.27]	56.26	[33.46, 78.19]
中国(2089,3)	60.97	[33.23, 87.12]	62.15	[44.08, 79.35]	65.92	[47.53, 83.44]	46.05	[26.91, 62.43]	49.32	[31.12, 67.71]

续表

产品组合	对照组 （T1）		闲谈组 （T2）		承诺组 （T3）		诚实驱动组 （T4）		中性驱动组 （T5）	
	均值	95％置信区间	均值	95％置信区间	均值	95％置信区间	均值	95％置信区间	均值	95％置信区间
中国 （2089,5）	85.23	[48.60,119.66]	88.67	[65.18,112.25]	88.20	[64.14,111.53]	63.04	[38.12,85.59]	66.89	[41.57,91.11]
美国 （219,4.8）	71.10	[40.96,101.08]	79.48	[58.54,99.21]	75.88	[53.69,97.57]	56.70	[34.45,77.56]	58.38	[34.47,80.75]
美国 （47,3）	46.02	[25.74,66.93]	51.72	[37.10,65.70]	50.63	[35.59,65.92]	37.60	[22.12,53.13]	38.26	[21.88,53.85]
美国 （47,5）	70.28	[41.11,99.88]	78.23	[57.52,98.08]	72.92	[51.44,94.61]	54.59	[32.11,75.65]	55.83	[32.00,77.89]
美国 （2089,3）	54.02	[28.88,78.39]	61.32	[44.10,77.27]	63.42	[45.61,81.73]	46.99	[27.58,64.76]	48.88	[29.71,67.18]
美国 （2089,5）	78.28	[44.73,111.90]	87.83	[65.06,109.76]	85.71	[61.62,109.65]	63.97	[39.19,86.71]	66.45	[40.64,91.21]

注：产品组合括号内的数字分别对应产品简介中的评论数量和产品评级。

鉴于上述结论，本节特别提醒读者们，不要就此认为事前缓解法对于减少假设偏差是无效的。相反，本节认为，由于实验的性质和背景，假设偏差可能会减少甚至消失。首先，本研究设计与线上购物体验相当接近，且使用互联网作为选择实验开展的媒介。其次，本节的统计检验和分析证实：使用基于互联网的选择实验研究最近有购买经历或意向的消费者的支付意愿时，假设偏差的问题并不大。要得到相关研究中假设偏差的程度，需要在模拟选择实验和真实选择实验之间进行比较。考虑到向受访者交付真实产品的资金约束和物流约束，这种激励方式难以实施。

第六节　结　论

选择实验通常被用来分析人们对食品的偏好，但由于存在假设偏误，许多研究结果都受到了严格检查。这个问题促使学者们不断识别和检验能够减轻或消除假设偏差的方法。本章通过模拟中国消费者线上购买猪肉的选择，在一个新的情境中评估了三种事前缓解法（闲谈、承诺和诚实驱动）的效果。结果表明，总体上产品评级和评论数量对消费者效用或支付意愿有显著的正向影响。实验组中各种产品属性的平均边际支付意愿与对照组没有显著差异。本章得出的三种事前缓解法的差异与前人的相关研究（Cummings et al.，1999；de-Magistris et al.，2013；Jacquemet et al.，2013；de-Magistris et al.，2014）相比有明显差异，可能的原因是本章的实验设计在性质和情境上与前人存在实质性差异，本章基于线上选择实验研究消费者对线上购买食品的偏好，受访者在一个与真实的线上购物相似环境中参与选择实验。此外，本章的研究对象是有线上购买猪肉经验或意向的消费者。综上所述，本章得出结论，运用事前缓解法得出的结果与标准假设选择实验没有显著差异，这种差异可能因具体情境的不同而改变。

现代消费者不仅需要健康、可持续的食品，还追求更低的价格和更便利的购买方式。这种潮流推动许多公司的食品销售向线上转移，并促使企业的垂直整合（例如，亚马逊近年收购了美国的 Whole Foods 超市）。因此，本章研究结论也对电子商务如何更好地满足消费者的需求，尤其是在新兴经济体中，具有启示作用。中国的线上消费者对产品评级和评论数量都有显著的正向支付意愿。这一结果将对刚进入线上生鲜食品市场的公司产生影响，因为这些公司的产品评论数量相对不足。因此，本章的研究结论可以为这些公司的营销工作提供参考，使他们提高产品评级，并激励消费者在网络平台上分享他们的体验，为消费者提供更多有价值的信息，从而帮助公司增加市场份额。

虽然本章的研究结论揭示了产品评级和评论数量对消费者产品选择的重要作用，但这两个因素影响消费者选择的机制仍待进一步讨论。深入研究评论内容和评论者特征对消费者选择行为的影响，将有助于电子商务在食品领域的发展。此外，本章期待更多对线上调查中的假设偏差的研究。在进行线上消费者行为研究时,通过传统方法或创新方法(如眼球跟踪技术)解决属性缺失问题,可以更好地服务于消费者决策和信息处理。

参考文献

［1］Aadland,D.,Caplan,A. J. 2003. Willingness to pay for curbside recycling with detection and mitigation of hpothetical bias. American Journal of Agricultural Economics 85(2):492-502.

［2］Albarracín,D.,Gillette,J. C.,Earl,A. N.,et al. 2005. A test of major assumptions about behavior change:A comprehensive look at the effects of passive and active HIV-prevention interventions since the beginning of the epidemic. Psychological Bulletin 131(6):856-897.

［3］Bargh,J. A. 1990. Auto-Motives:Preconscious Determinants of Social Interaction. New York:Guilford Press.

［4］Bargh,J. A.,Chartrand,T. L. 1999. The unbearable automaticity of being. American Psychologist 54(7):462-479.

［5］Bazzani,C.,Caputo,V.,Nayga,Jr. R. M.,et al. 2017. Testing commitment cost theory in choice experiments. Economic Inquiry 55(1):383-396.

［6］Bishop,R. C.,Heberlein,T. A. 1979. Measuring values of extramarket goods:Are indirect measures biased? American Journal of Agricultural Economics 61(5):926-930.

［7］Blumenschein,K.,Blomquist,G. C.,Johannesson,M.,et al. 2008. Eliciting willingness to pay without bias:Evidence from a field experiment. The Economic Journal 118 (525):114-137.

［8］Brown,T. C.,Ajzen,I.,Hrubes,D. 2003. Further tests of entreaties to avoid hypothetical bias in referendum contingent valuation. Journal of Environmental Economics and Management 46(2):353-361.

［9］Caputo,V.,Scarpa,R.,Nayga,Jr. R. M. 2017. Cue versus independent food attributes:The effect of adding attributes in choice experiments. European Review of Agricultural Economics 44(2):211-230.

［10］Carlsson,F.,Frykblom,P.,Lagerkvist,C. J. 2005. Using cheap talk as a test of validity in choice experiments. Economics Letters 89（2）：147-152.

[11] Carlsson, F. , Kataria, M. , Krupnick, A. , et al. 2013. The truth, the whole truth, and nothing but the truth—A multiple country test of an oath script. Journal of Economic Behavior & Organization 89：105-121.

[12] Champ, P. A. , Bishop, R. C. , Brown, T. C. , et al. 1997. Using donation mechanisms to value nonuse benefits from public goods. Journal of Environmental Economics and Management 33(2)：151-162.

[13] Chatterjee, Patrali. 2001. Online Reviews：Do Consumers Use Them? Provo, UT：Association for Consumer Research.

[14] Chu, J. , Chintagunta, P. , Cebollada, J. 2008. Research note—A comparison of within-household price sensitivity across online and offline channels. Marketing Science 27(2)：283-299.

[15] Chu, J. , Arce-Urriza, M. , Cebollada-Calvo, J. J. , et al. 2010. An empirical analysis of shopping behavior across online and offline channels for grocery products：The moderating effects of household and product characteristics. Journal of Interactive Marketing 24（4）：251-268.

[16] Clemes, M. D. , Gan, C. , Zhang, J. , et al. 2014. An empirical analysis of online shopping adoption in Beijing, China. Journal of Retailing and Consumer Services 21(3)：364-375.

[17] Cummings, R. G. , Taylor, L. O. 1999. Unbiased value estimates for environmental goods：A cheap talk design for the contingent valuation method. The American Economic Review 89(3)：649-665.

[18] Degeratu, A. M. , Rangaswamy, A. , Wu, J. 2000. Consumer choice behavior in online and traditional supermarkets：The effects of brand name, price, and other search attributes. International Journal of Research in Marketing 17(1)：55-78.

[19] Durantini, M. R. , Albarracín, D. , Mitchell, A. L. , et al. 2006. Conceptualizing the influence of social agents of behavior change：A meta-analysis of the effectiveness of HIV-prevention interventionists for different groups. Psychological Bulletin 132(2)：212-248.

［20］Ehmke，M. D. ，Lusk，J. L. ，List，J. A. 2008. Is hypothetical bias a universal phenomenon? A multinational investigation. Land Economics 84(3):489-500.

［21］Fleming，C. M. ，Bowden，M. 2009. Web-based surveys as an alternative to traditional mail methods. Journal of Environmental Management 90 (1):284-292.

［22］Joule，R. V. ，Girandola，F. ，Bernard，F. 2007. How can people be induced to willingly change their behavior? The path from persuasive communication to binding communication. Social and Personality Psychology Compass 1(1):493-505.

［23］Hand，C. ，Dall'Olmo Riley，F. ，Harris，P. ，et al. 2009. Online grocery shopping:The influence of situational factors. European Journal of Marketing 43(9):1205-1219.

［24］Harrison，G. W. ，Rutström，E. E. 2008. Experimental Evidence on the Existence of Hypothetical Bias in Value Elicitation Methods. New York:Elsevier Science.

［25］Hensher，D. A. 2010. Hypothetical bias,choice experiments and willingness to pay. Transportation Research Part B:Methodological 44(6):735-752.

［26］Hiser，J. ，Nayga，Jr. R. M. ，Capps，Jr. O. 1999. An exploratory analysis of familiarity and willingness to use online food shopping services in a local area of texas. Journal of Food Distribution Research 30(1):78-90.

［27］Jacquemet，N. ，James，A. G. ，Luchini，S. ，et al. 2011. Social psychology and environmental economics:A new look at ex ante corrections of biased preference evaluation. Environmental and Resource Economics 48(3):413-433.

［28］Jacquemet，N. ，Joule，R. V. ，Luchini，S. ，et al. 2013. Preference elicitation under oath. Journal of Environmental Economics and Management 65(1):110-132.

［29］Jacquemet，N. ，James，A. ，Luchini，S. ，et al. 2017. Referenda under oath. Environmental and Resource Economics 67(3):479-504.

［30］Kling，C. L. ，Phaneuf，D. J. ，Zhao J. 2012. From exxon to bp:Has some number become better than no number? The Journal of Economic Perspectives 26(4):3-26.

[31] Kragt,M. E. ,Bennett,J. W. 2012. Attribute framing in choice experiments: How do attribute level descriptions affect value estimates? Environmental and Resource Economics 51(1):43-59.

[32] Lancaster,K. J. 1966. A new approach to consumer theory. Journal of Political Economy 74(2):132-157.

[33] Lee, J. , Park, D. H. , Han I. 2008. The effect of negative online consumer reviews on product attitude:An information processing view. Electronic Commerce Research and Applications 7(3):341-352.

[34] List,J. A. 2001. Do explicit warnings eliminate the hypothetical bias in elicitation procedures? Evidence from field auctions for sportscards. The American Economic Review 91(5):1498-1507.

[35] List,J. A. ,Gallet, C. A. 2001. What experimental protocol influence disparities between actual and hypothetical stated values? Environmental and Resource Economics 20(3):241-254.

[36] List,J. A. ,Sinha,P. ,Taylor,M. H. 2006. Using choice experiments to value non-market goods and services:Evidence from field experiments. Advances in Economic Analysis & Policy 6(2):1-37.

[37] Van Loo. E. J. ,Caputo, V. ,Nayga,Jr. R. M. ,et al. 2011. Consumers' willingness to pay for organic chicken breast:Evidence from choice experiment. Food Quality and Preference 22(7):603-613.

[38] Loomis,J. B. 2014. Strategies for overcoming hypothetical bias in stated preference surveys. Journal of Agricultural and Resource Economics 39(1):34-46.

[39] Loureiro,M. L. ,Umberger,W. J. 2007. A choice experiment model for beef:What us consumer responses tell us about relative preferences for food safety,country-of-origin labeling and traceability. Food Policy 32(4):496-514.

[40] Lusk,J. L. 2003. Effects of cheap talk on consumer willingness-to-pay for golden rice. American Journal of Agricultural Economics 85(4):840-856.

[41] Lusk, J. L., Schroeder, T. C. 2004. Are choice experiments incentive compatible? A test with quality differentiated beef steaks. American Journal of Agricultural Economics 86(2):467-482.

[42] de-Magistris, T., Pascucci, S. 2014. The effect of the solemn oath script in hypothetical choice experiment survey: A pilot study. Economics Letters 123(2):252-255.

[43] de-Magistris, T., Gracia, A., Nayga, Jr. R. M. 2013. On the use of honesty priming tasks to mitigate hypothetical bias in choice experiments. American Journal of Agricultural Economics 95(5):1136-1154.

[44] McFadden, D. 1974. Conditional Logit Analysis of Qualitative Choice Behavior. New York: Academic Press.

[45] Melis, K., Campo, K., Breugelmans, E., et al. 2015. The impact of the multi-channel retail mix on online store choice: Does online experience matter? Journal of Retailing 91(2):272-288.

[46] Morganosky, M. A., Cude, B. J. 2000. Consumer response to online grocery shopping. International Journal of Retail & Distribution Management 28(1):17-26.

[47] Morrison, M., Brown, T. C. 2009. Testing the effectiveness of certainty scales, cheap talk, and dissonance-minimization in reducing hypothetical bias in contingent valuation studies. Environmental and Resource Economics 44(3):307-326.

[48] Murphy, J. J., Stevens, T., Weatherhead, D. 2005. Is cheap talk effective at eliminating hypothetical bias in a provision point mechanism? Environmental and Resource Economics 30(3):327-343.

[49] Nielsen, J. S. 2011. Use of the internet for willingness-to-pay surveys: A comparison of face-to-face and web-based interviews. Resource and Energy Economics 33(1):119-129.

[50] Nielsen. 2015. China fresh e-commerce development white paper. (2015-09-08) [2019-04-15]. http://www. nielsen. com/cn/en/press-room/2015/Nielsen-Release-China-Fresh-e-commerce-Development-White-paper. html.

[51] Nielsen. 2016. China's e-commerce market: Untapped potential for

global companies. (2018-04-26) [2020-10-02]. http://sites. nielsen. com/newscenter/chinas-e-commerce-market-untapped-potential-for-global-companies/.

[52] Ortega,D. L. ,Wang,H. H. ,Wu,L. ,et al. 2011. Modeling heterogeneity in consumer preferences for select food safety attributes in china. Food Policy 36(2):318-324.

[53] Ortega, D. L. , Wang, H. H. , Olynk, N. J. , et al. 2012. Chinese consumers' demand for food safety attributes:A push for government and industry regulations. American Journal of Agricultural Economics 94(2):489-495.

[54] Ortega,D. L. ,Chen,M. ,Wang,H. H. ,et al. 2017. Emerging markets for us pork in china:Experimental evidence from mainland and hong kong consumers. Journal of Agricultural and Resource Economics 42 (2):275-290.

[55] Özdemir, S. ,Johnson, F. R. , Hauber, A. B. 2009. Hypothetical bias, cheap talk,and stated willingness to pay for health care. Journal of Health Economics 28(4):894-901.

[56] Park,C. H. ,Kim,Y. G. 2003. Identifying key factors affecting consumer purchase behavior in an online shopping context. International Journal of Retail & Distribution Management 31(1):16-29.

[57] Pashler,H. ,Rohrer,D. ,Harris,C. R. 2013. Can the goal of honesty be primed? Journal of Experimental Social Psychology 49(6):959-964.

[58] Poe, G. L. , Clark, J. E. , Rondeau, D. , et al. 2002. Provision point mechanisms and field validity tests of contingent valuation. Environmental and Resource Economics 23(1):105-131.

[59] Pouta, E. , Heikkilä, J. , Forsman-Hugg, S. , et al. 2010. Consumer choice of broiler meat:The effects of country of origin and production methods. Food Quality and Preference 21(5):539-546.

[60] Rasinski,K. A. ,Visser,P. S. ,Zagatsky,M. ,et al. 2005. Using implicit goal priming to improve the quality of self-report data. Journal of Experimental Social Psychology 41(3):321-327.

[61] Ready, R. C. , Champ, P. A. , Lawton, J. L. 2010. Using respondent

uncertainty to mitigate hypothetical bias in a stated choice experiment. Land Economics 86(2):363-381.

[62] Rohm, A. J., Swaminathan, V. 2004. A typology of online shoppers based on shopping motivations. Journal of Business Research 57(7): 748-757.

[63] Sandor, Z., Wedel, M. 2001. Designing conjoint choice experiments using managers' prior beliefs. Journal of Marketing Research 38(4): 430-444.

[64] Scarpa, R., Willis, K. 2010. Willingness-to-pay for renewable energy: Primary and discretionary choice of british households' for micro-generation technologies. Energy Economics 32(1):129-136.

[65] Scarpa, R., Ferrini, S., Willis, K. 2005. Performance of Error Component Models for Status-Quo Effects in Choice Experiments. Dordrecht, the Netherlands: Springer.

[66] Scarpa, R., Campbell, D., Hutchinson, W. G. 2007. Benefit estimates for landscape improvements: Sequential bayesian design and respondents' rationality in a choice experiment. Land Economics 83(4):617-634.

[67] Scarpa, R., Willis, K. G., Acutt, M. 2007. Valuing externalities from water supply: Status quo, choice complexity and individual random effects in panel kernel logit analysis of choice experiments. Journal of Environmental Planning and Management 50(4):449-466.

[68] Scarpa, R., Thiene, M., Train, K. 2008. Utility in willingness to pay space: A tool to address confounding random scale effects in destination choice to the alps. American Journal of Agricultural Economics 90(4): 994-1010.

[69] Shankar, V., Smith, A. K., Rangaswamy, A. 2003. Customer satisfaction and loyalty in online and offline environments. International Journal of Research in Marketing 20(2):153-175.

[70] Statista. 2017. Retail e-commerce sales worldwide from 2014 to 2021 (in billion U. S. dollars). (2022-09-21)[2023-08-29]. https://www. statista. com/statistics/379046/worldwide-retail-e-commerce-sales. htm. Statista.

第九章 产品数量对消费者
支付意愿的影响研究

第一节 引 言

关于质量改进如何影响人们支付意愿（WTP）的研究，一直是非市场估值的陈述偏好法（如条件估值、离散选择实验和实验性拍卖）的焦点，并为公共政策和私人政策的制定提供参考。传统的陈述偏好研究通常关注消费者对单一数量产品的支付意愿。当产品与特定对象（如保险或通勤方式）相关，或产品的数量固定（如环保产品）时，关注人们对单一数量产品的支付意愿是合适的。但是，在产品数量可以自由调整时（如食品），传统的陈述偏好法只能得出消费者需求曲线上的一个点的估计，而从这一点上可能得出错误的研究结论。

鉴于此，食品估价研究中的数量效应相关文献可分为三类。第一类，将产品数量当作选择实验的附加产品属性（Iyengar et al.，2012）。这些研究表明，对于包装尺寸较大的产品而言，消费者的支付意愿因食品种类而异（Lusk et al.，2008；Maples et al.，2018）。第二类，运用复合拍卖法，比较个人对不同数量的产品的出价（Corrigian et al.，2006；Akaichi et al.，2012；Elbakidze et al.，2013）。第三类，应用了开放式选择实验（OECE）。在该实验中，先展示给受试者具有一系列价格水平的食品，然后询问其购买量（Corrigan et al.，2009；Dennis et al.，2021）。虽然后两种方法都证明了支付意愿会随着产品数量的增加而下降，但这两种方法得出的数量效应差异较大；尤其是开放式选择实验得出的需求曲线的弹性显著小于复合拍卖得出的需求曲线的弹性（Elbakidze et al.，2014）。

产品数量对支付意愿的影响方式及影响程度,取决于食品种类和估值方法,这一点需要更多研究来证实。本章对现有的食品估值研究进行元分析,在控制研究特征(包括产品类型和评估方法)的情况下,研究产品数量如何影响支付意愿,从而对这一领域的空白进行补充;同时,本章估计出的产品数量系数,为单一数量的食品价值评估研究提供了一种实践思路,并解释了数量效应对支付意愿的影响。虽然前人的研究已经证明了单一数量产品的支付意愿的局限性(Corrigan et al.,2009;Iyengar et al.,2012;Elbakidze et al.,2014;Dennis et al.,2021),但单一数量的食品评估方法目前仍占据主流。可能的原因是,要让受试者在开放式选择实验和复合拍卖中给出精确回应是相当困难的(Corsi,2007),因此这些方法的应用被制约。本章通过元分析,提出了一种新的方法,将单一数量产品的支付意愿转换为多个数量水平的支付意愿,有别于开放式选择实验和复合拍卖方法。

本章所使用的元分析也对近年来的研究有参考价值。这些文献采用元分析,说明了非市场估值的陈述偏好法中的方法问题。一个突出的例子是假设偏差(List et al.,2001;Murphy et al.,2005;Penn et al.,2018,2019,2021)。食品估价研究的元分析仍然是一个新兴领域;现有的分析侧重于实证研究,如 Lusk 等(2005)对转基因食品的价值评估;Lagerkvist 等(2011)以及 Deselnicu 等(2013)分别对动物福利和原产地标签的消费者支付意愿进行了研究;另有 Dolgopolova 等(2018)对健康食品的支付意愿的研究。本章也在稳健性检验中应用了机器学习技术,从而探索支付意愿和学习特征之间的关系。

本章的研究问题与现存研究存在一定相关性。首先是 Corsi(2007),他认为非市场估值相关研究几乎忽视了产品数量问题,他主要关注消费者对整个产品的保留价格。基于此,本章通过考察消费者对质量提升的支付意愿的溢价,将他的研究进行拓展,这与大多数食品陈述偏好研究的方向一致(Carlsson et al.,2007;Gao et al.,2009;Colson et al.,2011;Caputo et al.,2017;Fang et al.,2021)。在概念框架中,本章通过考察差异化的产品,证明了支付意愿随着产品数量的增加而减少。这与 Lancaster(1966)提出的特征法一致,该方法是非市场估值方法的基本理论框架。

资源与环境经济学领域的一些研究讨论了一种产品的总估值是否对该产品的规模敏感,Kahneman(1986)首先对这一问题进行了分析。在评估诸如湖泊等环境产品时,条件价值研究认为,要使该方法有效,个人对该产品的总估值不应随着该产品规模的增加而减少(Diamond et al.,1994;Carson et al.,1993;Green et al.,1994;Cummings et al.,1999;Bateman et al.,2004;Lew et al.,2011)。这是经济理论中的偏好单调性。但是,本章的研究与此不同,本章关注私人物品而非公共物品,在理论框架中运用了单调偏好,并假设受试者的行为符合良好的拟凹效用函数。

第二节　研究方法

本节构建了一个简单的理论框架,来检验当消费者可以自由选择产品数量时产品数量如何影响支付意愿。假设一个人选择了分别由 f 和 nf 表示的食品和非食品产品。为了生存,一个人必须购买一定数量的食物,即 $f>0$。假设 U 是个人从食品 f 和非食品产品 nf 中获得的效用,假设个体对 nf 有准线性偏好,这样 nf 就是独立于食物消费的。

$$U(f,nf)=\varphi(f,c)+nf,\varphi(f,c)=H(c)G(f)$$

其中 c 表示食品质量或食品属性的向量。$\varphi(f,c)$ 在 f 和 c 中是相乘可分的。$G(f)$ 在 f 中是凹的,$G_f>0$ 且 $G_{ff}<0$。$H(c)$ 严格随 c 递增,表示人们偏好质量更高的食品。本节还假设 $\varphi_{fc}>0$,即高质量食品的边际效用大于低质量食品的边际效用。设 $p*f+nf=\omega$ 为个人的预算约束,ω 表示个人的收入。那么,个体的食品需求逆函数可以表示为:

$$p=\varphi_f(f,c)=H(c)G_f$$

准线性偏好的一个功能是评价福利,即等价变异、补偿变异和消费者剩余是等价的。因此,个体对改进后的食品质量或属性的支付意愿为 $WTP=\frac{\partial p}{\partial c}=H_cG_f$。为了检验支付意愿对数量的反应方式,支付意愿对食物数量 f 的导数如下:

$$\frac{\partial WTP}{\partial f}=H_cG_{ff}<0$$

假设 G 在 f 和 $H_c>0>0$ 上是凹的,这表明个体对质量改进的支付意愿随着产品数量的增加而下降。这说明,如果依据支付意愿来进行私人和公共决策,现有的单一数量的食品估价研究的效果有限。

本章采用元分析对上述理论分析进行实证检验。本章利用现有研究中得出的数据,探讨了研究特征与研究结果之间的因果关系。元分析(meta-analysis)最早由 Glass(1976)提出,被用于分析心理治疗的效果,随后 Stanley 等(1989)将其引入了经济学领域。

本章只关注牛肉的非市场估值,原因如下:首先,消费者可以在零售商处自由选择牛肉的数量,且牛肉数量的影响不会被数量约束干扰。其次,牛肉是陈述偏好法中最常被研究的食品,尤其是在食品离散选择实验中。由于牛肉很受欢迎,元分析的样本量较大,从而使得实验数量可以有更多变化,有助于识别产品数量对支付意愿的影响。正如 Stanley(2001)所言,元分析的统计效力随着研究数量的增加而增加。最后,尽管还有一些其他常见的食品,如牛奶,但其单位与牛肉不一致;因此,同时研究两种产品可能产生混淆的结果。

要将牛肉估值研究纳入研究样本,需要满足以下标准:首先,研究应该采用陈述偏好法,如离散选择实验、拍卖或条件估值,以得出个体对牛肉属性的支付意愿。这一标准,排除了那些在研究差异化牛肉产品的溢价时使用显示偏好方法的文献。其次,研究还应报告个体支付意愿估计值或溢价,以及在牛肉估值中使用的实验数量。Dickinson 等(2002),Grannis 等(2000)以及 Nayga 等(2002)的研究尽管关注的是消费者对牛肉产品的购买行为,但都没有达到这一标准。不关注个体支付意愿的文献也被排除在外,如 McKay 等(2018)估计了餐馆对牛肉属性的支付意愿。类似地,在实验量方面模棱两可的研究也被排除在外(Beriain et al. ,2009;Corsi,2005;Corsi et al. ,2003;Evans et al. ,2011;McCluskey et al. ,2005;Tonsor et al. ,2009)。

在 2019 年秋季分析了来源于 EconLit、Web of Science、Google Scholar 和 AgEcon Search 等的数据,并在搜索中使用了"牛肉""支付意愿"和"估值"等词,本章的研究确定了适用于元分析的牛肉估价研究。此后发表的研究不包括在内。为了在增加样本量的同时避免发表偏倚(Stanley,2008),本章的元分析纳入了 Berges 等(2015)、Clark(2007)、Illichmann 等(2013)、Luo 等(2009)以及 Meas 等(2014)这些非同行评议的文章。在会议论文和发表版本的论文之间,选择已发表的版本。遵循 Penn 等(2018)的做法,本章对元分析中包括的每项研究都进行了下载与单独检查,并重点关注其是否具有本章研究中需要的变量的相关信息。在搜索过程中,本章发现 72 篇文献满足上述标准,其中大多数报告了不止一项支付意愿估计值,支付意愿估计值的平均值(中位数)为 4.7(4.0),最小值和最大值分别为 1(15 项研究)和 16(Adalja et al. ,2017;Lewis et al. ,2017)。最后,这 72 篇文章生成了 365 个观测值。

　　本章目标是在控制影响支付意愿的其他因素的同时,检验若干变量对支付意愿的影响。首先,本章依据 Lusk 等(2005)、Tully 等(2014)以及 Yang 等(2019)的做法,将因变量设置为溢价百分比。溢价百分比指的是支付意愿与标签牛肉基价[表示为 $100\% * (Value\,for\,labeled\,beef-price_{conventional\,beef}/price_{conventional\,beef})$]之间的比率变化。与支付意愿值不同,溢价百分比是标准化、无单位的,因此可以在不同的研究之间被比较,且无须考虑研究的时期、货币和国家。基准价格通过三种方式从研究中获得:如果该文献报告了研究开展期间的传统牛肉产品市场价格,则以此市场价格作为计算溢价百分比的基础价格;如果没有市场价格,则使用选择实验设计中价格的中间点作为普通牛肉的价格,这与 Lusk 等(2005)做法一致[①];对于估计普通牛肉支付意愿的研究,支付意愿被视为基准价格。365 个观测值的平均溢价百分比为 38%,标准差为 0.47,这意味着支付意愿估计中存在相当大的差异,需要对这一结果进行进一步解释。

　　在设置解释变量时,本章考虑的一个关键变量是产品数量,这也正是被现有的元分析所忽视的一个变量(Lagerkvist et al. ,2011;Clark et al. ,2017;Dolgopolova et al. ,2018;Yang et al. ,2019)。基于理论分析,即对数量改善的支付意愿会随着产品数量的增加而减少,本章提出了一个新的变量来捕捉这种影响。如果产品数量确实影响支付意愿的估计,不考虑产品数量,将会产生不精确的估计结果。产品数量是指在牛肉非市场估价研究中使用的实验数量。本章将产品数量指定为 500 克;这一做法遵循了 Alfnes 等(2003)的研究,在他们的研究中,参与者被要求在第二价拍卖中为 500 克牛排出价。在Britwum 等(2016)的研究中,他们考虑了 1 磅的产品数量,因为他们在选择实验中用 1 磅来作为碎牛肉备选品的单位。数量单位因研究背景而异,因此为了一致性,本章将所有单位统一转换为 100 克。那么,Alfnes 等(2003)的研究中的产品数量为 5,Britwum 等(2016)的产品数量为 4.5。从 1 到 10,产品数量的均值为 5.29,中值为 4.54,属于右偏分布。

　　除了产品数量,本章根据 Stanley 等(2013)提出的指导方针和前人关于食品估价元分析的研究,加入了一些解释变量以解释支付意愿的变化。表 9.1提供了每个变量的说明及其描述性统计。本章使用了发表年份和调

---

　　①　有人可能会说,低于价格中间点的价格应该被用作基础价格。如果是这样的话,当前的溢价百分比将被低估,数量对 WTP 的影响将呈现一个下限。

查地点的变量,控制了年度变化和特定地点的偏好。研究表明,从选择实验中获得的支付意愿与在拍卖中观察到的支付意愿不同(Lusk et al.,2006；Corrigan et al.,2009；Gracia et al.,2011),表明非市场估值方法可能会影响到支付意愿。同时,本章控制该研究是否使用离散选择实验。另有一个虚拟变量用以表明该研究是不是同行评审的出版物。应答可能取决于调查方式(Arechar et al.,2018)；因此,本章追加了三个虚拟变量来区分不同调查方式。研究还包含了一个名为"家庭采购者"的变量,学生或未指定群体是其对照。学生样本表现出的行为可能与非学生群体不同(Snowberg et al.,2021)。本章考虑的另一个支付意愿决定因素是估值是否在假设的情境下进行。由于无预算限制,在假设情况下得出的支付意愿通常大于在实际情况下观察到的支付意愿(Loomis,2011)。对于使用假设估值方法的研究,本章建立了一个"假设 * 闲谈"变量。研究发现,使用闲谈文本可以减少非市场估值方法中的假设偏差(Penn et al.,2019)。本章预计,如果估值是假设性的,溢价百分比会更高；如果使用闲谈方法,向上的偏差可能会得到缓解。此外,本章还根据 Ortega 等(2018)的假设,区分了每项研究中的牛肉是不是牛排。他们认为,消费者的支付意愿在同一动物的不同产品之间是不同的。据推测,牛排的溢价百分比高于其他牛肉产品。

　　最后,本章增加了对产品属性的控制,例如牛是草食还是谷食；牛肉是否是无抗生素的、进口的、可追溯的,等等。表 9.1 中展示的 18 个牛肉产品属性是由至少两项研究评估过的。由于牛肉产品属性数量较多($N=124$),表中省略了单独考察的产品属性。

表 9.1　变量描述和样本比例($N=463$)

变量	均值 (标准差)	变量描述 ［参考类别］
数量	5.18(2.75)	离散连续变量,表示在牛肉估价研究中的实验数量,单位＝100 克。最小值＝1,最大值＝10
溢价	40.07(46.83)	连续变量,表示牛肉按价格溢价百分比计算的价值。最小值＝0.27,最大值＝416.06

续表

变量		均值 （标准差）	变量描述 ［参考类别］
溢价 2		35.81(29.46)	连续变量，表示牛肉按价格溢价百分比计算的价值。不包括位于均值 95% 置信区间之外的观察值
发表年份		20.65 (4.83)	离散连续变量，表示该研究发表的年份。最小值＝1(1993)，最大值＝ 29(2022)
调查方式	在线	0.45(0.48)	＝1 表示线上调查
	实地	0.26(0.47)	＝1 表示现场调查或实验
	实验室	0.15(0.38)	＝1 表示实验室设置
	其他项目		＝0［电话或邮件调查］
样本组成	家庭采购者	0.76(0.40)	＝1 表示受访者是由家庭采购者组成的
	其他		＝0［学生或未指定群体］
调查地点	亚洲	0.19(0.37)	＝1 表示调查的地点是亚洲
	欧洲	0.25(0.43)	＝1 表示调查的地点是欧洲
	美国	0.39(0.50)	＝1 表示调查的地点是美国
	加拿大	0.05(0.24)	＝1 表示调查的地点是加拿大
	其他国家		＝0［澳大利亚、非洲或南美洲］
估价方法	离散选择实验	0.77(0.42)	＝1 表示是离散选择实验
	其他		＝0［或有估值、二分选择等］
牛排	切好的牛排	0.55(0.48)	＝1 表示切好的牛排
	其他		＝0［被绞碎的牛肉，未指明的被切碎的牛肉等］
同行评审	同行评审的出版物	0.81(0.41)	＝1 表示同行评审的出版物
	其他		＝0 不经过同行评审
假设	假设的情境	0.85(0.34)	＝1 表示假设的情境
	其他		＝0［与实际采购相关的估价］

变量	均值（标准差）	变量描述［参考类别］
假设 * 闲谈	0.22(0.36)	＝1 表示是假设的情境与闲谈脚本
动物福利	0.09(0.17)	＝1 表示牛肉经过动物福利认证
草食	0.06(0.19)	＝1 表示用草喂牛
谷食	0.05(0.13)	＝1 表示用谷物喂牛
环保	0.03(0.15)	＝1 表示环保的牛肉
无激素	0.06(0.25)	＝1 表示没有激素的牛肉
可追溯	0.07(0.19)	＝1 表示可追踪牛肉
安全	0.08(0.23)	＝1 表示经认证的安全牛肉
无抗生素	0.04(0.12)	＝1 表示没有抗生素的牛肉
嫩牛肉	0.03(0.17)	＝1 表示经认证的嫩牛肉
自然	0.03(0.16)	＝1 表示自然的牛肉
不含转基因物质	0.02(0.14)	＝1 表示非转基因牛肉
国产	0.05(0.16)	＝1 表示国产牛肉
有机	0.04(0.19)	＝1 表示有机牛肉
脂肪	0.06(0.20)	＝1 表示肥牛肉
颜色	0.03(0.15)	＝1 表示牛肉具有红色或明亮的颜色
进口	0.07(0.17)	＝1 表示进口牛肉
原产国	0.04(0.15)	＝1 表示牛肉有原产国标记
新鲜	0.03(0.13)	＝1 表示新鲜牛肉

（变量列左侧合并单元格标注：产品属性，自"动物福利"至"新鲜"）

在对食品估价研究得出的产品数量对支付意愿的影响进行建模之前，本章遵循 Stanley 等(2012)以及 Penn 等(2021)的做法对发表偏倚进行了检验，对因变量，即溢价百分比，与支付意愿的相应标准差进行回归。在存在发表偏倚的情况下，溢价百分比与标准差显著正相关。如果发表偏倚确实存在，则研究需要寻找显著性较高的变量，以证明存在标准差较大的统计显著性（Penn et al.，2021）。由于一些文章没有报告其支付意愿估计值的标准差（Tonsor et al.，2005；Scarpa et al.，2013；Wezemael et al.，2014），本章使用观测值的倒数代理标准差[1](Card et al.,1995;Tuncel et al.,2014)。当式(1)中的β_1与0无关时,可以拒绝有关发表偏倚的假设;如果β_1的值显著为正,则不能拒绝此假设。

$$Premium_{ij} = \beta_0 + \beta_1(1/\sqrt{N_{ij}}) + \varepsilon_{ij} \tag{1}$$

其中$Premium_{ij}$表示第j个相关研究中的第i个估计溢价百分比。此外,本章使用"固定效应规模"元回归模型(Nelson et al.,2009),并加入上述解释变量来解释支付意愿估计值的变化[式(2)]。

$$Premium_{ij} = \beta_0 + \beta_1(1/\sqrt{N_{ij}}) + X_{ij}\beta + \varepsilon_{ij} \tag{2}$$

其中X为包含数量的解释变量的向量,β为相应的待估计系数。式(2)采用普通最小二乘(OLS)法进行估计,假设每个观测值在元回归中具有相等的权重。不同的研究通常有不同的样本量,并使用不同的引出方法,这意味着支付意愿的估计有非齐次方差。因此,使用加权方法在元分析中很重要。考虑到异方差问题,本章还使用加权最小二乘法(WLS),给元回归中对方差更小的估计值赋予更大的权重。理想的权重应该是标准差的倒数。因此,本章采用样本量代理权重。由于大多数相关研究提供了不止一个支付意愿估计值,因此,来自同一研究的估计值可能是相关的(Stanely et al.,1989),因此本章首先使用 Hausman 检验来确定是采用固定效应模型还是随机效应模型,然后使用面板数据进行估计。

本章用两种方法进行了稳健性检验。第一种方法是机器学习方法中的收缩法。该方法擅长处理高维数据,与元分析相关度较高(Mullainathan et al.,2017);此外,它可以作为对普通和广义线性回归的改进,当外生变量的数量较多或超过观测值的数量时,可以减少控制变量的数量(Wang et al.,2019)。减少数量的方法是,通过对系数的大小施加惩罚项,系数将收缩到零,因此,为了使系数保持非零,变量需要对预测能力有实质性的贡献。在本章的例子中,当所有的牛肉属性都被包括在内时,自变量的数量较多,需要估计的系数超过 150 个。因此,本章使用收缩法,测试这些自变量是否对溢价百分比产生显著影响。在各种收缩方法中,本章采用了 Ridge 方法(Hoerl et al.,1970)和 LASSO 方法(Tibshirani,1997)。Ridge 回归是一个连续而稳定的过程,

---

① 样本量很可能与发表呈正相关。因此,在 WLS 中使用样本量作为权重可能会导致与发表相关的所有其他变量都失效。

它将系数收缩至零，但并不完全为零；而 LASSO 回归将一些系数精确设置为零，从而生成一个易于解释的模型(Tibshirani,1997)。

　　另一种稳健性检验的方法是，将样本进行缩尾处理，与之前的元分析一致(Murphy et al.,2005；Lusk et al.,2005；Penn et al.,2018；Yang et al.,2019)。样本缩尾的策略是，消除 5％的观测值，即溢价百分比超出 2.5％和 97.5％的观测值。

第三节　实证结果

　　在讨论元分析结果之前，重要的是要控制发表偏倚。表 9.2 报告了使用完整样本(上面板)和 95％缩尾处理后的样本(下面板)的估计结果；模型(1)到(3)检验是否存在发表偏倚，而模型(4)到(6)通过控制发表偏倚来检验产品数量的影响。本节提供了三种不同的模型：(a)OLS，(b)异方差一致的 WLS，以及(c)允许溢价百分比相关的随机效应模型。经 Hausman 检验，本节使用随机效应模型优于固定效应模型。表 9.2 的上面板显示，$1/\sqrt{N_{ij}}$ 的系数在所有模型中都不显著，说明没有一个模型存在发表偏倚。模型(4)到(6)将产品数量视为另一个变量，与之前的理论预测一致，产品数量对溢价百分比有负面影响。在全样本的情况下，产品数量的系数约为－2，在 5％或 10％的水平上显著，这意味着牛肉数量每增加 100 克，对牛肉品质改善的溢价百分比将下降 2％。虽然表面上这一点无关紧要，但在食品价值评估研究中，研究者对产品数量的选择会影响个人对牛肉属性的估价。为了证明这一点，假设 500 克和 1000 克牛肉产品的基础价格分别是 5 美元和 10 美元，500 克更优质牛肉的溢价百分比是 20％；那么提升 500 克牛肉品质，消费者的支付意愿将是 1 美元。产品数量的系数表明，1000 克更优质牛肉的溢价百分比降至 10％，即消费者对提升 1000 克牛肉品质的支付意愿为 1 美元，也就是每 500 克 0.5 美元。这表明，当牛肉采用小包装时，消费者愿意为更好的牛肉质量支付更高的单位溢价百分比，而随着牛肉产品包装的增大，消费者愿意为每件产品的质量改善支付的溢价百分比变小。这一结果符合市场实际情况，即大批量产品的单价较低，通常批量购买的人对价格比较敏感。以往的食品估值研究大多使用任意的产品数量来描述实验中的产品备选品。既然本节已经

证明了 $x\times$（对一个产品的支付意愿）$\neq$ 对 x 产品的支付意愿，就不能轻易用某一特定数量的支付意愿来推断在其他数量水平上的支付意愿，且需要考虑产品数量的影响。因此，以往依靠单一数量的支付意愿来分析消费者偏好和需求的研究是不够的，且会产生不正确的政策导向。本节研究结果强调了在设计非市场食品估价研究以及评估福利措施时考虑产品数量的重要性。接着，考察缩尾处理样本后的模型，其结果不能说明发表偏倚的存在，这与完整样本中得出的结果一致。排除异常值后，产品数量的系数仍具有显著性，但幅度略有下降，范围在 -0.8 到 -1.6 之间。在 WLS 模型中，产品数量的系数并不显著，这说明在三种模型的其中两种中，产品数量对溢价百分比产生了影响。

表 9.2   考虑发表偏倚和产品数量的元回归结果

	（1）	（2）	（3）	（4）	（5）	（6）
完整数据，$N=463$						
拦截	47.56*** (6.21)	486.0*** (7.02)	49.23*** (8.79)	58.33*** (7.47)	59.78*** (8.83)	60.27***
$1/\sqrt{N_{\bar{\iota}}}$	−0.40 (0.28)	−0.44 (0.30)	−0.53 (0.44)	−0.36 (0.31)	−0.37 (0.27)	−0.48 (0.52)
产品数量				−2.30** (0.96)	−1.85* (0.90)	−2.21** (1.00)
R^2	0.02	0.02	0.02	0.03	0.02	0.04
估计方法	OLS	WLS	RE	OLS	WLS	RE
缩尾数据，$N=440$						
拦截	42.45*** (5.73)	37.91*** (7.49)	44.13*** (6.96)	48.76*** (5.68)	40.02*** (7.71)	50.96*** (7.22)
$1/\sqrt{N_{\bar{\iota}}}$	−0.18 (0.20)	0.20 (0.32)	−0.35 (0.32)	−0.16 (0.23)	0.19 (0.21)	−0.30 (0.27)
产品数量				−1.93* (0.95)	−1.81** (0.71)	−1.87* (0.98)
R^2	0.005	0.005	0.006	0.01	0.01	0.01
估计方法	OLS	WLS	RE	OLS	WLS	RE

注：***、**和*分别表示在 1%、5% 和 10% 的水平上显著。括号内的数值表示标准误。

除了产品数量,表 9.3 还列出了包括其他可能影响溢价百分比的变量的模型。在分析结果时,首先关注完整样本,然后考虑缩尾处理后的样本。即使添加了更多控制变量来解释不同规格牛肉的溢价百分比变化,产品数量对牛肉溢价百分比有显著的负面影响这一结果仍然成立。相对于表 9.2 报告的系数,产品数量的系数具有更大的绝对值和更高的显著性水平。在表 9.3 的 WLS 模型中,该系数为 -3.59,在 1% 水平上显著。需要注意的是,尽管产品数量很重要,但现有的食品估值元分析很少将其归因于支付意愿的变化 (Lusk et al. ,2005,Lagerkvist et al. ,2010,Dolgopolova et al. ,2017;Yang et al. ,2019),这产生了遗漏变量偏误和不可靠的估计值。此外,$1/\sqrt{N_{if}}$ 的系数在表 9.3 所示的模型中也不显著,这表明元分析中包含的更高溢价百分比与更大的标准差无关,且发表偏倚可能不是一个重要的问题。

表 9.3　进一步元回归结果

	完整数据,$N=463$			缩尾数据,$N=440$		
	(1)	(2)	(3)	(4)	(5)	(6)
拦截	92.61*** (27.36)	102.34*** (28.91)	95.43*** (40.15)	127.19*** (20.68)	144.36*** (24.31)	121.53*** (26.89)
$1/\sqrt{N_{ij}}$	−0.47 (0.43)	−0.66 (0.50)	−0.30 (0.31)	−0.10 (0.23)	−0.15 (0.52)	−0.65 (0.86)
产品数量	−3.33** (1.51)	−3.59*** (1.27)	−4.16** (1.95)	−2.87*** (0.99)	−3.20*** (1.01)	−3.73** (1.54)
发表年份	−0.30 (0.63)	−0.25 (0.57)	0.81 (1.06)	−1.76*** (0.44)	−1.54** (0.61)	−2.03** (0.83)
在线	9.04 (8.59)	20.07** (8.75)	17.55* (10.63)	18.25** (8.67)	19.26** (7.81)	14.47* (9.21)
实地	17.79** (8.85)	17.46** (7.60)	12.19* (8.43)	8.79 (9.01)	2.36 (6.77)	6.72 (8.09)
实验室	7.87 (9.02)	5.41 (20.13)	9.84 (15.46)	2.30 (6.89)	−5.16 (9.78)	−0.87 (12.44)

续表

	完整数据，$N=463$			缩尾数据，$N=440$		
	(1)	(2)	(3)	(4)	(5)	(6)
家庭采购者	−48.25*** (13.54)	−51.51*** (16.78)	−39.46** (24.92)	−42.33*** (9.18)	−47.03*** (13.88)	−34.26** (15.47)
亚洲	−4.35 (6.79)	−0.55 (5.68)	−3.07 (3.93)	0.89 (1.57)	6.47 (8.56)	6.02 (6.86)
欧洲	15.67 (17.31)	−5.66 (22.53)	−9.42 (15.86)	−10.28 (9.47)	−24.23** (9.98)	−33.69** (14.07)
美国	−14.32 (12.16)	−13.68 (14.03)	−21.92 (15.69)	−21.42* (12.57)	−29.80*** (7.36)	−23.86** (10.24)
加拿大	−10.60 (12.85)	−36.32** (15.57)	−34.15* (20.33)	−33.17*** (9.88)	−38.97*** (10.52)	−44.01*** (13.99)
离散选择 实验	−14.93*** (3.51)	−23.99*** (8.17)	20.60*** (6.57)	−9.37* (6.32)	−19.73*** (5.06)	12.41*** (2.78)
牛排	−3.25 (7.59)	−4.08 (8.96)	−6.60 (7.65)	−2.17 (4.41)	−5.87 (4.88)	−7.73 (5.92)
同行评审	18.21** (7.55)	20.37*** (6.80)	10.93 (13.67)	15.10*** (3.39)	18.44*** (4.06)	13.00* (9.77)
假设	14.13** (6.39)	12.21** (5.03)	10.64* (5.12)	10.01** (4.54)	11.67*** (3.81)	9.25** (4.19)
假设 * 闲谈	12.78 (14.56)	10.61 (12.66)	5.05 (19.87)	−5.90 (11.49)	−13.69 (11.32)	−6.85 (15.41)
产品属性	控制	控制	控制	控制	控制	控制
R^2	0.24	0.25	0.21	0.27	0.26	0.22
估计方法	OLS	WLS	RE	OLS	WLS	RE

注：***、**和*分别表示在1%、5%和10%的水平显著。括号内的数值表示标准误。产品属性控制变量是牛肉的18个属性。

　　同时，本节考察了调查方式、样本组成、调查地点、估价方法以及同行评审这些变量在其他条件相同的情况下对牛肉溢价百分比的影响程度。对于所选择的调查方式，与电话或邮件调查相比，实地调查得出的溢价百分比最高，其次是在线调查；但是，它们的影响均不稳健。"实验室"的系数在任何时候都不显著，表明从实验室设置中得出的支付意愿溢价百分比与通过邮件或电话调查获得的值无关。这一发现在一定程度上与先前关于陈述偏好估值研究的元分析一致。这些研究表明，现场进行评估往往会增加个人支付意愿的溢价百分比（Florax et al.，2005；Lusk et al.，2005；Yang et al.，2019）。这是因为人们在被他人观察时可能会表现出与真实情况不同的行为，或者通过表现出研究人员预期的行为来取悦他们。现有的关于在线调查的研究得出了较为矛盾的结论：一些人发现，在在线调查中，采用闲聊以减轻假设偏差的效果似乎不如在邮件调查中使用这一方法的效果，这意味着在实施在线调查时，支付意愿溢价百分比会更高（Penn et al.，2019）；另有研究表明，在线调查对支付意愿没有影响（Yang et al.，2019）。由于在线调查是近年来最流行的调查方式，本节因此也补充了使用在线调查对支付意愿值影响的相关研究。样本组成对支付意愿有显著影响，且具有稳健性。当样本由家庭采购者组成时，其支付意愿溢价百分比往往比那些使用学生或不指定样本的分析结果低40％，这是因为经验丰富的消费者已被证实会为认证牛肉支付更低溢价百分比（Angulo et al.，2005）。在不同的调查地点，受试者对更好的牛肉品质的支付意愿也是不同的。加拿大消费者的溢价百分比最低，其次是美国、欧洲和亚洲消费者。与非洲、南美洲和澳大利亚的消费者相比，亚洲的消费者对牛肉的溢价百分比并不高。就陈述偏好估值法而言，一些比较了各种偏好诱导方法得出的支付意愿估计值的研究结果表明，离散选择实验获得的支付意愿估计值高于在拍卖得到的支付意愿估计值（Gracia et al.，2011；Cerroni et al.，2019）。一种可能的解释是，受试者不熟悉那些要求他们写下价格的拍卖，而在选择实验中，受试者看到的产品及其价格与真实市场情况相似（Corrigan et al.，2009）。需要强调的是，本节的回归删除了表示估价研究是否在假设情境下进行的变量，因为其与"拍卖"有强相关性（在1％的显著性水平下，相关性等于0.78）。这些研究在非假设的情境下进行了所有的经济拍卖，而大多数离散选择实验是在没有任何真实货币交易的情况下进行的。因此，控制激发方法对支付意愿估计的影响也可以解释"假设"效应——尽管鉴于数据的性质，它们无法得到区分。同时，"同行评审"变量对支付意愿有显著影响。由于本节依据 Stanley 等（2012）以及 Penn 等（2021）的做法，控制了出版物选择偏倚，因此"同行评审"变量的系数显著为正，在一定程度上可以说明同行评审反映了研究质量；高质量的研究更有可能产生更大的支付意愿。最后，产品属性和在假设场景中对闲谈文本的使用，对模型设定中的支付意愿值影响不大。

表 9.3 中给出的模型（4）到（6）是使用缩尾处理后的样本进行估计得到的，其结果大多与完整样本中的结果一致。首先，模型（4）到（6）中的产品数量系数仍然显著为负；完整样本和缩尾处理的样本结果一致，说明结果具有稳健性。此外，去除极端值会略微降低产品数量系数的大小。如在模型（5）中产品数量系数为 -3.20，而在完整样本的相同设定下，其值为 -3.59。此外，大多数在完整样本中系数显著的变量，缩尾处理后的数据对支付意愿仍有显著影响，包括"家庭采购者""加拿大""离散选择实验"和"同行评审"等。剔除了极端值后，完整数据中的几个无效调节因子转而具有显著的负系数，如"发表年份"和"美国"。发表时间更晚的研究倾向于得出较低的支付意愿值，其他则相等。

为了进一步验证产品数量的影响，另一个稳健性检验是通过 Ridge 和 LASSO 回归估计［式（2）］。如果一个自变量不能对因变量产生实质性影响，回归方法会将其系数缩小到或接近于零。表 9.4 给出了四种机器学习模型，包括完整样本和缩尾处理样本中最优 λ 的 Ridge 回归和 LASSO 回归。表 9.1 中的变量以及各个牛肉产品属性均被纳入回归分析中。本节使用 R 语言中的"glmnet"和"hdi"包进行交叉验证，以确定 λ 的最优值并计算推论。在本节的分析中，LASSO 回归略优于 Ridge 回归，因为从 LASSO 回归的 R^2 更高。需要强调的是，LASSO 回归并没有将产品数量的系数收缩到零，与之前的研究结果一致。表 9.4 中的收缩法的结果表明，产品数量对支付意愿值有负向影响。

表 9.4　LASSO 回归和 Ridge 回归结果

	完整数据		处理数据	
	LASSO 回归	Ridge 回归	LASSO 回归	Ridge 回归
产品数量	-2.03 $[-3.11, -0.99]$	-1.66 $[-3.45, -0.39]$	-1.73 $[-3.40, -0.38]$	-0.98 $[-1.67, -0.25]$

续表

	完整数据		处理数据	
	LASSO 回归	Ridge 回归	LASSO 回归	Ridge 回归
最优 λ	1.57	125.8	0.92	16.58
R^2	0.40	0.31	0.34	0.45
观测值	463	463	440	440

注：括号内的数值表示 95％的置信区间。表 9.1 中的变量都包含在回归分析中，受篇幅限制暂不列举。

第四节　结论与启示

由陈述偏好法得出的支付意愿已被广泛应用于研究食品经济学领域的私人和公共政策。食品估价研究通常侧重于对单一数量产品的支付意愿，在很大程度上忽略了产品数量在实验设计中的影响。本章通过调查在食品估价研究设计中产品数量的设置是否影响支付意愿估计值以及影响程度，对相关研究进行了补充。

本章的理论框架认为，当个体可以自由选择产品数量时，每件质量更好的产品的溢价百分比会随着产品数量的增加而降低，也就是说，产品数量越多，消费者对产品质量提升的溢价百分比就越低。此外，由于牛肉是现有研究中最多的食品，因此本章通过对牛肉的价值研究进行元分析来实证检验这一命题。结果表明，在其他条件相同的情况下，产品数量每增加 100 克，溢价百分比下降 2％至 4％；此结果对于不同模型设定和处理方式不同的样本都具有稳健性。

本章研究对支付意愿估值以及陈述偏好法的研究有重要意义，尤其是在食品经济学领域。首先，食品估值研究主要关注的是单一数量产品的支付意愿，例如 1 磅或 500 克，这通常小于消费者的实际购买量。为了评估一种产品质量改善的福利变化或市场潜力，研究需要将此类实验中的支付意愿转化为消费者在现实生活中真实购买的数量的支付意愿。然而，由于与产品数量影响相关的研究有限，学者们还不能根据实验结果推断出其他可能数量水平上的支付意愿。本章的研究结果表明，产品数量和支付意愿估计值之间存在负相关关系，这意味着 x 个产品数量的支付意愿小于 x 与同一产品一个数量的支付意愿的乘积。值得注意的是，本章元分析中的产品数量系数可以解释产品数量对支付意愿值的影响，并且可以更精确地确定其他产品数量的支付意愿值。

由于支付意愿估计值来自受试者在陈述偏好实验中的选择或出价，本章强调了个体在实验中的行为会受到产品数量的影响。后续研究需要更加关注食品估价研究中使用的产品数量。例如，在食物选择实验中，除了受试者希望购买的产品选项外，还需要加入他们对产品数量的选择。在现实生活中，消费者会同时作出这样的双重决定。在陈述偏好法中应用离散-连续选择模型，以贴合更真实的消费者决策过程，将会是未来研究的重要途径。

参考文献

[1] Adalja, A., Hanson, J., Towe, C., et al. 2015. An examination of consumer willingness to pay for local products. Agricultural and Resource Economics Review 44(3):253-274.

[2] Akaichi, F., Nayga, Jr. R. M., Gil, J. M. 2012. Assessing consumers' willingness to pay for different units of organic milk: Evidence from multiunit auctions. Canadian Journal of Agricultural Economics/Revue Canadienne D'agroeconomie 60(4):469-494.

[3] Alfnes, F., Rickertsen, K. 2003. European consumers' willingness to pay for US beef in experimental auction markets. American Journal of Agricultural Economics 85(2):396-405.

[4] Angulo, A. M., Gil, J. M., Tamburo, L. 2005. Food safety and consumers' willingness to pay for labelled beef in Spain. Journal of Food Products Marketing 11(3):89-105.

[5] Arechar, A. A., Gächter, S., Molleman, L. 2018. Conducting interactive experiments online. Experimental Economics 21(1):99-131.

[6] Beriain, M. J., Sánchez, M., Carr, T. R. 2009. A comparison of consumer sensory acceptance, purchase intention, and willingness to pay for high quality United States and Spanish beef under different information

scenarios. Journal of Animal Science 87(10):3392-3402.

[7] Bhat,C. R. 2018. A new flexible multiple discrete-continuous extreme value (MDCEV) choice model. Transportation Research Part B: Methodological 110:261-279.

[8] Bhat,C. R. ,Castro,M. ,Pinjari,A. R. 2015. Allowing for complementarity and rich substitution patterns in multiple discrete-continuous models. Transportation Research Part B:Methodological 81:59-77.

[9] Britwum,K. , Yiannaka,A. 2019. Consumer willingness to pay for food safety interventions:The role of message framing and issue involvement. Food Policy 86:101726.

[10] Caputo, V. , Scarpa, R. , Nayga, R. M. 2017. Cue versus independent food attributes:The effect of adding attributes in choice experiments. European Review of Agricultural Economics 44(2):211-230.

[11] Card, D. , Krueger, A. B. 1995. Time-series minimum-wage studies:A meta-analysis. The American Economic Review 85(2):238-243.

[12] Carlsson,F. ,Frykblom,P. ,Lagerkvist,C. J. 2007. Consumer willingness to pay for farm animal welfare:Mobile abattoirs versus transportation to slaughter. European Review of Agricultural Economics 34(3):321-344.

[13] Carson, R. T. , Mitchell, R. C. 1993. The issue of scope in contingent valuation studies. American Journal of Agricultural Economics 75(5): 1263-1267.

[14] Clark, B. , Stewart, G. B. , Panzone, L. A. , et al. 2017. Citizens, consumers and farm animal welfare:A meta-analysis of willingness-to-pay studies. Food Policy 68:112-127.

[15] Corrigan, J. R. , Rousu, M. C. 2006. Posted prices and bid affiliation: Evidence from experimental auctions. American Journal of Agricultural Economics 88(4):1078-1090.

[16] Corrigan,J. R. , Depositario, D. P. T. , Nayga Jr. R. M. , et al. 2009. Comparing open-ended choice experiments and experimental auctions: An application to golden rice. American Journal of Agricultural Economics 91 (3):837-853.

[17] Corsi, A. 2005. Consumers' short-and long-term response to "Mad

Cow"：Beef consumption and willingness-to-pay for organic beef in Italy. the XIth EAAE Congress 'The Future of Rural Europe in the Global Agri-Food System'.

[18] Corsi, A. 2007. Ambiguity of measured WTP for quality improvements when quantity is unconstrained：A note. European Review of Agricultural Economics 34(4)：501-515.

[19] Corsi, A. , Novelli, S. 2003. Measuring quantity-constrained and maximum prices consumers are willing to payfor quality improvements：The case of organic beef meat. Contributed paper selected for presentation at the 25th International Conference of Agricultural Economists. Durban, South Africa：August 16-22, 2003.

[20] Dennis, E. J. , Tonsor, G. T. , Lusk, J. L. 2021. Choosing quantities impacts individuals choice, rationality, and willingness to pay estimates. Agricultural Economics 52(6)：945-962.

[21] Deselnicu, O. C. , Costanigro, M. , Souza-Monteiro, D. M. , et al. 2013. A meta-analysis of geographical indication food valuation studies：What drives the premium for origin-based labels? Journal of Agricultural and Resource Economics 38(2)：204-219.

[22] Diamond, P. A. , Hausman, J. A. 1994. Contingent valuation：Is some number better than no number? Journal of Economic Perspectives 8 (4)：45-64.

[23] Dickinson, D. L. , Bailey, D. 2002. Meat traceability：Are US consumers willing to pay for it? Journal of Agricultural and Resource Economics 27(2)：348-364.

[24] Dolgopolova, I. , Teuber, R. 2018. Consumers' willingness to pay for health benefits in food products：A meta-analysis. Applied Economic Perspectives and Policy 40(2)：333-352.

[25] Elbakidze, L. , Nayga Jr. R. M. , Li, H. 2013. Willingness to pay for multiple quantities of animal welfare dairy products：Results from random nth-, second-price, and incremental second-price auctions. Canadian Journal of Agricultural Economics/Revue Canadienne D'agroeconomie 61(3)：417-438.

[26] Elbakidze,L. ,Nayga Jr. R. M. ,Li,H. ,et al. 2014. Value elicitation for multiple quantities of a quasi-public good using open ended choice experiments and uniform price auctions. Agricultural Economics 45(2): 253-265.

[27] Evans,J. R. , D'Souza, G. E. , Collins, A. , et al. 2011. Determining consumer perceptions of and willingness to pay for appalachian grass-fed beef: An experimental economics approach. Agricultural and Resource Economics Review 40(2):233-250.

[28] Feuz, D. M. , Umberger, W. J. , Calkins, C. R. , et al. 2004. US consumers' willingness to pay for flavor and tenderness in steaks as determined with an experimental auction. Journal of Agricultural and Resource Economics 29(3):501-516.

[29] Gao,Z. ,Schroeder,T. C. 2009. Effects of label information on consumer willingness-to-pay for food attributes. American Journal of Agricultural Economics 91(3):795-809.

[30] Glass,G. V. 1976. Primary,secondary,and meta-analysis of research. Educational Researcher 5(10):3-8.

[31] Grannis, J. L. , Hooker, N. H. , Thilmany, D. D. 2000. Consumer preference for specific attributes in natural beef products. Paper presented at the Western Agricultural Economics Association Annual Meetings. Vancouver, British Columbia:June 29-July1, 2000.

[32] Green,D. P. ,Kahneman,D. ,Kunreuther,H. 1994. How the scope and method of public funding affect willingness to pay for public goods. Public Opinion Quarterly 58(1):49-67.

[33] Hoerl,A. E. ,Kennard,R. W. 1970. Ridge regression:Biased estimation for nonorthogonal problems. Technometrics 12(1):55-67.

[34] Huffman, W. E. , McCluskey, J. J. 2017. Using stated preference techniques and experimental auction methods:A review of advantages and disadvantages for each method in examining consumer preferences for new technology. International Review of Environmental and Resource Economics 10(3-4):269-297.

[35] Iyengar,R. ,Jedidi,K. 2012. A conjoint model of quantity discounts.

Marketing Science 31(2):334-350.

[36] Kahneman,D. ,Knetsch, J. L. ,Thaler,R. H. 1986. Fairness and the assumption of economics. Journal of Business,S,285-300.

[37] Lagerkvist,C. J. ,Hess,S. 2011. A meta-analysis of consumer willingness to pay for farm animal welfare. European Review of Agricultural Economics 38(1):55-78.

[38] Lancaster,K. J. 1966. A new approach to consumer theory. Journal of Political Economy 74(2):132-157.

[39] Lewis,K. E. ,Grebitus,C. ,Colson,G. ,et al. 2017. German and British consumer willingness to pay for beef labeled with food safety attributes. Journal of Agricultural Economics 68(2):451-470.

[40] Lin,W. ,Ortega,D. L. ,Caputo,V. 2023. Experimental quantity,mental budgeting and food choice:A discrete choice experiment application. European Review of Agricultural Economics 50(2):457-496.

[41] List,J. A. ,Gallet,C. A. 2001. What experimental protocol influence disparities between actual and hypothetical stated values? Environmental and Resource Economics 20(3):241-254.

[42] Loomis,J. 2011. What's to know about hypothetical bias in stated preference valuation studies? Journal of Economic Surveys 25(2):363-370.

[43] Lusk,J. L. ,Fields,D. ,Prevatt,W. 2008. An incentive compatible conjoint ranking mechanism. American Journal of Agricultural Economics 90(2):487-498.

[44] Lusk,J. L. ,Jamal,M. ,Kurlander,L. ,et al. 2005. A meta-analysis of genetically modified food valuation studies. Journal of Agricultural and Resource Economics 30(1):28-44.

[45] Maples,J. G. ,Lusk,J. L. ,Peel,D. S. 2018. Unintended consequences of the quest for increased efficiency in beef cattle:When bigger isn't better. Food Policy 74:65-73.

[46] McCluskey, J. J. , Grimsrud, K. M. , Ouchi, H. , et al. 2005. Bovine spongiform encephalopathy in Japan:Consumers' food safety perceptions and willingness to pay for tested beef. Australian Journal of Agricultural

and Resource Economics 49(2):197-209.

[47] McKay,L.,DeLong,K. L.,Jensen,K. L.,et al. 2018. Restaurants' willingness to pay for tennessee certified beef. Knoxville:Department of Agricultural and Resource Economics, University of Tennessee-Knoxville.

[48] Moher,D.,Liberati,A.,Tetzlaff,J.,et al. 2009. Preferred reporting items for systematic reviews and meta-analyses:The PRISMA statement. Annals of Internal Medicine 151(4):264-269.

[49] Mullainathan,S.,Spiess,J. 2017. Machine learning:An applied econometric approach. Journal of Economic Perspectives 31(2):87-106.

[50] Murphy,J. J.,Allen,P. G.,Stevens,T. H.,et al. 2005. A meta-analysis of hypothetical bias in stated preference valuation. Environmental and Resource Economics 30(3):313-325.

[51] Nayga Jr. R. M.,Poghosyan, A., Nichols, J. P. 2002. Consumer willingness to pay for irradiated beef. Paradoxes in Food Chains and Networks:Proceedings of the Fifth International Conference on Chain and Network Management in Agribusiness and the Food Industry. Noordwijk:Wageningen Academic Publishers.

[52] Ortega,D. L.,Wolf,C. A. 2018. Demand for farm animal welfare and producer implications:Results from a field experiment in Michigan. Food Policy 74:74-81.

[53] Penn,J. M.,Hu,W. 2018. Understanding hypothetical bias:An enhanced meta-analysis. American Journal of Agricultural Economics 100(4):1186-1206.

[54] Penn,J. M.,Hu,W. 2021. The extent of hypothetical bias in willingness to accept. American Journal of Agricultural Economics 103(1):126-141.

[55] Penn,J.,Hu,W. 2019. Cheap talk efficacy under potential and actual hypothetical bias:A meta-analysis. Journal of Environmental Economics and Management 96:22-35.

[56] Printezis, I.,Grebitus, C., Hirsch, S. 2019. The price is right!? A meta-regression analysis on willingness to pay for local food. PloS one 14(5):e0215847.

［57］ Scarpa，R. ，Zanoli，R. ，Bruschi，V. ，et al. 2013. Inferred and stated attribute non-attendance in food choice experiments. American Journal of Agricultural Economics 95(1):165-180.

［58］ Snowberg，E. ，Yariv，L. 2021. Testing the waters: Behavior across participant pools. American Economic Review 111(2):687-719.

［59］ Stanley，T. D. 2001. Wheat from chaff: Meta-analysis as quantitative literature review. Journal of Economic Perspectives 15(3):131-150.

［60］ Stanley，T. D. 2008. Meta-regression methods for detecting and estimating empirical effects in the presence of publication selection. Oxford Bulletin of Economics and statistics 70(1):103-127.

［61］ Stanley，T. D. ，Doucouliagos，H. 2012. Meta-Regression Analysis in Economics and Business. New York:Routledge.

［62］ Stanley，T. D. ，Jarrell，S. B. 1989. Meta-regression analysis: A quantitative method of literature surveys. Journal of Economic Surveys 19(3):299-308.

［63］ Stanley，T. D. ，Doucouliagos，H. ，Giles，M. ，et al. 2013. Meta-analysis of economics research reporting guidelines. Journal of Economic Surveys 27(2):390-394.

［64］ Tibshirani，R. 1997. The lasso method for variable selection in the Cox model. Statistics in Medicine 16(4):385-395.

［65］ Tonsor，G. T. ，Shupp，R. 2009. Valuations of 'sustainably produced' labels on beef，tomato，and apple products. Agricultural and Resource Economics Review 38(3):371-383.

［66］ Tonsor，G. T. ，Schroeder，T. C. ，Fox，J. A. ，et al. 2005. European preferences for beef steak attributes. Journal of Agricultural and Resource Economics 30(2):367-380.

［67］ Tully，S. M. ，Winer，R. S. 2014. The role of the beneficiary in willingness to pay for socially responsible products: A meta-analysis. Journal of Retailing 90(2):255-274.

［68］ Tunçel，T. ，Hammitt，J. K. 2014. A new meta-analysis on the WTP/WTA disparity. Journal of Environmental Economics and Managemen 68(1):175-187.

［69］ Van Wezemael, L., Caputo, V., Nayga Jr. R. M., et al. 014. European consumer preferences for beef with nutrition and health claims: A multi-country investigation using discrete choice experiments. Food Policy 44:167-176.

［70］ Wang, Q., Zhao, D. 2019. Penalization methods with group-wise sparsity: Econometric applications to eBay Motors online auctions. Empirical Economics 57(2):683-704.

［71］ Yang, W., Renwick, A. 2019. Consumer willingness to pay price premiums for credence attributes of livestock products—A meta-analysis. Journal of Agricultural Economics 70(3):618-639.

第五部分
陈述性偏好、食品经济学与
行为经济学的交叉研究

第十章 环境身份标签、环境信息干预 与环境友好型食品消费

第一节 引 言

当前,解决环境问题的紧迫性日益增加,在讨论环境政策的近期文献中,人们广泛关注到了提供更多有关环境环保性的行为信息可提高社会福利。信息可以通过多种方式来促进环保行为,例如提高人们的环境认知水平(Kurz,2018;Wensing et al.,2020;Becchetti et al.,2020;Edenbrandt et al.,2021),将人们的行为与其同辈的行为进行道德方面的比较(Allcott,2011;Ferraro et al.,2013;Myers et al.,2020),以及通过生态标签降低搜索相关信息的成本(Teisl et al.,2002;Loureiro,2003;Roheim et al.,2018)。然而,关于绿色身份标签的相关研究仍较少。绿色身份标签通过说明"该产品是为绿色购物者准备的"来传达"绿色"消费者更喜欢环保产品(Schwartz et al.,2020)。该信息对环保行为存在两种可能的影响:首先,对于潜在的具有环保感知或偏好的个人,根据自我知觉理论的假设,个体可通过行为来了解自己的态度,因此绿色身份标签可以引导他们作出与自我知觉一致的选择(Allen,1982);其次,人们关心自己的形象,更愿意将自己视为"好人"(Battaglini et al.,2005),这意味着即使对于那些没有环保偏好的人来说,绿色身份标签也可能会促使他们努力保护环境。

尽管绿色身份标签是有潜力的且易于实施的,但它很少被应用于促进环保性的行为当中,尤其是在食品消费领域。在非食品环境的现有研究中,绿色身份标签的有效性并不确定。一些研究发现,依照消费者的行为或偏好提供绿色身份标签会增加他们对环保产品的选择,包括荧光灯管、可回收的袋

子以及节能或/和节水器具(Schwartz et al.,2020)。与此同时,也有研究指出,绿色身份标签对促进人们参与环保事业捐赠(Eby et al.,2019)和选择环境友好型电视(Cornellissen et al.,2007)的影响有限。

绿色身份标签是否会增强消费者对环保食品的偏好仍有待检验。一方面,与传统食品相比,环保食品的购买成本更高,这意味着标签的有效性可能会因消费者的预算限制而被低估。另一方面,选择环保食品更能代表绿色身份标签所表达的个人态度或行动。环保食品具有信誉属性,即使在消费后也难以验证(Darby et al.,1973),其购买在很大程度上受到个人态度、价值和感知的影响(Grunert,2005;Goddard et al.,2013;Lassoued et al.,2015)。本研究关注了绿色身份标签在推动人们接受环保食品方面的作用。鉴于食品系统温室气体排放量占全球人为温室气体排放量的三分之一,本章将研究重点扩展到食品环境,这对减少碳排放具有重要意义(Crippa et al.,2021;Tubiello et al.,2021)。

本章除探讨绿色身份标签外,也评估了提供环境信息的效果,以及其与绿色身份标签结合使用对促进环保食品消费的效果,以补充相关文献。比较不同类型的信息提供对基于信息所设计的政策和福利效应具有重要的意义。为此,本章采用离散选择实验和被试间设计方法,评估信息干预对增加消费者在选择任务中对环保产品的估值的影响。研究将受访者随机分入四个实验组中的一组。第一组为无信息干预的对照组。第二组处理为在环保产品上贴上绿色身份标签,第三组处理为提供关于食品的环境信息。第四组既有绿色身份标签,也有食品相关的环境信息。选择环保食物的行为是通过对美国受访者的离散选择实验得出的。选择实验中的价格因产品属性而异(参考美国农业部有机、公平贸易和碳信任基金的碳脚印标签),这使本章研究能够在影响消费者食物偏好的主要机制是行为渠道而不是金钱激励的情况下估计信息提供的效果。本章研究发现,绿色标签本身可能无法提高消费者对食品环境中环保标签的评价。然而,研究结果表明,将环境信息与绿色身份标签结合使用可成为有效的行为政策工具,引导消费者更偏好和重视环保食品。

除了研究绿色推动法的平均效应,本章还探讨了个体间的异质反应。理解这种异质性十分有利于政策的建立,因为这些信息可以帮助政策制定者更经济有效地将政策目标定位于反应更显著的子群体,并且避免子群体的反应方式与政策目标相反(Heckman et al.,1997;Ferraro et al.,2013)。本章的研究结果表明,信息干预在年轻、低收入的人群和拥有研究生学历的人群中具有积极的影响。此外，这种影响似乎仅限于特定产品。现有环保标签（如有机和公平贸易认证）在绿色推动法上具有显著的效果，但在美国市场上仍不常见的碳信任标签则几乎没有效果。因此，更好地理解异质性对于提高行为政策工具的成本效益是非常重要的。

第二节　研究设计

本章的研究设计主要有以下三方面：选择集的设计、实验设计和研究假设、调查设计。

就选择集的设计而言，本章设计并实施了一项在线选择实验，以获取美国消费者对环保食品的评价。尽管围绕选择实验有许多争议，例如假设偏差（Carlsson et al.，2005；Hensher，2010；De-Magistris et al.，2013），但该方法依然是迄今为止最常用的偏好陈述技术（Louviere et al.，2000；Louviere et al.，2010），原因如下：理论一致性、允许参与者不作任何选择的灵活性，以及可在广泛的属性之间进行权衡等。选择实验使本章能够以一种简单的方式处理环境信息。在选择实验中，参与者面对多个决策场景或任务，并被要求选择他们最喜欢的产品选项或替代方案。每个决策场景或选择集都由几个具有实验设计属性的产品备选方案和一个不购买选项组成，以模拟真实的市场情况。本章使用 12 盎司（340.194 克）烘焙咖啡粉有两个原因。首先，咖啡行业是环保认证计划的先驱行业，它已成为其他商品的典范（Reinecke et al.，2012）。其次，12 盎司烘焙咖啡粉是美国最常见的咖啡类型（Van Loo et al.，2015）。[①]

在本章实验设计中，选择美国农业部有机、公平贸易和碳信任标签以及价格作为环保咖啡的产品属性。具有有机和公平贸易标签的咖啡已经进入市场。最早的有机咖啡生产于 1967 年，1989 年咖啡成为市场上首个带有公平贸易标签的产品（Grieg-Gran，2005）。如今，咖啡仍然是市场上最受欢迎的公平贸易产品之一。除了现有的两个环保标签，本研究还向美国消费者介绍了一个相对新颖的标签，即碳信任标签。这是因为咖啡是食物中重要的温室

---

① 请读者参考 Van Loo 等（2015）对咖啡环保标签的概述。

气体排放源，仅次于牛肉、羊肉和巧克力（Poore et al. , 2018）。带有碳信任标签的咖啡表明该公司致力于减少其咖啡产品中的碳足迹。在统计模型中，价格之外的三种咖啡属性表示为虚拟变量，当咖啡产品带有该属性时取 1，否则取 0。设计中使用的 12 盎司咖啡价格有 4.95 美元、7.45 美元、9.95 美元和 12.45 美元，这些价格反映了本研究进行时咖啡的市场价格范围。表 10.1 报告了所选产品的属性和属性水平。

表 10.1　属性和属性水平

属性	水平
美国农业部有机（USDA organic）标签	；无标签
公平贸易（fair trade）标签	；无标签
碳信任（carbon trust）标签	；无标签
价格（美元/12 盎司）	4.95,7.45,9.95,12.45

根据本章研究的设计规范，在选择集中包含两种产品选项的全因子设计将需要 1024（$4^{2\times1} \times 2^{2\times3}$）个不同的选择场景。为减少受访者的选择任务数量，从而减轻受访者的选择疲劳并提高受访质量，本章使用 Burgess 等（2005）以及 Street 等（2005）描述的生成器获得了 32 个选择集组成的实际集，其 D 效率为 97.21%。32 个选择集又被随机分为 4 块，每块有 8 个选择集。每个选择集包括两种产品选择：具有实验设计属性的选项和一个不购买或退出选项。为避免任何可能混淆结果的排序所造成的影响，8 个选择集被随机地展

示给受访者,且每个选择集中的两个产品选择的顺序也是随机变化的,以减轻左右排序所带来的影响(Chrzan,1994),这已被偏好相关的研究报告为一种效应(Campbell et al.,2015;Matthews et al.,2017)。样本选择集如图 10.1所示。

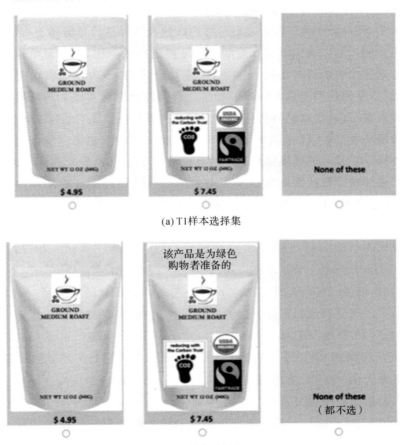

图 10.1　样本的选择集

为了减少潜在的假设偏差,在选择实验问题之前,本节参照 Cummings 等(1999)以及 List(2001)的做法,为受访者提供了一些空谈博弈(见附录 A)。本章研究还向受访者提供了三个非价格属性的详细描述(见附录 B),以帮助个人更好地评估备选产品。

就实验设计和研究假设而言，为了检验不同环境信息提供的有效性，本章采用了被试间设计方法，将受访者随机分配到四个实验组之一。第一种处理(T1)是指上文所述的选择实验，不提供其他信息。在第二种处理(T2)中，如果选择任务中的产品选择至少带有美国农业部有机、公平贸易和碳信任标签中的一种，则会附加一个额外的声明，以绿色表示"该产品是为绿色购物者准备的"。这意味着绿色标识标签总是与非价格产品属性相结合。在 Eby 等(2019)和 Schwartz 等(2020)之后被称为绿色身份标签的身份标签，被放置在咖啡包装的顶部以确保可以被看到。在某些选择场景中，绿色身份标签出现在一个选择集中的两种备选产品中，但这是合理的，因为在现实中美国农业部有机、公平贸易和碳信任标签的咖啡生产都涉及绿色实践和/或绿色效果。在这种情况下，接受绿色身份标签的消费者选择"退出"选项的频率将低于 T1组中的消费者。在 T1 的基础上，第三个实验组(T3)在选择实验问题之前为参与者提供了食品的环境信息。该信息简要讨论了气候变化和环境问题、食品生产是如何导致这些问题以及人类如何通过选择环保食物来帮助解决这些问题(见附录 C)。在最后一组(T4)中，本研究结合了第二组和第三组的实验方法，同时为受访者提供环境信息和绿色身份标签。

根据先前研究得出的不确定性结论(Cornellissen et al.，2007；Eby et al.，2019；Schwartz et al.，2020)，本章假设 T2 的有效性在研究中仍不清楚。与此同时，因为 T3 提供的信息增加了个人决策中环境的显著性(Schubert，2017)，所以研究预测 T3 会提高消费者对环保咖啡产品的评价。现有研究已证实了 T3 的预期实验效果(Van Loo et al.，2020；Wensing et al.，2020；Edenbrandt et al.，2021)。本章进一步假设 T4(同时进行环境信息和绿色身份标签的干预)中的受访者，相比于 T3，对环保食品的评价更高。干预效果的潜在机制是与消费者交流环境信息增加了他们对食品生产导致的环境后果的了解情况，并且这反过来又增加了绿色身份标签的显著性。在接触到环境信息后，受访者更有可能也更愿意给自己贴上环保购物者的标签。

就调查设计而言，调查由两部分组成。第一部分涉及上文描述的假设选择任务，第二部分则是人口统计的相关问题，例如年龄、性别、收入和教育等。本研究在调查中采用了几种策略来提高假设选择场景中回答的可靠性和数据的整体质量。首先，研究引入了空谈博弈，以减少上文讨论过的潜在假设偏差。其次，在调查开始时，研究参考了 Elias 等(2019)的做法，要求受访者承诺仔细阅读问题并诚实提供答案，那些未能作出此类承诺的人被排除在分析之外。研究还插入了一些注意力检查以筛选出注意力不集中的参与者。在调查实施之前，我们在宾夕法尼亚大学沃顿商学院的可信度实验室①预注册了这项研究，以用于随机对照试验。

第三节 计量模型与数据

对于计量模型而言，为模拟消费者的咖啡购买决策，本章指定了一个基于 Lancaster 消费者需求理论的间接效用函数（Lancaster，1966）。遵循随机效用理论（McFadden，1974），选择实验依赖这样一个假设：在选择情景 t 中，个体 n 选择备选品 j 的效用可以表示为 $U_{njt} = V_{njt} + \varepsilon_{njt} = \alpha\,Price_{njt} + \beta_{n1}\,Organics_{njt} + \beta_{n2}\,Fairtrade_{njt} + \beta_{n3}\,Carbtrust_{njt} + ASC_{Opt-out} + \varepsilon_{njt}$，其中 V_{njt} 是效用函数的系统部分，$Price_{njt}$ 取决于备选品 j 的实验设计产品属性，是一个连续变量，包含设计中的四个价格水平；$Organics_{njt}$、$Fairtrade_{njt}$ 和 $Carbtrust_{njt}$ 分别是 USDA 有机、公平贸易和碳信任认证的虚拟变量。当产品具有这一属性时，变量取值为 1，否则为 0。$ASC_{Opt-out}$ 是"退出"选项的替代特定常数，在总体中是不变的；α 是价格偏好，β 是非价格感知系数。ε_{njt} 是随机且不可观察（对研究人员而言）的分量。

本章建立了一个混合 logit 模型，其中消费者的感知随着未观察到的变量而变化。这是一种高度灵活的模型，可以逼近任何随机效用模型（McFadden et al.，2000）。因此，ε_{njt} 是遵循 I 型极值分布的随机误差项。三种非价格产品属性的系数被假设为随机服从正态分布，因为预期个人会将正或负值放在这些属性上。研究指定了一个固定的价格系数来获得支付意愿的合理和有限分布（Hensher et al.，2005；Matthews et al.，2017）。此外，本章研究考虑了随机参数之间的灵活关联模式（Hess et al.，2017），以解释偏好有机标签咖啡产品的消费者可能也更喜欢公平贸易或碳信任认证的情况。因此，在混合 logit 模型中，个体 n 在选择情况 t 中选择备选品 j 的无条件选择概率可以表示为：

$$P_{njt} = \int_{\beta} \frac{\mathrm{e}^{V_{njt}}}{\sum_k \mathrm{e}^{V_{nkt}}} f(\beta \mid \alpha, ASC_{Opt-out}, \bar{\beta}, \Omega)\,\mathrm{d}\beta$$

---

① 参见 https://aspredicted.org/，ID 为 39419。注册表格可按要求提供。

其中，$f(\beta|\alpha,ASC_{Opt-out},\bar{\beta},\Omega)$ 是随机系数向量的密度函数。$\bar{\beta}$ 和 Ω 控制随机系数的分布，分别表示随机系数向量的均值和方差-协方差矩阵。该模型是基于模拟极大似然估计方法、使用 R 语言中的 Halton 抽取来进行估计的。

本章研究通过比较四组无条件支付意愿的分布来测试实验效果。该分布是通过蒙特卡罗模拟（Krinsky et al.，1986），利用估计式（1）得到的方差-协方差矩阵（Ω）推导出来的。Poe 等（2005）提出的非参数完全组合检验被用来检验实验组之间的支付意愿是否相等。然后，将人口统计数据与个体特定的或有条件的支付意愿进行匹配，来探索绿色推动法作用的异质性。

本章研究所使用的数据来源于 2020 年 5 月进行的调查，调查使用了来自国际抽样调查公司的在线选择消费者小组。符合资格的个人必须年满 18 岁，并在过去两个月内购买过咖啡产品。不能保证提供真实答案、未能通过注意力检查题或在调查时间的 95% 置信区间内完成调查的个体被排除在本节的分析之外。这些样本选择标准在调查实施前就已记录在预注册表中。本章研究在美国全国范围内[①]收集了 1034 名受访者的样本，T1 组 304 人，T2 组 323 人，T3 组 336 人，T4 组 341 人。受访者平均花费 13 分钟完成调查，95% 的样本在 25 分钟内完成。

表 10.2 对样本进行了描述并记录了跨实验组的平衡检查。大约一半的样本是女性（47%），是全职或兼职（54%），至少拥有本科学历（51%）。样本平均年龄为 50 岁，平均家庭人数为 3.5 人。大多数受访者是白人，家庭收入高于 4 万美元（70%）。在政治倾向方面，近 50% 的人认为自己是中立派，27% 是自由派，26% 是保守派。本章研究的样本在性别和种族方面与美国总体人口情况相当。在美国人口中，50% 是女性，76% 是白人，略高于 30% 的人拥有本科学历或更高学历，家庭规模为 2.6 人。与人口统计数据相比，本章样本平均年龄较大，受过良好教育，家庭规模较大。这是因为这项研究招募了成年参与者，并且是在网上进行的，而认为互联网用户受过更好的教育是合理的。由于实验的随机分配，对于每个人口统计数据，不能拒绝跨实验组相同分布的零假设（所有卡方检验 $P>0.100$），但性别除外。尽管 T1、T2 和 T3 之间的性别没有显著差异（P 值为 0.451），但与其他实验组相比，T4 的女性

---

① 本章样本中的参与者生活在美国所有 50 个州，其中 22% 在东北部，24% 在中西部，26% 在南部，其余 28% 在西部。

受访者略多。观察在 8 个选择场景中选择"退出"和"高价"选项的个体数量（见表 10.3），可以注意到 T4 的受访者与其他处理中的受访者有显著差异。他们不太可能购买这两种咖啡产品，他们往往对价格不太敏感，选择高价咖啡的频率更高。

表 10.2　跨组平衡检查

变量	定义	T1＝对照组	T2＝绿色身份标签	T3＝环境信息	T4＝T2＋T3	P 值
		平均值	平均值	平均值	平均值	平均值
是否女性	1＝是,0＝否	0.45 (0.50)	0.43 (0.50)	0.46 (0.50)	0.53 (0.50)	0.038
年龄	年龄	50.91 (16.91)	50.98 (17.26)	48.74 (17.51)	49.64 (17.64)	0.285
收入	1＝年收入小于 4 万美元,2＝年收入在 4 万—8 万美元…,5＝年收入大于 16 万美元	2.30 (1.14)	2.29 (1.17)	2.28 (1.12)	2.33 (1.18)	0.994
受教育程度	0＝本科以下,1＝本科,2＝研究生及以上	0.67 (0.74)	0.67 (0.75)	0.69 (0.75)	0.72 (0.78)	0.895
家庭规模	人数	3.47 (1.24)	3.64 (1.46)	3.48 (1.24)	3.38 (1.16)	0.295
政治倾向	1＝自由派,2＝中立派,3＝保守派,4＝其他	2.05 (0.77)	2.06 (0.80)	2.05 (0.78)	1.98 (0.77)	0.468
是否信教	1＝是,0＝否	0.77 (0.42)	0.81 (0.39)	0.74 (0.44)	0.75 (0.43)	0.143
是否白人	1＝是,0＝否	0.68 (0.47)	0.68 (0.47)	0.72 (0.45)	0.68 (0.47)	0.577
就业	1＝全职,2＝兼职,3＝失业,4＝其他	2.09 (1.04)	2.10 (1.02)	2.11 (1.04)	2.11 (1.06)	0.944

续表

变量	定义	T1＝对照组	T2＝绿色身份标签	T3＝环境信息	T4＝T2＋T3	P值
		平均值	平均值	平均值	平均值	平均值
观测值	人数	304	323	336	341	

注:括号内数字为标准差。P值来自卡方检验,检验跨实验组的变量组之间的无差异的零假设。本节对收入、教育、政治观点和就业变量进行皮尔逊卡方检验,对除此以外的变量进行 Kruskal Wallis 检验。

表 10.3　跨组选择频率

	T1＝对照组	T2＝绿色身份标签	T3＝环境信息	T4＝T2＋T3
"退出"选项	1.128 (0.105)	1.118 (0.099)	0.991 (0.095)	0.930** (0.091)
"高价"选项	2.931 (0.076)	2.938 (0.076)	3.000 (0.078)	3.182*** (0.076)
观测值	304	323	336	341

注:括号中的数字为标准差。** 和 *** 分别表示在 $P<0.05$ 和 $P<0.01$ 的常规水平下通过 t 检验计算的对照组(T1)和相应实验组之间差异的显著性水平。

第四节　实证结果

第一,对于环境信息处理对消费者支付意愿的影响而言,为检测实验方法对消费者对环保咖啡标签评价的有效性,在混合 logit 模型中,本节研究估计了每种实验的方程,然后利用模型参数的估计值和估计式得到的方差-协方差矩阵模拟了支付意愿值。表 10.4 报告了四种混合 logit 模型的估值。正如预测结果,所有产品属性都会显著影响消费者对咖啡的选择,所有系数都具有预期的符号。在四个模型中,尽管受访者之间的偏好存在很强的异质性,但受访者最喜欢的是有机咖啡,其次是具有公平贸易和碳信任标签的咖啡。由显著性和正相关系数可以证明,更喜欢碳信任标签咖啡的消费者会对有机咖啡和公平贸易咖啡表现出更强的偏好。然而,对有机咖啡的偏好与对公平贸易咖啡的偏好之间的相关性相对较弱。

表 10.4　实验组间的混合 logit 模型

	T1＝对照组		T2＝绿色身份标签		T3＝环境信息		T4＝T2＋T3	
	系数	Z 值	系数	Z 值	系数	Z 值	系数	Z 值
价格	−0.555***	−22.636	−0.535***	−23.325	−0.519***	−22.330	−0.467***	−21.537
退出	−5.435	−23.814	−5.365	−24.862	−5.193***	−24.080	−4.818***	−23.534
有机	0.689***	5.787	0.748***	6.766	0.919***	7.753	0.858***	7.672
公平贸易	0.393***	3.629	0.426***	4.556	0.558***	5.992	0.564***	5.760
碳信任	0.472***	4.649	0.191**	2.016	0.350***	3.326	0.461***	4.604
标准差—有机	1.563***	12.484	1.466***	12.316	1.596***	13.285	1.550***	13.045
标准差—有机公平贸易	0.275*	1.797	0.516***	3.865	0.338**	2.693	0.205	1.423
标准差—有机碳信任	0.576***	4.266	0.533***	3.981	0.374**	2.548	0.499***	3.569
标准差—公平贸易	1.306***	10.771	0.892***	7.070	0.921***	7.872	1.186***	10.488
标准差—公平贸易碳信任	0.272*	1.855	0.421**	2.453	0.705***	3.356	0.664***	4.375
标准差—碳信任	0.893***	7.071	0.764***	4.866	1.048***	5.801	0.867***	5.818
观测值	2432		2584		2688		2728	
对数似然值	−1695.7		−1781.4		−1815.8		−1893.9	

　　注:模型使用 R 语言中的 1000 Halton draws 进行估计。*、**、*** 分别表示在 10%,5%,1%水平上显著。

表 10.5 展示了支付意愿的模拟均值和 90％置信区间,以及实验组间的支付意愿分布均匀性的 Poe 检验结果。该表说明了几个要点:首先,对照组(T1)的消费者分别愿意为每 12 盎司的带有 USDA 有机、公平贸易和碳信任标签的咖啡支付 1.248 美元、0.699 美元和 0.849 美元。该数值与 Van Loo 等(2015)得出的结果相似,即美国消费者对有机咖啡和公平贸易咖啡的支付意愿分别是 1.16 美元和 0.68 美元。与本节研究关于咖啡购买的发现相一致的是,之前的研究也表明,相比于有机标识、无抗生素声明或常规生产方法,碳信任认证对增加美国受访者在食品选择上的效用影响较小(De Marchi et al.,2020;Asioli et al.,2018)。而消费者认为有机食品对健康和环境有益(De Magistris et al.,2008;Lusk et al.,2009;Smed,2012),所以有机标签具有显著效用。消费者认为有机食品比传统食品更健康是有机食品消费背后的一个重要动机(Hughner et al.,2007)。一些人认为,在美国消费者选择有机水果和蔬菜的背景下,环境问题比健康更能促使消费者购买有机食品(Durham et al.,2005)。

表 10.5　跨实验组的模拟支付意愿　　单位:美元/12 盎司

	观测值	有机		公平贸易		碳信任	
		平均值	90％置信区间	平均值	90％置信区间	平均值	90％置信区间
T1＝对照组	304	1.248	[0.856, 1.690]	0.699	[0.357, 1.052]	0.849	[0.546, 1.162]
T2＝绿色身份标签	323	1.404	[1.019, 1.792]	0.792	[0.492, 1.099]	0.356**	[0.161, 0.648]
T3＝环境信息	336	1.769**	[1.342, 2.185]	1.079**	[0.770, 1.400]	0.676	[0.323, 1.037]
T4＝T2＋T3	341	1.833**	[1.355, 2.283]	1.210***	[0.827, 1.605]	0.989	[0.625, 1.373]

注:星号表示对照组(T1)与相应实验组之间的显著性差异水平,由 Poe 检验计算(Poe et al.,2005)。*、**、*** 分别表示在 10％、5％、1％水平下有统计显著性。

其次,提供环境信息(T3)将提升消费者对有机和公平贸易标签的估值。在 T3 组中,对于有机和公平贸易标签的估计实验效果分别为 0.50 美元和

0.40 美元。这一结果表明，相比于对照组，第三组的个体对有机咖啡的估值平均提高了 40%，对公平贸易咖啡的估值则平均提高了 57%。该信息之所以起作用，是因为它可能会提高消费者的环境知识，和/或因为它增加了消费者对环保产品的敏感性。本节的研究结果与表明信息对促进环保食品消费的影响的研究结果是一致的（Lusk et al.，2004；Van Loo et al.，2020；Wensing et al.，2020；Edenbrandt et al.，2021）。

值得注意的是，T3 仅对现有的环保咖啡产品有效，而对新产品无效，这意味着环境信息只对特定产品具有影响。尽管当参与者接触到环境信息时，有机咖啡和公平贸易咖啡的支付意愿会显著增加，但 T1 和 T3 间消费者对碳信任标签的估值是相似的。这一结果与 Kaminski 等（2018）以及 Wensing 等（2020）的研究结果一致，对于已经建立的环保性标签（而不是一个新的标签），环境信息对消费者的支付意愿影响更大。这可以用"熟悉偏差"来解释：一个人更喜欢熟悉的商品，而其他东西对他来讲都是一样的（Tversky et al.，1974；Lin et al.，2006；Cao et al.，2011）。尽管本节在选择实验之前提供了关于碳信任、有机和公平贸易声明的描述，但该描述可能无法缩小受试者对于碳信任标签与其他标签之间的信息和/或经验差距。有机和公平贸易咖啡在市场上有着悠久的历史；最早的有机咖啡生产于 1967 年，1989 年咖啡成为第一个带有公平贸易标签的产品。与有机和公平贸易标签相比，碳信任标签对于以前没有见过和购买过该种产品的美国消费者来说是一种新奇的东西。从本节的研究结果可以推断出，环境信息有助于推动人们购买更熟悉的产品；也就是说，消费者对信息处理的效用反映在他们熟悉的产品上，而不是不熟悉或新奇的产品。本节的研究结果对环境信息干预的设计和实施具有重要意义。

对于绿色身份标签（T2），本节研究发现该处理在三种信息处理中是最不成功的；此外，它还阻止了消费者购买碳信任咖啡。T2 中，消费者对有机咖啡和公平贸易认证咖啡产品的支付意愿与对照组（T1）中的消费者没有区别，但他们对碳信任标签的价格溢价较低。与传统咖啡相比，T2 组中碳信任咖啡的平均估值约为每 12 盎司 0.356 美元，约为 T1 的一半（0.849 美元）。考虑到之前在非食物环境下的研究所提出的混合结果，这一发现并不太令人惊讶（Cornellissen et al.，2007；Eby et al.，2019；Schwartz et al.，2020）。与在选择实验问题之前提供环境信息不同，根据本节的设计，在 T2 的选择场景中，如果产品携带三个属性，即有机、公平贸易和减碳声明中的至少一个，则产品会带一个附加标签，说明"此产品适用于绿色购物者"。因此，关于绿色身份标签无效的一种可能解释是，通过在产品包装上添加身份标签来提供额外信息会分散受访者的注意力。绿色相关标签数量的增加可能会削弱绿色身份标签的效果，因为它会引发标签之间的竞争（Asioli et al.，2020）。另一种可能的解释是，受访者在选择实验的背景下采用启发式决策（Scarpa et al.，2009；Hensher et al.，2018）。当面对越来越多需要处理的信息时，受访者可能会面临认知负担，这可能会增加他们在决策中更频繁地使用启发式决策的可能性。其中一种启发式决策是坚持现状，即坚持现有的选择或人们已经知道的选择。在本节的案例中，T2 中受访者可能更多地关注现有产品，也就是有机和公平贸易咖啡，而不是碳信任咖啡。这部分解释了为什么消费者对有机和公平贸易标签咖啡的支付意愿增加（尽管在统计上不显著），同时对碳信任咖啡的估值降低。

最后，绿色身份标签和环境信息的结合使用（T4）对引导消费者选择环保食品产生了最大的影响，这一点从 T4 中的消费者对环保咖啡产品的支付意愿呈现了最显著的增长（相对于 T1 而言）就可以看出。平均而言，T4 中的受访者会对环保咖啡具有较高的支付意愿，其中有机咖啡为 1.833 美元，公平贸易咖啡为 1.210 美元。然而，对于碳信任咖啡，该组也未能实现同样的效果：T4 和 T1 之间的 WTP 没有显著差异。这表明，与 T3 的结果相似，T4 的影响也是针对特定产品的。在 T4 中发现的影响进一步表明，环境信息和绿色身份标签的结合使用可能是互补的。可能的潜在机制包括与消费者交流环境信息提高了他们关于食品生产对环境影响的了解情况，这反过来又增加了绿色身份标签的显著性。也就是说，消费者在接受环境信息干预后，对绿色身份标签的认知度会更高，因此更容易将标签作为行为线索。此外，受试者也许更可能、更愿意将自己标记为绿色购物者，因为他们在接触环境信息后意识到这样做的重要性和必要性。

第二，对环境信息干预反应的异质性，本节研究通过推导有条件的支付意愿的平均值和测试子群体间支付意愿的平等性来探索人们是否以及在何种程度上对环境信息干预有不同的反应。表 10.6 在总体上表明，对于已经建立的环保咖啡产品来说，第三种与第四种干预（T3 和 T4）下的消费者对其估值的影响是具有异质性的。

表 10.6 跨组支付意愿的异质性 单位:美元/12 盎司

		女性	男性	年龄中位数以上	年龄中位数以下	高收入	低收入	研究生	非研究生	保守派	自由派
有机	T1	1.149 (0.202)	1.395 (0.174)	1.485 (0.186)	1.057 (0.186)	1.432 (0.229)	1.198 (0.161)	1.169 (0.307)	1.306 (0.146)	1.158 (0.189)	1.306 (0.212)
	T2	1.278 (0.187)	1.648 (0.167)	1.589 (0.178)	1.382 (0.174)	1.755 (0.211)	1.353 (0.154)	1.831* (0.334)	1.425 (0.134)	1.316 (0.190)	1.470 (0.189)
	T3	1.784** (0.216)	1.907** (0.179)	1.968** (0.206)	1.745** (0.187)	1.731 (0.221)	1.917*** (0.178)	2.567*** (0.338)	1.697* (0.151)	1.612 (0.199)	1.673 (0.217)
	T4	1.837** (0.196)	2.049** (0.222)	1.936** (0.193)	1.938*** (0.223)	1.956* (0.244)	1.927** (0.185)	2.073*** (0.335)	1.903*** (0.164)	1.747** (0.229)	2.007** (0.220)
公平贸易	T1	0.936 (0.162)	0.719 (0.145)	0.909 (0.153)	0.714 (0.152)	1.040 (0.170)	0.690 (0.139)	0.805 (0.289)	0.820 (0.116)	0.795 (0.146)	0.513 (0.151)
	T2	0.754 (0.129)	0.966* (0.111)	0.763 (0.119)	1.001* (0.118)	0.930 (0.146)	0.849 (0.103)	0.647 (0.214)	0.924 (0.092)	0.726 (0.122)	0.736 (0.109)
	T3	0.992 (0.115)	1.107** (0.091)	1.083 (0.097)	1.028** (0.106)	1.029 (0.112)	1.068*** (0.094)	1.090 (0.145)	1.046** (0.082)	0.955** (0.103)	1.005*** (0.094)
	T4	1.125 (0.148)	1.351*** (0.151)	1.253* (0.142)	1.210** (0.158)	1.098 (0.168)	1.308*** (0.136)	1.350 (0.223)	1.202** (0.120)	0.966 (0.162)	1.119*** (0.146)
碳信任	T1	0.725 (0.108)	0.885 (0.113)	0.841 (0.111)	0.780 (0.112)	1.016 (0.132)	0.695 (0.097)	0.726 (0.147)	0.829 (0.090)	0.887 (0.087)	0.849 (0.107)
	T2	0.299** (0.128)	0.549** (0.098)	0.387*** (0.104)	0.511 (0.119)	0.495*** (0.138)	0.416** (0.095)	0.785 (0.224)	0.376*** (0.083)	0.476*** (0.134)	0.571* (0.134)
	T3	0.485 (0.157)	0.912 (0.143)	0.837 (0.162)	0.605 (0.140)	0.982 (0.176)	0.564 (0.132)	1.243** (0.221)	0.602 (0.119)	0.483** (0.174)	0.850 (0.153)
	T4	0.952 (0.136)	0.824 (0.154)	0.933 (0.143)	0.850 (0.146)	0.918 (0.175)	0.877 (0.126)	0.943 (0.230)	0.879 (0.114)	0.869 (0.221)	1.021 (0.155)

注:括号中的数字为标准差。星号表示在人口统计组内对照组(T1)与相应实验组间 WTP 差异在 t 检验计算下的显著性水平。*、**、*** 分别表示在 10%、5%、1% 水平上显著。

　　首先，年轻或低收入的受访者更容易接受干预，尽管在对照组中，相对于那些年龄或收入水平在中位数以上的人，他们对有机和公平咖啡的估值更低。举例来说，在 T1 中，中位以上年龄组和中位以下年龄组有机咖啡的平均支付意愿分别为 1.485 美元和 1.057 美元。中位年龄以下的人群如果被分配到 T3 或 T4，平均支付意愿则至少提高 0.7 美元，而中位年龄以上的人群则降低 0.3 美元。同样，与在高收入人群中几乎为零效应相反，T3 和 T4 对有机和公平贸易标签咖啡的支付意愿的处理效应在低收入人群中非常显著。结果表明，收入较低的消费者在估值方面表现出更显著的改善，这与 Akbulut-Yuksel 等（2021）关于绿色推动法对加拿大家庭回收和城市固体废物的影响的研究结果相一致。本研究注意到，对于"本研究的信息干预方法对于增加年轻或低收入受访者的支付意愿更有效"这一发现，应予以谨慎对待。为使本研究的干预，而不是金钱激励，成为影响食物选择的主要机制，对环保食品的支付意愿是由选择实验得出的，在选择实验中，三个环保标签的价格之间存在外生差异。但在实际市场情况下，贴有环保标签的产品通常定价较高，这意味着本研究对年轻或低收入受试者的干预效果可能已达到其上限，因为这一群体，至少对于低收入人群来说，往往比其他人对于价格更敏感。

　　其次，环境信息与绿色标识标签的结合使用对有研究生学历的受访者的影响更大。在 T3 或 T4 组中，他们对有机产品（相对于常规产品而言）的估值在统计上高于 T1 中的受访者以及受到相同干预的非研究生受试者。总体而言，这一结果与先前的研究结果一致，表明受过良好教育的个人在各种经济相关环境中对信息披露更敏感（Bollinger et al.，2011；Ortega et al.，2020；Schwartz et al.，2020），并且受教育程度与环保行为呈正相关（Meyer，2015；Panzone et al.，2016）。

　　这些干预更有效地提高了非保守派的个体对绿色产品的估值。保守派对绿色身份标签的反应是显著降低对碳信任标签产品的估值，而自由派的减少幅度较小、也不那么显著。这表明，当产品被贴上绿色消费者的标签时，消费者的政治保守主义程度越高，其对碳信任认证产品的估值越低，这与 Gromet 等（2013）的研究结论一致。他们的研究表明，相比于没有标签的产品，当产品被贴上环保标签时，保守派的人选择节能产品的频率较低。对于碳信任标签来说，绿色身份标签使保守派具有较低的支付意愿，但对于有机和公平贸易标签来说则不是这样。这可以部分解释为有机和公平贸易标签所包含的非环境效益,例如有机食品的健康效益——消费者认为有机食品比传统食品更健康是有机食品消费背后的一个重要动机(Hughner et al.,2007;De Magistris et al.,2008;Lusk et al.,2009;Van Loo et al.,2011;Smed,2012)。然而,碳信任标签是一种纯粹的环境标签和碳相关标签。

最后,对于稳健性检验,本节用两种方法评估估计结果的稳健性。首先,因为 T4 的女性比其他组稍微多一些,所以本节排除结果是由性别模式驱动的可能性。其次,本节在支付意愿空间中估计集合样本,而不是偏好空间中的混合 logit 模型,放宽了固定价格系数的假设,促进了支付意愿的估计(Scarpa et al.,2009;De-Magistris et al.,2013)。

表 10.7 报告了 T4 的估计结果以及 T4 与 T1 合并模型的估计结果。女性虚拟变量和产品属性之间的所有交互项的不显著系数表明,性别不会影响 T4 中消费者的咖啡偏好。本节在模型估计中合并 T4 和对照组,以探索 T4 中消费者的咖啡偏好与 T1 中的咖啡偏好有何区别,以及这种差异是否可归因于性别。如果性别可以解释不同处理之间消费者咖啡偏好的差异,那么 T4 中有更多女性样本是有问题的。集合模型表明,T4 中的消费者对咖啡产品属性的重视程度与 T1 中的消费者显著不同,但这种差异不能用性别来解释。基于此,本节确认 T4 中相对较多的女性受试者不会造成问题。

表 10.8 展示了使用支付意愿空间中的合并样本和虚拟干预变量的相应 P 值估计的处理效果。在九个实验比较中,七个实验的稳健性检验结果证实了表 10.5 的发现。与之前结果不同的是,T1 与 T2 之间的碳信任标签和 T1 与 T3 之间的公平贸易标签的影响均不显著。因此,本节为有机咖啡产品的处理效果找到了有力的证据。

表 10.7　T4 的混合 logit 模型

	T4		T1&T4	
	系数	Z 值	系数	Z 值
价格	-0.447^{***}	-15.87	-0.556^{***}	-22.530
退出	-4.633^{***}	-17.07	-5.443^{***}	-23.771
女性 * 有机	0.269	1.25		
女性 * 公平贸易	0.020	0.11		

续表

	T4		T1&T4	
	系数	Z 值	系数	Z 值
女性 * 碳信任	0.062	0.33		
女性 * 价格	−0.043	−1.21		
女性 * 退出	−0.396	−1.12		
女性 * T4 * 有机			0.270	1.215
女性 * T4 * 公平贸易			0.041	0.197
女性 * T4 * 碳信任			−0.086	−0.392
女性 * T4 * 价格			0.004	0.044
女性 * T4 * 退出			−0.499	−0.603
T4 * 有机			0.238***	5.118
T4 * 公平贸易			0.310	1.552
T4 * 碳信任			0.365*	1.794
T4 * 价格			−0.250***	−2.924
T4 * 退出			−5.026***	−5.421
有机	0.721***	4.49	0.683***	5.775
公平贸易	0.546***	3.91	0.397***	3.654
碳信任	0.423***	2.99	0.467***	4.529
标准差－有机	1.550***	13.17	1.557***	12.358
标准差－T4 * 有机			0.438	0.596
标准差－公平贸易	1.174***	10.70	1.316***	10.612
标准差－T4 * 公平贸易			0.763**	2.209
标准差－碳信任	0.892***	6.20	0.906***	7.120
标准差－T4 * 碳信任			1.482***	4.156
标准差－T4 * 价格			0.633***	10.094

续表

	T4		T1&T4	
	系数	Z值	系数	Z值
标准差－T4＊退出			1.026***	5.599
观测值	2728		5160	
对数似然值	－1890.716		－3295.6	

注：模型使用 R 语言中的 1000 Halton draw 进行相关参数估计，*、**、*** 分别表示在 10％、5％、1％水平上有统计学意义。所有随机参数的系数都符合正态分布。相关矩阵可按要求提供。

表 10.8　支付意愿空间的稳健型检验　　单位：美元/12 盎司

	合并 T2	合并 T3	合并 T4
WTP_有机	0.117(0.176)	0.286*(0.137)	0.276**(0.108)
P 值	0.506	0.064	0.031
WTP_公平贸易	0.041(0.164)	0.107(0.158)	0.167**(0.063)
P 值	0.803	0.297	0.025
WTP_碳信任	－0.202(0.156)	－0.028(0.164)	0.013(0.159)
P 值	0.197	0.863	0.934
观测值	627	640	645

注："合并 T2"表示 T1 和 T2 的合并数据。括号中的数字是标准差。*、**、*** 分别表示在 10％、5％、1％水平上有统计学意义。

第五节　结论与政策启示

为了促进改善社会福利的环保行为，研究人员调查了信息提供作为影响个人决策的行为政策工具的效果。在以往文献中，很多注意力都集中在非食物环境中。然而，还没有其他研究检验绿色身份标签及其与其他信息干预相结合对环保食品选择的影响。为填补这一空白，本研究具体关注绿色身份标签、环境信息，以及它们在推动人们更加重视环保食品方面的联合应用效果。

本研究结果表明，环境信息及其与绿色身份标签的联合应用可以提高现有环保食品的价值，但绿色身份标签技术本身并不能达到绿色目标。这一发现对于考虑使用政策组合来激励环保食品消费的组织和政策制定者来说尤其重要。在过去的几十年中，人们提出了许多食品技术创新，以应对食品行业的环保挑战。可以想象，在不久的将来会有更多采用新技术生产的此类食品。为了从需求方面鼓励生产者采用新的食品技术，这项研究告诉决策者，使用绿色身份标签本身可能不会成功；而通过信息干预，使公众关注环境和气候变化问题，可能是有成效的，例如通过海报或音频节目向零售商的顾客宣传环境和气候变化问题。虽然将绿色标识与环境信息结合在一起的效果与单独提供环境信息的效果相当，但需要在食品包装上添加额外的绿色标识，从而增加成本。

本章对特定产品实验效果的发现也具有重要的政策意义。本章得出结论，环境信息及其与绿色身份标签的联合使用对于提高现有环保咖啡产品（例如有机和公平贸易咖啡）的支付意愿是有效的，但对于更新颖的产品（例如碳信任咖啡）则是无效的。具体来说，本章的研究结果表明，绿色身份标签实际上可以降低消费者对碳信任咖啡的估值。这一发现表明，在考虑应该干预哪些食品时需要更加谨慎，因为环境信息干预可能对现有食品更有效而不是不太常见的食品。本章还评估了对环境信息干预反应的异质性。在其他条件相同的情况下，干预对年轻、低收入的受访者和拥有研究生学位的人会更显著。向政策制定者提供这些信息将提高绿色推动法的成本效益。

最后，需要注意，完全排除本章研究的实验效果是由需求效应驱动是不太可能的（Carlsson et al.，2018），但异质性以及产品特定的效果表明，这在本章的研究中是微不足道的。如果这些影响是由需求效应驱动的，则本章预计产品的支付意愿会更平稳地增长。对于本章研究结果，需要注意的是，实验效果可能取决于用于实验的产品以及研究中使用的环境信息和身份标签的类型。未来的研究应该检验本章的发现对于背景变化的稳健性，特别是在食品环境中绿色身份标签的有效性。绿色身份标签可以看作是一种市场细分工具，它将消费者分为两类：产品的购买者为绿色消费者，非购买者为非绿色消费者。之前的研究强调了在食品市场分析中核算市场细分的重要性（McFadden et al.，2021）。关于提高消费者对环保食品评价的信息干预的替代设计，也将是未来调查的重要途径。例如，传达绿色偏好或行为的产品身份标签可以作为产品属性包含在选择实验中，个人可以在身份标签和其他产品属性之间进行权衡。

附录

附录 A. 实验中使用的空谈博弈的文稿

请仔细阅读以下信息。请注意,在"下一步"按钮出现之前,您将有足够的时间阅读所提供的信息。接下来,您将看到一个涉及金钱的假设选择。您不会因为所作出的决定而向任何人进行现实中的付款,但您会被要求作出决定,就好像它会导致实际付款一样。研究表明,人们在面对假设性决定时往往会采取不相符的行动。换句话说,他们说一套做一套,称之为"假设偏差"。例如,在最近的一项研究中,几个不同的群体被要求作出决定,就像你即将作出的决定一样。付款对其中一组是真实的,对另一组则是假设的,对你来说也是如此。这些研究的结果是,平均而言,在假设组中表示愿意花钱的人比在真实组中要多。应如何让人们在假设的情况下思考他们的决定,就像他们在真实情况下的想法一样?

当我们听到一些情况,涉及做一些基本上是好的事情,例如帮助有需要的人、改善环境质量或其他相关事情时,我们在假设情况下的基本反应是认为:当然,我会这样做;我真的会花钱;我确实真的认为我会这样做。

但是当情况是真实的,并且我们实际上不得不花钱时,我们会以不同的方式思考。我们基本上还是希望看到好的事情发生,但是当我们面临不得不花钱的可能性时,我们会考虑我们的选择:如果我把钱花在这上面,那我就不能再把这些钱花在其他事情上了。

因此,如果付款是真实的,我们就会考虑到所拥有的有限金钱,并在此限制下作出行为选择。我们在作出决定的同时意识到我们并没有足够的钱去做所有我们想做的事情。

附录 B. 选择实验题前的标签说明

在下文中,您将看到几个咖啡购买场景。每种咖啡产品都以价格为特征,无论它是经过美国农业部有机、公平贸易认证的还是有碳信任声明。咖啡产品的所有其他特性在两种咖啡备选品中都是相同的。请根据您的实际购买情况评估以下每种场景。

美国农业部有机认证:

有机咖啡是指不使用合成原料生产的咖啡，包括不使用合成肥料、杀虫剂、植物生长调节剂、纳米材料和转基因生物。

公平贸易认证：

公平贸易认证旨在帮助发展中国家的生产商获得更好的贸易条件，例如更高的出口价格。除了提高社会标准外，公平贸易认证还对环境保护提出要求，包括减少碳排放、保持土壤质量和水质、生物多样性保护以及禁止转基因生物。

碳信任基金的产品碳脚印标签认证：

公司承诺减少其碳脚印标签产品的碳足迹。

附录 C. 在 T2 和 T4 中向参与者提供的环境信息

气候变化是地球面临的最重要挑战之一，人类需要立即采取紧急行动。例如，地球大气中的二氧化碳浓度已达到历史最高水平。

农业粮食生产和供应是造成碳排放、生态系统破坏和生态系统服务丧失的主要原因之一。环保的耕作方法，例如公平贸易、有机和碳信任认证生产，可以减轻农业对环境的不利影响。您可以通过在日常生活中购买环保食品支持环保农业，从而帮助应对气候变化。

参考文献

［1］Akbulut-Yuksel，M.，Boulatoff，C. 2021. The effects of a green nudge on municipal solid waste：Evidence from a clear bag policy. Journal of Environmental Economics and Management 106：102404.

［2］Allcott，H. 2011. Social norms and energy conservation. Journal of Public Economics 95(9-10)：1082-1095.

［3］Allen，C. T. 1982. Self-perception based strategies for stimulating energy conservation. Journal of Consumer Research 8(4)：381-390.

［4］Asioli，D.，Aschemann-Witzel，J.，Nayga Jr. R. M. 2020. Sustainability-related food labels. Annual Review of Resource Economics 12：171-185.

［5］Asioli，D.，Bazzani，C.，Nayga，R. 2018. Consumers' valuation for lab produced meat：An investigation of naming effects（No. 274066）. Agricultural and Applied Economics Association.

［6］Battaglini，M.，Bénabou，R.，Tirole，J. 2005. Self-control in peer groups. Journal of Economic Theory 123(2)：105-134.

［7］Becchetti，L.，Salustri，F.，Scaramozzino，P. 2020. Nudging and corporate environmental responsibility：A natural field experiment. Food Policy 97：101951.

［8］Bollinger，B.，Leslie，P.，Sorensen，A. 2011. Calorie posting in chain restaurants. American Economic Journal：Economic Policy 3(1)：91-128.

［9］Burgess，L.，Street，D. J. 2005. Optimal designs for choice experiments with asymmetric attributes. Journal of Statistical Planning and Inference 134(1):288-301.

[10] Campbell, D., Erdem, S. 2015. Position bias in best-worst scaling surveys: A case study on trust in institutions. American Journal of Agricultural Economics 97(2):526-545.

[11] Cao, H. H., Han, B., Hirshleifer, D., et al. 2011. Fear of the unknown: Familiarity and economic decisions. Review of Finance 15(1):173-206.

[12] Carlsson, F., Frykblom, P., Lagerkvist, C. J. 2005. Using cheap talk as a test of validity in choice experiments. Economics Letters 89(2): 147-152.

[13] Carlsson, F., Kataria, M., Lampi, E. 2018. Demand effects in stated preference surveys. Journal of Environmental Economics and Management 90:294-302.

[14] Chrzan, K. 1994. Three kinds of order effects in choice-based conjoint analysis. Marketing Letters 5(2):165-172.

[15] Cornelissen, J. P., Haslam, S. A., Balmer, J. M. 2007. Social identity, organizational identity and corporate identity: Towards an integrated understanding of processes, patternings and products. British Journal of Management 18:S1-S16.

[16] Cummings, R. G., Taylor, L. O. 1999. Unbiased value estimates for environmental goods: A cheap talk design for the contingent valuation method. American Economic Review 89(3):649-665.

[17] Crippa, M., Solazzo, E., Guizzardi, D., et al. 2021. Food systems are responsible for a third of global anthropogenic GHG emissions. Nature Food 2(3):198-209.

[18] De Marchi, E., Cavaliere, A., Banterle, A. 2020. Consumers' choice behavior for cisgenic food: Exploring the role of time preferences. Applied Economic Perspectives and Policy 43(2):866-891.

[19] Darby, M. R., Karni, E. 1973. Free competition and the optimal amount of fraud. The Journal of Law and Economics 16(1):67-88.

[20] De Magistris, T., Gracia, A. 2008. The decision to buy organic food products in Southern Italy. British Food Journal 110(9):929-947.

[21] De-Magistris, T. , Gracia, A. , Nayga Jr. R. M. 2013. On the use of honesty priming tasks to mitigate hypothetical bias in choice experiments. American Journal of Agricultural Economics 95(5):1136-1154.

[22] Durham, C. A. , Andrade, D. 2005. Health vs. Environmental motivation in organic preferences and purchases (No. 19221). American Agricultural Economics Association (New Name 2008: Agricultural and Applied Economics Association).

[23] Eby, B. , Carrico, A. R. , Truelove, H. B. 2019. The influence of environmental identity labeling on the uptake of pro-environmental behaviors. Climatic Change 155(4):563-580.

[24] Edenbrandt, A. K. , Lagerkvist, C. J. , Nordström, J. 2021. Interested, indifferent or active information avoiders of carbon labels: Cognitive dissonance and ascription of responsibility as motivating factors. Food Policy 101:102036.

[25] Elias, J. J. , Lacetera, N. , Macis, M. 2019. Paying for kidneys? A randomized survey and choice experiment. American Economic Review 109(8):2855-2888.

[26] Ferraro, P. J. , Miranda, J. J. 2013. Heterogeneous treatment effects and mechanisms in information-based environmental policies: Evidence from a large-scale field experiment. Resource and Energy Economics 35(3): 356-379.

[27] Ferraro, P. J. , Price, M. K. 2013. Using nonpecuniary strategies to influence behavior: Evidence from a large-scale field experiment. Review of Economics and Statistics 95(1):64-73.

[28] Goddard Ellen W. , Jill E. Hobbs, et al. 2013. Risk perceptions and preferences for ethical and safety credence attributes. American Journal of Agricultural Economics 95(2):390-396.

[29] Grieg-Gran, M. 2005. From bean to cup: How consumer choice impacts upon coffee producers and the environment. London: Consumers International. International Institute for Environment and Development.

[30] Gromet, D. M. , Kunreuther, H. , Larrick, R. P. 2013. Political ideology affects energy-efficiency attitudes and choices. Proceedings of the

National Academy of Sciences 110(23):9314-9319.

[31] Grunert, K. G. 2005. Food quality and safety: Consumer perception and demand. European Review of Agricultural Economics 32(3):369-391.

[32] Heckman, J. J., Smith, J., Clements, N. 1997. Making the most out of programme evaluations and social experiments: Accounting for heterogeneity in programme impacts. The Review of Economic Studies 64(4):487-535.

[33] Hensher, D. A. 2010. Hypothetical bias, choice experiments and willingness to pay. Transportation Research Part B: Methodological 44(6):735-752.

[34] Hensher, D. A., Balbontin, C., Collins, A. T. 2018. Heterogeneity in decision processes: Embedding extremeness aversion, risk attitude and perceptual conditioning in multiple process rules choice making. Transportation Research Part A: Policy and Practice 111:316-325.

[35] Hensher, D. A., Rose, J. M., Rose, J. M., et al. 2005. Applied Choice Analysis: A Primer. London: Cambridge University Press.

[36] Hess, S., Train, K. 2017. Correlation and scale in mixed logit models. Journal of Choice Modelling 23:1-8.

[37] Hughner, R. S., McDonagh, P., Prothero, A., et al. 2007. Who are organic food consumers? A compilation and review of why people purchase organic food. Journal of Consumer Behaviour: An International Research Review 6(2-3):94-110.

[38] Kaminski, D. M., Caputo, V. 2018. Milk Produced Under Certified Labor Conditions: Are US Consumers Willing to Pay for It and Does Prior Information Impact Their Behavior? (No. 274041). Agricultural and Applied Economics Association.

[39] Krinsky, I., Robb, A. L. 1986. On approximating the statistical properties of elasticities. The Review of Economics and Statistics 68(4):715-719.

[40] Kurz, V. 2018. Nudging to reduce meat consumption: Immediate and persistent effects of an intervention at a university restaurant. Journal of Environmental Economics and Management 90:317-341.

[41] Lancaster, K. J. 1966. A new approach to consumer theory. Journal of Political Economy 74(2):132-157.

［42］Lassoued, R. , Hobbs, J. E. 2015. Consumer confidence in credence attributes:The role of brand trust. Food Policy 52:99-107.

［43］Lin, L. Y. , Chen, C. S. 2006. The influence of the country-of-origin image,product knowledge and product involvement on consumer purchase decisions:An empirical study of insurance and catering services in Taiwan. Journal Of Consumer Marketing 23(5):248-265.

［44］List,J. A. 2001. Do explicit warnings eliminate the hypothetical bias in elicitation procedures? Evidence from field auctions for sportscards. American Economic Review 91(5):1498-1507.

［45］Loureiro, M. L. 2003. Rethinking new wines:Implications of local and environmentally friendly labels. Food Policy 28(5-6):547-560.

［46］Louviere, J. J. , Flynn, T. N. , Carson, R. T. 2010. Discrete choice experiments are not conjoint analysis. Journal of Choice Modelling 3 (3):57-72.

［47］Louviere, J. J. , Hensher, D. A. , Swait, J. D. 2000. Stated Choice Methods:Analysis and Applications. London:Cambridge University Press.

［48］Lusk,J. L. ,Briggeman, B. C. 2009. Food values. American Journal of Agricultural Economics 91(1):184-196.

［49］Lusk,J. L. ,House, L. O. ,Valli,C. ,et al. 2004. Effect of information about benefits of biotechnology on consumer acceptance of genetically modified food:Evidence from experimental auctions in the United States,England,and France. European Review of Agricultural Economics 31 (2):179-204.

［50］Matthews,Y. ,Scarpa,R. ,Marsh,D. 2017. Using virtual environments to improve the realism of choice experiments:A case study about coastal erosion management. Journal of Environmental Economics and Management 81:193-208.

［51］McFadden, B. R. , Bovay, J. , Mullally, C. 2021. What are the overall implications of rising demand for organic fruits and vegetables? Evidence from theory and simulations. Q Open,1(1):qoab008.

［52］McFadden,D. 1974. The measurement of urban travel demand. Journal of Public Economics 3(4):303-328.

[53] McFadden, D. , Train, K. 2000. Mixed MNL models for discrete response. Journal of Applied Econometrics 15(5):447-470.

[54] Meyer, A. 2015. Does education increase pro-environmental behavior? Evidence from Europe. Ecological Economics 116:108-121.

[55] Myers, E. , Souza, M. 2020. Social comparison nudges without monetary incentives: Evidence from home energy reports. Journal of Environmental Economics and Management 101:102315.

[56] Ortega, D. L. , Lusk, J. L. , Lin, W. , et al. 2020. Predicting responsiveness to information: Consumer acceptance of biotechnology in animal products. European Review of Agricultural Economics 47(5):1644-1667.

[57] Panzone, L. , Hilton, D. , Sale, L. , et al. 2016. Socio-demographics, implicit attitudes, explicit attitudes, and sustainable consumption in supermarket shopping. Journal of Economic Psychology 55:77-95.

[58] Poe, G. L. , Giraud, K. L. , Loomis, J. B. 2005. Computational methods for measuring the difference of empirical distributions. American Journal of Agricultural Economics 87(2):353-365.

[59] Poore, J. , Nemecek, T. 2018. Reducing food's environmental impacts through producers and consumers. Science 360(6392):987-992.

[60] Reinecke, J. , Manning, S. , Von Hagen, O. 2012. The emergence of a standards market: Multiplicity of sustainability standards in the global coffee industry. Organization Studies 33(5-6):791-814.

[61] Roheim, C. A. , Zhang, D. 2018. Sustainability certification and product substitutability: Evidence from the seafood market. Food Policy 79: 92-100.

[62] Scarpa, R. , Gilbride, T. J. , Campbell, D. , et al. 2009. Modelling attribute non-attendance in choice experiments for rural landscape valuation. European Review of Agricultural Economics 36(2):151-174.

[63] Schubert, C. 2017. Green nudges: Do they work? Are they ethical? Ecological Economics 132:329-342.

[64] Schwartz, D. , Loewenstein, G. , Agüero-Gaete, L. 2020. Encouraging pro-environmental behaviour through green identity labelling. Nature

Sustainability 3(9):746-752.

[65] Smed,S. 2012. Information and consumer perception of the "organic" attribute in fresh fruits and vegetables. Agricultural Economics 43: 33-48.

[66] Street,D. J. ,Burgess,L. ,Louviere,J. J. 2005. Quick and easy choice sets:Constructing optimal and nearly optimal stated choice experiments. International Journal of Research in Marketing 22(4):459-470.

[67] Teisl,M. F. ,Roe,B. ,Hicks,R. L. 2002. Can eco-labels tune a market? Evidence from dolphin-safe labeling. Journal of Environmental Economics and Management 43(3):339-359.

[68] Tversky,A. ,Kahneman,D. 1974. Judgment under uncertainty:Heuristics and biases. Science 185(4157):1124-1131.

[69] Tubiello,F. N. ,Rosenzweig,C. ,Conchedda,G. ,et al. 2021. Greenhouse gas emissions from food systems:Building the evidence base. Environmental Research Letters 16(6):065007.

[70] Van Loo,E. J. ,Caputo,V. ,Lusk,J. L. 2020. Consumer preferences for farm-raised meat,lab-grown meat,and plant-based meat alternatives: Does information or brand matter? Food Policy 95:101931.

[71] Van Loo,E. J. ,Caputo,V. ,Nayga Jr. R. M. ,et al. 2015. Sustainability labels on coffee:Consumer preferences,willingness-to-pay and visual attention to attributes. Ecological Economics 118:215-225.

[72] Wensing,J. ,Caputo,V. ,Carraresi,L. ,et al. 2020. The effects of green nudges on consumer valuation of bio-based plastic packaging. Ecological Economics 178:106783.

第十一章 实验产品数量、心理账户与消费者食品消费

第一节 引 言

非市场价值评估法被广泛应用于估计个人偏好和支付意愿(WTP),为公共政策的制定和个体决策提供了依据。尽管非市场价值评估法具有政策相关性,且在应用经济学的许多领域中都被广泛应用,但是关于该方法的一些问题在非市场价值评估法的文献中仍未得到充分研究。选择实验(DCEs)是一种被广泛使用的非市场估值评估法,本章的贡献在于探究了选择实验设计中的实验产品数量效应问题。

陈述性选择实验设计中关于实验产品数量的问题(后文称为实验数量)在已有文献中往往被忽视,只有较少的文献关注了实验产品数量,如 Corsi (2007)认为研究者应该重视陈述性偏好实验中实验产品数量问题,Dennis 等 (2021)使用开放式选择实验方法来减轻实验中的产品数量效应问题。大多数学者在选择实验中设计产品数量时都是预先确定产品数量,有时数量是任意的,甚至关注同一产品或同一产品类别时也使用了不同的实验数量。例如,在评估美国消费者对牛排的偏好时,一些选择实验中牛排数量是 12 盎司 (Lusk et al.,2004;Caputo et al.,2017),而一些选择实验中使用的牛排数量为 1 磅(Lusk et al.,2003)。

假定消费者是理性的并具有恒定偏好,选择实验以及其他非市场价值评估实验中,研究人员使用预先指定的或任意指定的实验产品数量是合理的。在零售商提供的一系列产品数量中,该假设认为消费者总是会选择他们最喜欢的产品数量类型,因此,零售商提供的任何一种数量类型都可以被视为实

验数量。但是,消费者理性偏好的隐含假设受到了质疑,有充分的证据表明,消费者偏好并非完全理性,而是取决于选择场景(Slovic,1995;Camerer et al.,2003;Oechssler et al,2009;Caputo et al.,2018)。这意味着消费者的决策可能取决于实验数量。

心理账户是解释实验数量效应问题的一个可能的理论机制。心理账户是指人们通过平衡自己定义的狭义心理账户来作决定(Thaler et al.,1981;Thalder,1999)。如果在选择实验中预先指定的实验数量较少,那么被调查者很可能会在他们独立的有限预算范围内作出购买决策,使得他们购买该商品的概率较高,从而可能会导致较低的货币边际效用值和较高的 WTP 估计值。相反,如果实验数量大到超过消费者购买该商品的预算,消费者购买其他类别商品时为其带来的效用可能为负。

本章基于心理账户理论,探究了研究者预先设定的实验数量是否会影响以及如何影响消费者的选择和福利估计。本章以牛肉产品的选择实验为例,探究了选择实验中的实验数量效应问题。选择食物为研究对象,主要原因是每次购买食物的数量因人而异(Chernev,2008)。而在其他产品如保险或汽车购买选择中,我们每次通常只购买一份保险或一辆车。本章通过分离样本设计的方法,将消费者随机分配到实验组中的任意一组。第一组为预先设定实验产品数量的选择实验设计,将该组消费者可购买的牛肉产品数量限定为 500 克。第二组为未预先设定牛肉产品数量的选择实验。该组消费者可购买的牛肉产品数量根据消费者自我陈述的实际购买数量决定。与心理账户理论一致,本章的研究结果表明,如果受访者被随机分配到一个实验数量低于其实际购买量的选择实验,相比在实验数量与其实际购买量相等的选择实验中,受访者的货币边际效用更低。较低的货币边际效用导致受访者的 WTP 被高估。同样地,如果选择实验中设定的实验数量高于个体的实际购买量,则受访者的货币边际效用更高,进而导致低估受访者的 WTP,尽管这种差异在统计学上不显著。更重要的是,在传统的食品选择实验中,在大多数情况下研究者都预先设定了一个较小的实验数量,如 500克,相比 WTP 被低估的情况,WTP 被高估的情况占主导地位,所以总体上导致 WTP 的估计出现净向上偏差。虽然本章以选择实验为例说明了实验数量的影响,但本章的发现对其他非市场估值方法的设计也具有启示意义。

本章的主要贡献是基于心理账户理论探究了选择实验中实验数量对个体决策的影响机制。本章研究结果表明实验数量会影响消费者的食品选择,该结果挑战了现有食品选择实验的隐含假设——消费者的偏好是理性且恒定的。本章利用心理账户理论解释该结果,心理账户是一种行为偏差,这种行为偏差出现在不同情景下的个体决策中,包括假设性实验情景(Heath et al.,1996;Thaler,1999)、真实购物情景(Hastings et al.,2012;Beatty et al. 2014;Abeler et al.,2017)、非食品(Benhassine et al.,2015;La Nauze,2019)和食品购买情景(Milkman et al.,2009;Hastings et al.,2018)。在非市场价值评估方法中应用心理账户的文献较少,为了填补已有文献的空白,本章将心理账户拓展到食品的选择实验中解释实验数量对消费者食物选择的影响。

本章主要涉及以下几方面的文献。首先是为条件价值评估法(CVM)和拍卖实验等非市场价值评估方法中评估受访者面对不同单位数量商品时的行为表现提供了依据。这些尚未考虑实验数量文章的研究结果存在的主要问题为,它们未能对商品范围(即实验数量)的差异表现出敏感性,从而威胁到该方法的有效性(Kahneman et al.,1992;Carson et al.,1993;Green et al.,1994;Bateman et al.2004;Lew et al.,2011)。例如,对整个湖泊水质改善的WTP小于对部分湖泊水质改善的WTP,对该结果的解释可归因于道德满意度(Nunes et al.,2003)。本章通过私人物品的选择实验来填补已有研究的空白,私人物品的决策不太可能受到道德感知的影响。事实上,多单元拍卖实验已经证实,个体的WTP取决于包括食物在内的私人商品的数量(List et al.,2000;Akaichi et al,2012;Elbakidze et al.,2013)。与Corsi(2007)的结论一致,这些研究发现,受访者对私人物品的总估值并不会随着该物品单位数量的减少而减少,但对该物品的边际估值会减少。

其次是开放式选择实验(Corrigan et al.,2009;Elbakidze et al.,2014;Dennis et al.,2021),受访者会看到几种不同价格水平的产品,并被问及购买哪种产品以及购买的数量。与该研究不同的是,本章关注的是单一产品的数量,即选择实验中研究者预先指定的实验数量,旨在探究实验数量如何影响消费者的选择,进而影响福利估计。

最后是一些文献比较了选择实验中受访者提供的信息和研究人员提供的信息对消费者选择行为的影响。相关信息包括现状替代方案(Marsh et al.,2011;Domínguez-Torreiro et al.,2011;Ahtiainen et al.,2015)和属性水平(Adamowicz et al.,1997)。也有研究关注研究者提供的信息,把受访者对属性水平重要性的感知加入选择模型中(Burghart et al.,2007;Cameron et al.,2011;Cerroni et al.,2019)。本章旨在探究选择实验中使用研究者预先指定的实验数量与使用受访者提供的实验数量，对消费者的选择行为是否有影响。和已有研究结论一致，本章的研究结果支持将受访者提供的信息纳入选择实验的设计和估计中。此外，本章还提出了另一种实验设计，即将实验数量与受访者自我报告的实际购买数量相匹配，从而克服了标准选择实验中存在的实验数量影响 WTP 估计的问题。

第二节　心理账户理论回顾与研究假说

心理账户是个人和家庭用来组织、评估和跟踪财务活动的认知操作（Thaler，1999）。与新古典主义基准不同，心理账户理论认为货币是不可替代的（Thaler，1985）。人们将他们的支出或收入分组到不同心理账户中，这些不同账户独立且不相关，人们基于某一独立账户作出购买决策（Thaler et al.，1981；Thaler，1985；Heath et al.，1996）。资金的来源和使用可以在实际或心理账户中分配。采用心理账户是为了节省决策者的心理成本（Farhi et al.，2020；Hastings et al.，2018），因为人们依靠心理账户来合理化支出并增强自我控制能力（Thaler et al.，1981），以从自己的支出中获得更大的效用（Loewenstein et al.，2006），并将心理账户作为一种"启发式方法"来促进决策（Simon，1947）。

心理账户理论认为当相关成本在预算范围内时，个人在特定类别产品上的边际消费倾向更高。这意味着，相对于购买费用超出预算的情况，如果购买费用在预算之内，消费者更倾向于购买产品。购买费用取决于产品数量和单价。在选择实验中，价格属性由不同价格水平组成。现在假设有两个选择实验，它们的单位价格水平是相同的，总价随实验数量变化。当一个受访者被分配到一个小实验数量的选择实验，相对于被分配到一个大实验数量的选择实验，该受访者购买实验产品的成本落在预算内的概率更高。心理账户理论认为受访者在小实验数量的选择实验中表现出的货币边际效用更低。

为了阐明本章的研究假设，可以设定一个随机效用模型，消费者 n 从选择任务 t 的选项 j 中获得的效用为 U_{njt}。假设每个选择任务中都有三个选项，即 $j \in \{1,2,3\}$。和大多数选择实验一样，选项 $j=3$ 对应于"不购买"或"退出"选项。效用函数可以表示如下：

$$U_{njt} = \alpha\, p_{njt} + \Delta^S 1[q_n^S] p_{njt} + \Delta^L 1[q_n^L] p_{njt} + \beta'_n X_{njt} + \varepsilon_{njt}, \qquad j=1 \text{ 或 } 2$$
$$U_{njt} = ASC_{no\text{-}Buy} + \varepsilon_{n3t} \tag{1}$$

其中,p_{njt}为价格变量,X_{njt}为产品非价格属性特征向量,β'_n为产品非价格属性特征系数向量。$ASC_{no\text{-}Buy}$是替代特定常数,代表"不购买"选项,ε_{njt}为个体效用中的随机或不可观察部分。$1[q_n^S]$和$1[q_n^L]$分别是受访者评估小实验数量和大实验数量选择实验的指标函数。本章使用消费者 n 在日常食品采购过程中实际购买的数量(以下简称实际量)作为基准。当实验数量小于消费者 n 的实际量时,$1[q_n^S]$为 1,否则为 0;当实验数量大于消费者 n 的实际量时,$1[q_n^L]$为 1,否则为 0。对于实验量与实际量相等的消费者,$1[q_n^S]=1[q_n^L]=0$。本章将这一组消费者称为对照组。α 表示对照组的货币边际效用,而参数 Δ^S 和 Δ^L 分别是相对于对照组而言实验数量更小和更大组别的货币边际效用。

根据先前关于心理账户的讨论,本章假设 $\Delta^S>0$ 的条件为 $1[q_n^S]=1$。这表示相对于对照组,消费者在小实验数量的选择实验中,货币的边际效用更低。本章假设:在其他条件不变的情况下,小实验数量组(q^S)比对照组更愿意花钱。第一个假设定义为:

H1.　　$H_0^1:\Delta^S>0\,|\,(q^S=1)$,　　否则 $H_A^1:\Delta^S\leqslant 0$

给定 $\Delta^S>0\,|\,q^S$,本章预期 $\alpha+\Delta^S<0$,这符合消费者需求的经济理论,表明人们不喜欢更高的价格。

进一步假设当 $1[q_n^L]=1$ 时 $\Delta^L<0$。这意味着,相对于对照组,消费者在大实验数量的选择实验中,货币的边际效用更高。因此,在其他条件相同的情况下,他们的边际消费倾向低于对照组。第二个假设定义如下:

H2.　　$H_0^2:\Delta^L<0\,|\,(q^L=1)$,　　否则 $H_A^2:\Delta^L\geqslant 0$

基于 H1 和 H2,本章推导出有关消费者选择和福利估计的三个推论。第一个推论与选择实验中选择高价产品的频率有关。即如果小实验数量组的货币边际效用增量变化为正 $[\Delta^S>0\,|\,(q^S=1)]$,那么这一组的消费者相对于对照组选择高价产品的概率更大。同样,如果较大实验数量组的货币边际效用增量变化为负值 $[\Delta^L<0\,|\,(q^L=1)]$,则该实验组相对于对照组选择高价产品的概率更低。用 γ^{HP} 表示选择实验中受访者选择高价产品的频率,第一个推论可以写为如下的公式:

Implication 1.　　$\gamma^{HP}\,|\,(q^S=1)>\gamma^{HP}\,|\,(q^L=q^S=0)>\gamma^{HP}\,|\,(q^L=1)$

第二个推论与选择实验中受访者选择不购买或退出的频率有关。由于货币的边际效用在小实验数量组中是最低的（$\alpha+\Delta^L<\alpha<\alpha+\Delta^S<0$），在其他条件相同的情况下，这个实验组相比于对照组和大实验数量组更倾向于花钱，并且从不购买选项中得到最低的效用。用γ^{NB}表示选择实验中受访者选择高价产品的频率，第二个推论可以写为如下的公式：

Implication 2.　$\gamma^{NB}\mid(q^S=1)<\gamma^{NB}\mid(q^L=q^S=0)<\gamma^{NB}\mid(q^L=1)$

第三个推论涉及选择实验中边际 WTP 的估计。直观来看，不同组别之间货币边际效用的差异会转化为 WTP 估计值的差异，因为计算 WTP 的公式中，货币边际效用是分母。因此本章预测相对于对照组和大实验数量组，小实验数量组的货币边际效用较低，WTP 更高。在形式上，第三个推论可以表述为如下的公式：

Implication 3.　$WTP_k\mid(q^S=1)=\dfrac{-\beta_k}{\alpha+\Delta^S}>WTP_k\mid(q^L=q^S=0)=\dfrac{-\beta_k}{\alpha}$

$>WTP_k\mid(q^L=1)=\dfrac{-\beta_k}{\alpha+\Delta^L}$

其中，WTP_k是对非货币属性k的支付意愿估值。

第三节　研究设计与实证策略

首先，用假设性的选择实验（尽管本章的方法可以扩展到其他非市场估值方法）检验本章的研究假设和推论。选择实验是一种被广泛使用的陈述偏好方法，因为其具有理论一致性，参与者可以选择"什么都不选"选项，研究者可以计算权衡不同属性的重要性（Lusk et al.，2004）。本章以牛肉产品为实验产品，设计并实施了一个针对中国消费者的选择实验。选择牛肉产品为实验产品的主要原因为：中国的牛肉消费量正在迅速增长，从 2011 年的 645 万吨增长到 2017 年的 789 万吨，牛肉消费量提高了 22.3％（Li et al.，2018）。

本章用四个属性来描述牛肉产品。一是牛肉原产国，因为进口牛肉是中国牛肉供应的重要来源，并且国内牛肉生产量有限。原产国的属性水平包括国内（中国）、美国、澳大利亚和加拿大，后三个国家是中国主要的牛肉贸易国。二是一种新的产品属性——区块链可追溯性，以获知这种创新技术的市场潜力。近年来在增强数字可追溯性方面所取得的进展，使美国沃尔玛（walmart）和中国京东等食品零售商能够采用基于区块链的方法来追溯芒果、猪肉和牛肉等食品。基于区块链技术的可追溯系统具有可靠、真实、透明等特点（Tian，2016；Lin et al.，2020）。三是嫩度。牛肉嫩度是中国牛肉消费者最重视的食用品质特征（Mao et al.，2016）。许多研究也强调了嫩度在牛肉购买决策中的重要性（Lusk et al.，2001；Gao et al.，2009；Caputo et al.，2017）。四是价格属性。价格是消费者选择的主要决定因素，并且需要利用价格来检验本章的研究假设以及推论。选择实验设计中使用的价格范围为 28—73 元/500 克[①]。该价格范围反映了问卷调查期间牛肉的市场价格。表 11.1 展示了属性和属性水平。

表 11.1　属性和属性水平

属性	属性水平
原产国	中国
	美国
	澳大利亚
	加拿大
区块链可追溯性	区块链可追溯
	传统可追溯
价格（元/500g）	28
	43
	58
	73
嫩度	有嫩度说明
	无嫩度说明

　　基于所选的牛肉属性及其属性水平，本章首先进行全因子设计，有两个实验产品选项的全因子设计一共需要 4096（$4^4 \times 2^4$）个不同的选择任务。为

---

①　在本研究进行期间（2018 年 11 月），1 美元＝6.96 元。1 磅＝453.592 克。

了减少在实际调研过程中展示给被调查者的选择任务的数量,提高被调查者的答题质量,本章采用 Street 等(2007)提出的方法生成 16 个不同的选择任务,然后将该 16 个选择任务随机分成两个版本,每个版本有 8 个选择任务。参与者被随机分配到两个版本中的一个。每个选择任务包括两个有实验设计的产品选择和一个退出选项,包含一个退出选项可以更好地模拟真实的市场情况。8 个选择任务的出现顺序在不同参与者之间是随机的。

　　其次,问卷调查的设计。本章的问卷调查内容主要包括两部分,一部分主要调查受访者的牛肉消费信息,另一部分是选择实验。受访者首先回答的问题是家庭购买牛肉的情况和消费习惯,包括他们在实际购物时每次购买多少牛肉。受访者自我报告的每次牛肉购买数量即第二部分选择实验中定义的实际购买数量。这些牛肉消费问题均是食物消费问卷调查中的常见问题,并不会增加受访者的认知负担。

　　问卷的第二部分构建了一个分离样本设计,并将受访者随机分配到两个不同的选择实验设计组。第一组受访者完成实验数量预先指定的选择实验,实验数量为 500 克(受限选择实验设计)。根据受访者自我报告的平时每次牛肉购买数量,可进一步将这一组受访者分为在研究假设部分所描述的三个子样本:(1)小实验数量组,实验数量小于受访者实际购买量($q_n^S=1, q_n^L=0$);(2)大实验数量组,实验数量大于受访者实际购买量($q_n^L=1, q_n^S=0$);(3)对照组,其中实验数量等于实际购买量($q_n^L=q_n^S=0$)。这种受限实验设计和绝大多数食品选择实验的设计一致。

　　在第二组,构建了一个新的设计——不受限实验设计。不受限实验设计是根据受访者的实际购买数量来确定实验数量,即在问卷第一部分中受访者自我报告的购买数量。为了说明不受限实验设计与受限实验设计之间的区别,假设一个受访者自我报告的购买数量为 1000 克。那么不受限实验设计中受访者可选的牛肉产品数量为 1000 克,而受限实验设计中受访者可选的牛肉产品数量为 500 克。这样的研究设计产生两个对照组。第一个对照组是不受限制实验设计(不受限实验设计的对照组),第二个是受限实验设计对照组的一个子样本,即自我报告的牛肉实际购买数量为 500 克的受访者样本。所有设计中牛肉产品均显示了单价和总价(见图 11.1、图 11.2)。

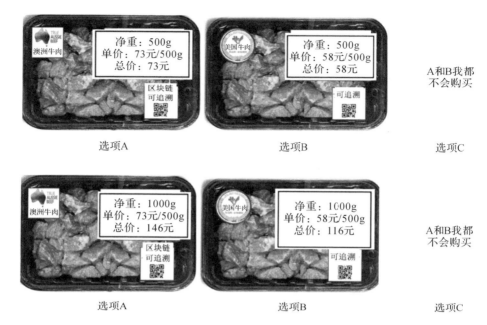

图 11.1   选择任务示例

注:上半部分展示了限制性设计,下半部分展示了非限制性设计。对于所有的设计,牛肉片都被用作实验产品,因为它是中国常见的牛肉类型。在产品图像上放置属性的目的是模拟这些产品特征在中国超市的实际产品中出现的方式和位置。

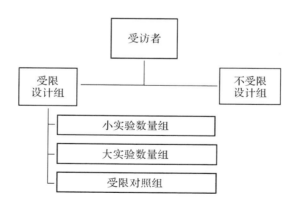

图 11.2   实验设计

本章的实验设计使我们能够测试两个研究假设。通过比较小实验数量组和两个对照组(不受限对照组和受限对照组)的货币边际效用,可以检验

H1。同样,通过比较大实验数量组和两个对照组的货币边际效用,可以检验 H2。此外,我们还做了稳健性检验,即比较了两个对照组间的货币边际效用。我们预期两个对照组之间的货币边际效用没有差异,因为在这两种情况下,实验数量等于自我报告的实际数量。

最后,为了保证问卷调查数据的质量,在问卷调查时采取了一系列措施。例如,为了获得准确的自我报告的牛肉实际购买数量,将受访者年龄限定为 18 岁以上、负责家庭食物购买、在前一个月内购买过牛肉的消费者。此外,问卷调查中受访者不知道他们自我报告会引起后面的估计差异和面临不同类型的选择实验问题。因此,受访者产生战略性应对选择行为的概率很低,不会影响到识别。

接下来将阐述本章的实证策略。根据实验设计回收的数据检验了本章提出的两个研究假设和三个衍生推论。为了检验 H1 和 H2,本章将来自受限实验设计组的样本和不受限实验设计组的样本合并在一起,应用随机参数 logit 模型进行估计。然而,由于不同组别消费者的潜在偏好和/或 Gumbel 分布的尺度参数(scale parameter)可能存在差异,这种差异也会导致不同组别之间受访者的货币边际效用和其他参数存在差异。因此,在将样本进行合并分析之前,首先采用 Swait 等(1993)提出的似然比检验(LR test),对不受限制实验样本和受限制实验样本做了平衡性检验。似然比检验被广泛应用在选择实验情景中检验不同样本群体偏好差异性(Lusk et al.,2004;Matthews et al.,2017;Caputo,2020)。

在考虑样本之间尺度参数差异的基础上,本章应用随机参数 logit 模型分析合并样本。具体包含四个回归模型,模型 1 在基础回归模型的基础上加入实验设计类型和牛肉属性之间的交互项。基于模型 1 的回归结果,模型 2 中只包含模型 1 中统计学上显著的交互项。模型 1 和模型 2 旨在检验受限实验设计组和不受限实验设计组消费者之间货币的边际效用和偏好系数是否存在差异。

模型 3 在模型 2 的基础上,检验实验数量大的这一组受访者和实验数量小的这一组受访者的货币边际效用是否存在差异,旨在分析这两组消费者货币边际效用的差异是否可以归因于实验数量。模型 3 的间接效用函数为:

$$U_{njt} = \alpha\, p_{njt} + \Delta^S 1[q_n^S] 1[restricted_n] p_{njt} + \Delta^L 1[q_n^L] 1[restricted_n] p_{njt} +$$
$$\beta'_n X_{njt} + \gamma_1 1[restricted_n] p_{njt} + \gamma_2' 1[restricted_n] X_{njt} + \varepsilon_{njt},$$
$$j = 1 \text{ 或 } 2$$
$$U_{njt} = ASC_{no\text{-}Buy} + \gamma_3 1[restricted_n] ASC_{no\text{-}Buy} + \varepsilon_{n3t} \qquad (2)$$

式中，X_{njt} 为包含 $Blockchain_{njt}$、$Tender_{njt}$、USA_{njt}、$Australia_{njt}$ 和 $Canada_{njt}$ 的牛肉属性向量。$Blockchain_{njt}$ 和 $Tender_{njt}$ 为区块链可追溯性和嫩度属性的虚拟变量；USA_{njt}、$Australia_{njt}$ 和 $Canada_{njt}$ 分别表示牛肉来自美国、澳大利亚和加拿大的虚拟变量，以中国（国产）牛肉为参照组。$1[restricted_n]$ 是一个指标函数，如果受访者 n 属于受限实验设计组，则为 1，否则为 0。效用函数中包含的所有其他变量和式（1）相同。

模型 4 在模型 3 的基础上，控制了收入效应对货币边际效用的影响。家庭收入是影响中国消费者牛肉消费的主要因素，收入越高的消费者购买牛肉的可能性越高（Liu et al.，2009）。因此，本章控制了收入效应以避免高估 Δ^S。参照之前的研究（Morey et al.，2003；Van Loo et al.，2014；Scarpa et al.，2007），本章采用指标函数 $1(Lowinc_n)$ 表示受访者是否属于低收入家庭（低于 13000 元[①]），并将其与价格变量结合，在方程（2）中加入该交互项。

本章还解决了潜在混淆因素影响实验数量对货币边际效用因果关系估计的问题。模型 3 和 4 中系数 $\Delta^S > 0$ 的结果可能是由于在无限制实验中没有批量折扣。牛肉实际购买量 > 500 克的受访者在现实生活中倾向于批量购买牛肉，并且利用批量折扣，他们购买牛肉的单价更低。这意味着，当受访者被分配到不受限实验设计组时，他们可能会像往常一样期待批量折扣。然而，不受限实验设计组和受限实验设计组的单价水平是相同的，没有批量折扣。在这种情况下，可以预计在不受限实验设计组中，实际数量 > 500 克的受访者花钱的倾向较低，货币的边际效用较高。如果这个论点是正确的，$\Delta^S > 0$ 会被没有批量折扣的影响所混淆。这可以通过在不受限实验设计组的样本中查验实际购买数量是否影响货币的边际效用来检验。

① 本调查用 12 步区间尺度来衡量收入，1＝3000 元以下，6＝11000－12999 元，12＝23000 元以上。

在检验本章的两个主要研究假设之后,接下来重点关注与消费者选择行为和福利估计相关的三个衍生推论。本章的假设 1 表明小实验数量组的受访者比参照组受访者更愿意花钱消费。假设 2 表明大实验数量组受访者的边际消费倾向比参照组受访者低。为了验证推论 1,本章根据受访者自我报告的实际购买数量,检验了受限实验设计组受访者和不受限实验设计组受访者选择高价牛肉产品的频率是否存在差异。同样地,为了验证推论 2,本章检验了选择"什么都不买"选项的频率是否存在差异。为了验证推论 3,首先模拟模型 4 中估计系数的渐近抽样分布,包括随机系数和固定系数的均值和方差-协方差矩阵。然后,根据这些系数采用 Krinsky 等(1986)的方法估计 WTP 均值。最后,使用 Poe 等(2005)提出的非参数完全组合检验来检验组间 WTP 是否相等。

第四节　实证结果

本章的数据来源于专业市场调研公司 Qualtrics 于 2018 年 11 月招募的中国消费者样本。共收集到 759 个有效样本,其中受限实验设计组 383 个,不受限实验设计组 376 个。

受限实验设计组和不受限实验设计组受访者在人口统计特征和牛肉消费习惯方面没有显著差异(见表 11.2)。由于受访者通过随机的方式进入任一实验设计组,因而两个实验设计组之间受访者特征没有显著差异。相应地,这意味着受限实验设计组和不受限实验设计组之间受访者选择行为的差异可以归因于这两个实验设计中实验数量的差异。近一半的受访者是女性,平均年龄 36 岁左右,其家庭规模为 4 到 5 人。大多数受访者拥有大学学历,每月家庭收入超过 13000 元人民币。受访者平均每周至少在传统零售渠道,如菜市场或国内超市,购买一次牛肉。图 11.3 展示了受访者自我报告的实际牛肉购买数量,可以看到只有三分之一的受访者的实际购买量为 500 克。与此同时,50% 以上的受访者报告的实际购买牛肉数量大于 500 克,平均为1000 克。其余的受访者(10%)每次购买牛肉的数量大约为 300 克。

表 11.2 样本描述性统计特征

特征		受限设计 （N=383）	不受限设计 （N=376）	P 值
年龄/岁		35.2	36.84	0.47
性别/%		58.22	54.52	0.30
基准牛肉价格/（元/500g）		38.62	39.18	0.79
最偏好的牛肉来源国/%	中国	43.34	43.88	0.76
	美国	15.93	13.3	
	加拿大	16.45	16.76	
	澳大利亚	24.28	26.06	
可追溯牛肉频率/%		65.32	62.2	0.11
牛肉嫩度频率/%		71.84	72.67	0.08
听说过区块链/%		85.9	85.37	0.92
每次实际购买量	购买量/g	808	809	0.94
	＜500g/%	13	12	0.89
	500g/%	30	29	
	＞500g/%	57	59	
每周消费量/%	0—1000g	30.03	30.06	0.65
	1001—2000 g	31.60	37.50	
	2001—3000g	20.89	18.08	
	3001—4000g	8.35	7.71	
	＞4000g	9.14	6.64	

续表

特征		受限设计 （N＝383）	不受限设计 （N＝376）	P 值
每月家庭收入/%	＜ 9000 元	12.27	12.77	0.24
	9000—17000 元	40.21	43.55	
	≥17000 元	45.71	43.88	
最高受教育程度/%	高中	4.44	4.26	0.35
	大学	84.86	88.03	
	研究生	10.7	7.71	
家庭规模/人		4.49	4.54	0.39
家里孩子的数量/人		1.8	1.83	0.26

注:P 值为受限实验设计组与不受限实验设计组之间人口统计特征的差异性检验结果。

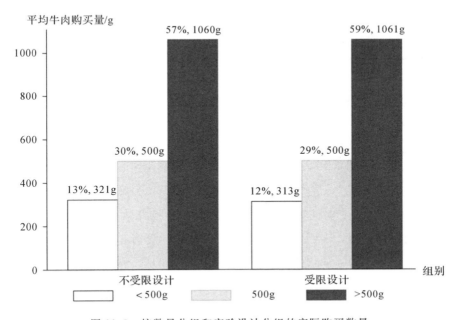

图 11.3　按数量分组和实验设计分组的实际购买数量

在随机参数 logit 模型中，设定非价格属性的系数随机服从正态分布，价格属性系数为固定参数[①]，该设定可以获得合理分布的 WTP（Hensher et al.，2005；Bliemer et al.，2013；Matthews et al.，2017）。合并样本和子样本的估计结果均表明，除美国属性外，消费者对大多数属性的偏好具有非异质性。因此，在接下来的分析中，将标准差不显著的属性设定为固定参数。此外，为了放宽固定价格系数的假设（Scarpa et al.，2008），本章也估计了随机参数 logit 模型在 WTP 空间的模型，该模型结果与上面固定价格系数的模型结果一致。

接下来将根据以上四个模型的估计结果检验本章提出的两个假设和三个推论。首先，在正式检验研究假设之前，首先按照 Swait 等（1993）提出的检验方法（LR 检验）检验受限实验设计组和不受限实验设计组受访者之间的偏好和尺度参数是否相同。LR 检验的结果见表 11.3。结果表明，两种实验设计组中消费者选择行为的差异主要来源不是 Gumbel 尺度参数，而是价格（price）和 ASC_{no-Buy} 系数，这是本章研究假设的基础。该检验结果也表明可以将不受限实验组样本和受限实验设计组样本联合起来分析。

表 11.3　受限实验设计组与不受限实验设计组之间系数差异性检验

	$LL_{受限}$	$LL_{不受限}$	$LL_{\sigma=1}$	LL_{σ}^*	σ^*	$\chi^2_{;\alpha=0.100}$	$\hat{\chi}^2$	P 值
H_A	−2610.6	−2530.8	−5148.8	−5148.6	1.025	14.684 (df=9)	14.8	0.097
H_B						2.706 (df=1)	0.40	0.527

注：通过迭代获得最佳规模参数（scale），每次迭代将受限样本的每个协变量从 0.025 重新缩放到 2，增量为 0.025。df 表示自由度。

表 11.4 展示了实证策略部分阐述的四个随机参数 logit 模型的估计结果。模型 1 和模型 2 表明，与不受限实验设计组的受访者相比，受限实验设计组受访者的货币边际效用和选择不购买牛肉产品的概率更低。模型 3 检验了 H1 和 H2，即检验了货币边际效用估计的差异是否可以用实验数量的影响来

[①] 除了固定价格参数外，我们还建立了对数正态分布和三角分布价格系数的混合 logit 模型。结果表明，在计算同时考虑收入和实验数量效应的价格系数时，会出现违反直觉的估计，这表明在我们的应用中指定随机价格参数可能不合适。

解释。模型 2 中"受限 * 价格"系数显著,但加入与实验数量相关的价格交互项后,"受限 * 价格"系数不显著(模型 3)。这说明了几个重要的问题。首先,限制性实验设计和非限制性实验设计之间受访者的货币边际效用差异可以通过实验数量的影响得到充分解释。本章发现,在模型 3 中,Δ^S 的估计为正且在 0.01 水平上具有统计学显著性,即小实验数量组受访者的货币边际效用小于对照组。这一发现证实了第一个研究假设(H1),即小实验数量设计组的受访者在做选择任务时,更倾向于购买牛肉产品,因为购买牛肉产品的支出在他们预算范围内的概率更高。其次,模型 3 中"受限 * 价格"的系数不显著,表明受限实验设计组和非受限实验设计对照组受访者之间货币边际效用的估计结果相似,说明本章的假设检验结果具有稳健性。对于 H2,模型 3 中的 Δ^L 系数虽然和预期一致为负值,但在统计学上没有显著性。因此,该结果只是部分支持本章的第二个假设(H2):大实验数量组受访者的货币边际效用更高。

Δ^L 系数不显著的一个可能原因是,实际量<500 克的受访者的样本量很小(样本的 10%);60% 的样本自我报告其实际采购量在 500 克以上,平均为 1000 克。因此,大实验数量组的人数比小实验数量组的人数少。值得注意的是,本章使用 500 克作为限制设计的实验量,并不是有意小于大多数消费者的实际购买量。相反,我们在选择实验数量时参照了已有对中国消费者现有食品价值评估的相关文献(Ortega et al.,2012;Wu et al.,2016),且其他情景下的食品选择实验研究中的数量也设定为 500 克(Corrigan et al.,2009;Carlsson et al.,2012;Balcombe et al.,2016)。一些牛肉选择实验研究甚至使用了小于 500 克的实验量,例如 375 克(Lewis et al.,2017)、12 盎司(Lusk et al.,2004;Gao et al.,2009)以及 1 磅(Loureiro et al.,2007;Chung et al.,2009)。

模型 4 在模型 3 的基础上,进一步考虑了收入效应。回归结果表明,收入影响货币的边际效用,因为交互项低收入 * 价格的系数在统计学上具有显著性。值得注意的是,Δ^S 的系数仍然为正,且在统计学上显著,这意味着收入效应并没有消除实验数量对货币边际效用的影响。

本章对 H1 和 H2 的估计结果做了以下稳健性检验。首先,结果表明在不受限实验设计组中,受访者的货币边际效用估计并不因实际数量而有所不同。这意味着 $\Delta^S>0$ 不是因为在无限制实验设计组中没有批量折扣。除了随机参数 logit 模型外,本章也使用多项 logit 模型(标准误 cluster 在个体水平)分析模型 1—模型 4。将该结果与随机参数 logit 的结果对比,表 11.4 中的模型得出了正向显著的 Δ^S 系数,以及负项不显著的 Δ^L 系数。

表 11.4　合并样本的随机参数 logit 模型估计结果

变量	模型 1		模型 2		模型 3		模型 4	
	系数	Z 值	系数	Z 值	系数	Z 值	系数	Z 值
均值								
价格	−0.021***	−13.184	−0.021***	−13.257	−0.020***	−14.372	−0.013***	−8.879
ASC$_{不购买}$	−2.940***	−24.242	−2.928***	−25.354	−2.792***	−32.658	−2.856***	−32.819
区块链	0.103**	2.533	0.110***	3.888	0.111***	3.908	0.111***	3.933
嫩度	0.108***	2.697	0.097***	3.477	0.097***	3.470	0.097***	3.461
美国	0.020	0.269	0.003	0.055	0.005	0.100	0.003	0.052
澳大利亚	0.134**	2.014	0.171***	3.686	0.173***	3.726	0.173***	3.705
加拿大	0.075	1.154	0.082*	1.835	0.083*	1.865	0.082*	1.837
受限*价格	0.008***	3.596	0.008***	3.599	−0.002	−0.791	−0.001	−0.327
受限* ASC$_{不购买}$	0.344**	2.028	0.327**	2.111	0.274*	1.756	0.277*	1.765
$1[q_n^L]*$ 受限*价格			−0.003	−0.901	−0.003	−0.975		
$1[q_n^S]*$ 受限*价格			0.012***	4.865	0.010***	4.104		
低收入* 价格							−0.014***	−8.859
受限* 区块链	0.012	0.213						
受限*嫩度	−0.021	−0.381						
受限*美国	−0.034	−0.332						

续表

变量	模型 1		模型 2		模型 3		模型 4	
	系数	Z 值	系数	Z 值	系数	Z 值	系数	Z 值
受限 * 澳大利亚	0.072	0.776						
受限 * 加拿大	0.013	0.144						
标准差								
美国	0.604***	8.625	0.602***	8.718	0.598***	8.652	0.582***	8.369
区块链	0.015	0.047						
嫩度	0.0002	0.002						
澳大利亚	0.043	0.120						
加拿大	0.158	0.745						
模型参数								
观测值	6072		6072		6072		6072	
对数似然值	−5141.3		−5142.2		−5125.5		−5085.4	

注：所有模型均基于 500 Halton draws 进行最大似然估计。*、**、*** 分别表示在 10%、5% 和 1% 水平上具有显著性差异。将价格设定对数正态分布和三角分布，结果与正态价格分布的结果一致，但对于高收入组和小实验数量组的消费者，其价格系数均略为正。此外，我们也放宽了固定价格系数的假设，应用效用空间的随机参数 logit 估计了支付意愿（WTP-space）。

接下来，本章将利用可以区分高收入和低收入消费者的模型 4 的估计结果，讨论根据 H1 和 H2 得出的三个推论。

为了验证推论 1，本章分析了受访者选择高价牛肉产品（γ^{HP}）的频率（见表 11.5）。回归结果表明无论受访者处于何种收入水平，小实验数量组（$q_n^S = 1$），即受限实验设计组中自我报告的购买数量大于 500 克的受访者的 γ^{HP} 最大。相比之下，γ^{HP} 的最低值出现在大实验数量组（$q_n^L = 1$），即在受限实验设计中受访者实际自报数量小于 500 克。γ^{HP} 在不同收入群体中存在差异。对于高收入的受访者,小实验数量组的平均 γ^{HP} 为 48%,显著高于相同实际量 (39%)内的不受限参照组。这意味着高收入的受访者在回答小实验数量选择实验问题时,他们倾向于选择价格较高的产品。大实验数量选择实验中,受访者选择高价产品的倾向较低。因为大实验数量组(36%)的平均 γ^{HP} 低于不受限对照组(给定相同的自我报告实际量)(47%)的平均 γ^{HP}。此外,在不受限实验设计中,γ^{HP} 没有显著差异(P 值 = 0.24),其中 $q_n^S = q_n^L = 0$;在不受限和受限实验设计的对照组之间,它们的实验数量和实际报告购买量等于 500 克(P 值 = 0.32)。综合来看,这些结果说明,小实验数量组的高收入消费者选择高价牛肉选品的概率最高,其次是无限制对照组和大实验数量组的消费者。因此,Implication 1 在高收入消费者中得到了验证。在低收入消费者中,没有发现大实验数量组(24%)和不受限对照组(29%)在相同的自我报告实际购买数量条件下选择高价牛肉产品(γ^{HP})的概率有任何显著差异。这也反映在 Δ^L 的估计系数不显著上。

表 11.5 实验任务中选择高价牛肉产品选项的消费者比例

实际购买数量	高收入			低收入		
	受限设计	不受限设计	P 值[a]	受限设计	不受限设计	P 值
<500g	35.870% (4.181)	46.875% (6.531)	0.076	23.958% (3.975)	28.977% (5.417)	0.227
500 g	45.924% (2.679)	42.687% (3.207)	0.320	33.621% (3.806)	33.967% (4.356)	0.952
>500g	47.837% (4.158)	39.496% (2.652)	0.046	35.795% (2.997)	27.574% (2.683)	0.021
P 值[b]	0.041	0.239		0.541	0.169	

注:括号内为标准误;a 为受限和不受限实验设计组之间相等性检验的结果。b 为三个类别实际数量之间相等性检验的结果。在相同的实际数量和设计组的条件下,高收入消费者选择高价牛肉的概率显著高于低收入群体(所有六个 t 检验的 P 值均低于 0.05)。

表 11.6 展示了不同实验设计组消费者选择"不购买"选项(γ^{NB})的频率,根据表 11.6 的结果可以验证推论 2:相比对照组和大实验量组,小实验量组

消费者从选择不购买选项中获得效用最低。表 11.6 的结果表明,推论 2 在低收入子样本群体中得到了部分验证,但在高收入群体中体现不明显。在低收入子样本中,小实验数量组的平均 γ^{NB} 为 4%,相比之下,在相同自我报告的实际购买数量下,对照组为 7%(P 值=0.046)。在自我报告的实际购买数量相同的条件下,无论是低、高收入子样本,大实验数量组与不限制实验设计对照组消费者的"不购买"选项频率均无统计学差异(P 值均在 0.20 以上)。该结果与不显著的 Δ^{L} 系数一致。

表 11.6　实验任务中选择不购买选项消费者的比例

实际购买数量	高收入		P 值[a]	低收入		P 值
	受限设计	不受限设计		受限设计	不受限设计	
<500g	7.609 (3.118)	5.000 (2.924)	0.274	9.714 (3.205)	8.424 (2.428)	0.298
500g	4.567 (1.417)	5.410 (1.387)	0.676	6.771 (2.255)	5.114 (2.122)	0.304
>500g	3.170 (0.772)	4.517 (1.073)	0.150	4.119 (4.119)	7.353 (1.590)	0.046
P 值[b]	0.048	0.586		0.016	0.459	

注:括号内为标准误;[a] 为受限和不受限实验设计组之间相等性检验的结果。[b] 为三个类别实际数量之间相等性检验的结果。在相同的实际购买数量和设计组的条件下,高收入消费者选择不购买选项的概率在统计上部分低于低收入群体(六个 t 检验中有三个 P 值低于 0.05)。

表 11.7 展示了模型 4 的 WTP 估计结果,该结果验证了推论 3。如图 11.3 所示,结果显示小实验数量组($q_n^S=1$)的 WTP 均值、置信区间均大于两个对照组($q_n^S=q_n^L=0$)以及大实验数量组($q_n^S=1$),但组间差异在统计学上不显著。通过将受访者划分为不同收入子样本,结果显示在高收入子样本中,推论 3 得到充分验证。在高收入子样本中,除了美国牛肉①,所有牛肉属

---

① 鉴于牛海绵状脑病暴发后中国对美国牛肉实施进口禁令,近 14 年间美国牛肉一直缺席中国市场,因此消费者对美国牛肉不太熟悉,从而有关美国牛肉的调查结果并不令人惊讶。

性的 WTP 估值在小实验数量组中的显著性均比不受限实验设计对照组更高（P 值≤0.10）。例如,小实验数量组对基于区块链的可追溯性的平均 WTP 为 45 元,比对照组高收入受访者(8 元)高 4 倍多。和预期一样,与不受限实验设计的对照组相比,在大实验数量组中,所有牛肉属性的 WTP 都有所减少。以区块链可追溯性的 WTP 为例,大实验数量组消费者的 WTP 值为 6 元,不受限实验设计对照组的 WTP 值为 8 元。但正如 Δ^L 的估计结果不显著一样,这种减少在统计上也不显著。

如图 11.4(b)所示,在低收入子样本中,结果显示小实验量设计组和大实验量设计组消费者的 WTP 估计值分别高于和低于不受限实验设计的对照组。尽管 WTP 存在差异,但组间的差异在统计学上不显著。这意味着低收入子样本未能验证推论 3。如前所述,Δ^L 的估计系数在统计学上不显著。这一结果与高收入子样本的结果对比,表明小实验数量组消费者的 WTP 估计值明显高于不受限实验设计对照组和大实验数量组。比较低收入和高收入群体的结果,可以得出高收入消费者比低收入消费者更容易受到实验数量的影响。这一结果与 List 等(2002)的研究结果一致,表明理性的选择会随着决策的利害关系而增加,而 Lusk(2019)的研究则表明不理性的食物选择与收入呈正相关。[①]

表 11.7　WTP 估计结果(元/500g)

	实际数量	收入	澳大利亚	置信区间	P 值	区块链	置信区间	P 值	加拿大	置信区间	P 值
受限设计	>500g	高[d]	70.824	[919.118, 127.948]	0.017	44.834[a]	[12.695, 85.142][b]	0.013[c]	33.500	[1.658, 70.925]	0.100
		低	9.730	[5.183, 14.415]	0.147	6.252	[3.638, 9.316]	0.130	4.695	[0.310, 8.716]	0.291

————————

①　我们检查了较高的收入是否与由较高的时间机会成本引起的注意力不集中有关。调查响应时间在收入组别和实际数量组别之间没有显著差异,平均完成时间为 15 分钟。

续表

实际数量	收入	澳大利亚	置信区间	P值	区块链	置信区间	P值	加拿大	置信区间	P值
受限设计 <500g	高	10.231	[5.157, 16.542]	0.671	6.560	[3.502, 10.443]	0.679	4.948	[0.370, 9.475]	0.599
	低	5.553	[2.938, 8.229]	0.606	3.561	[2.055, 5.172]	0.615	2.680	[0.194, 4.859]	0.556
=500g	高	12.546	[6.545, 19.962]		8.044	[4.614, 12.565]		6.054	[0.396, 11.294]	
	低	6.189	[3.303, 9.172]		3.968	[2.386, 5.963]		2.983	[0.203, 5.480]	
不受限设计	高	13.067	[7.172, 19.153]	0.545	8.399	[4.769, 12.590]	0.545	6.308	[0.443, 11.640]	0.513
	低	6.341	[3.458, 9.124]	0.526	4.070	[2.445, 5.815]	0.527	3.058	[0.218, 5.548]	0.522

实际数量	收入	嫩度	置信区间	P值	美国	置信区间	P值			
受限设计 >500g	高[d]	37.038	[11.297, 73.683]	0.014	2.053	[−28.697, 34.193]	0.481			
	低	5.406	[2.894, 8.167]	0.146	0.399	[−5.020, 5.326]	0.491			
<500g	高	5.684	[2.905, 9.448]	0.672	0.437	[−5.418, 5.659]	0.506			
	低	3.084	[1.686, 4.744]	0.606	0.232	[−2.904, 2.975]	0.504			

续表

	实际数量	收入	嫩度	置信区间	P值	美国	置信区间	P值		
受限设计	=500g	高	6.972	[3.647, 11.039]		0.502	[−6.456, 6.861]			
		低	3.439	[1.897, 5.135]		0.251	[−3.153, 3.316]			
不受限设计		高	7.244	[3.897, 10.935]	0.542	0.541	[−7.024, 7.034]	0.500		
		低	3.519	[1.945, 5.245]	0.525	0.262	[−3.343, 3.956]	0.525		

注:[a]表示使用 Krinsky-Robb 方法模拟的平均 WTP;[b]是 WTP 值的 90% 置信区间;[c] Poe 等(2005)建议的实验在高收入组中实际量>500 克和=500 克的限制组之间的 WTP 差异性检验的结果;[d]高和低分别意味着高收入群体和低收入群体。

　　此外,对于所有的 WTP 估计值,不受限和受限实验设计对照组之间在统计学上没有显著差异(见表 11.7)。两个对照组消费者之间的 WTP 估计(置信区间和平均值)是相似的。因此,在上面的讨论中,虽然比较了小实验数量组相对于不受限对照组的 WTP,但是小实验数量组和受限对照组的结论是成立的。两个对照组之间的相似性也表明了小实验数量或大实验数量实验组与对照组之间的差异可以归因于实验数量。

　　根据以上结果,本章认为大实验数量组中消费者的较低 WTP 值可以被小实验数量组中消费者的较高 WTP 值"补偿"。也就是说,受限设计中的 WTP 值可以被平均,因此实验数量问题在选择实验中可能不太受关注。但本章的研究结果表明情况并非如此,进一步验证推论 3;在图 11.4 中,受限设计组内较低和较高 WTP 的大小是不对称的。在小实验数量组中,WTP 显著较高,导致在受限设计中高估 WTP 值。对于高收入子样本,WTP 估值是不受限设计的 2.5—3.3 倍,对于低收入群体则是 1—1.3 倍。

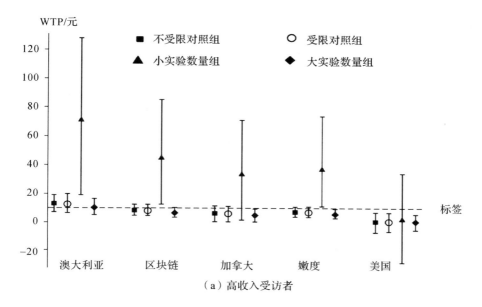

（a）高收入受访者

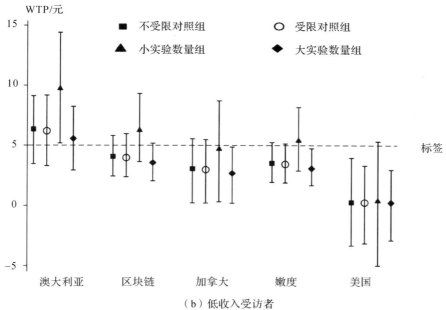

（b）低收入受访者

图 11.4　平均 WTP 值及其置信区间

第五节 结论与讨论

长期以来,研究人员在应用非市场价值评估方法研究食品消费时,实验中的食品数量预先确定,或有时食品数量是任意的。已有文献忽视了实验设计中实验数量问题。本章的贡献在于探究了实验数量(可以由消费者自由选择数量)对选择实验中消费者选择行为的影响,填补了已有文献对实验数量研究的空白。

本章通过分析来自中国消费者的牛肉选择实验数据,研究结果表明如果受访者被分配到一个实验数量低于其实际购买量的选择实验中,受访者表现出更低的货币边际效用(相对于其他条件不变而实验数量等于其实际购买数量的情况)。这种行为与心理预算是一致的。货币的边际效用越低,则选择高价产品的频率越高,选择不购买产品的频率越低,WTP 估计值越高。同理,如果选择实验中的实验数量高于个体的实际购买量,则被调查者显示出更高的货币边际效用和更低的 WTP 值——尽管这种差异在本章的情景下在统计学上不显著。但本章进一步证实了,当实验数量被预先指定为 500 克(现有食品选择实验中相当常见的使用量)时,小实验数量组高估的 WTP 值大于大实验数量组低估的 WTP 值。从而导致了 WTP 估计值的净向上偏差,对于低收入消费者来说最高可达 30%。这种偏误在高收入人群中更为明显,它会根据牛肉产品的属性上升到 150% 到 230% 之间。

基于本章的研究发现,得到的启示是研究人员在使用预先确定实验数量时需要谨慎。虽然这一建议可能适用于其他非市场估值研究,但还需要在这一领域进行更多的研究。在传统的实验设计中,当大多数被调查者的实际购买量较大时,WTP 的估计值存在净向上偏差。这在高收入的样本中尤其明显。但是,如果大多数受访者实际购买的数量很少,那么平均的 WTP 估计可能会有向下的偏差。就这一点而言,从以往的食品选择实验(通常为小实验量)中得出的 WTP 可能被高估了,应用这些研究结论制定私人和公共食物政策时应谨慎。

值得注意的是,本章还提出了另一种实验设计,将实验数量与受访者实际购买数量相匹配。我们建议选择实验设计利用受访者自我报告的实际购买量(这是食品消费调查中常见的问题),根据自我报告的数量指定实验量。

由于心理预算存在于传统的选择实验中,这种方法可以克服实验数量的影响。在该种实验设计中个人的货币边际效用,以及由此产生的产品选择和福利估计在不同实验数量上是不变的。由于在选择实验中对实验数量的研究有限,而在非市场估值方法中对这一问题的研究更为广泛,我们呼吁更多的研究关注这一问题。鉴于这一主题的重要性以及对多产品决策过程的研究逐渐增多(Bhat et al.,2015),未来的研究还需要探索产品和产品数量选择中的互补和替代模式。实验数量的影响和实验设计的有效性可能取决于研究场景,未来需要在各种其他场景下进行研究,包括假设环境和真实环境。

附录

附录 1.选择实验任务

选择集	选项	区组	价格	区块链可追溯	嫩度	中国	美国	澳大利亚	加拿大
1	1	1	43	0	1	0	0	0	1
1	1	2	28	0	0	1	0	0	0
1	2	1	28	1	0	1	0	0	0
1	2	2	73	1	1	0	0	1	0
2	1	1	73	0	0	0	0	1	0
2	1	2	58	1	1	0	1	0	0
2	2	1	58	0	1	0	2	0	0
2	2	2	43	0	0	0	0	0	1
3	1	1	28	1	0	0	0	0	1
3	1	2	28	1	1	0	0	1	0
3	2	1	73	0	1	1	0	0	0
3	2	2	73	0	0	0	1	0	0
4	1	1	58	0	1	0	0	1	0
4	1	2	58	0	0	0	0	0	1
4	2	1	43	1	0	0	0	1	0

续表

选择集	选项	区组	价格	区块链可追溯	嫩度	中国	美国	澳大利亚	加拿大
4	2	2	43	1	1	1	0	0	0
5	1	1	43	1	1	1	0	0	0
5	1	2	43	1	0	0	1	0	0
5	2	1	28	0	0	0	0	1	0
5	2	2	28	0	1	0	0	0	1
6	1	1	73	0	0	0	1	0	0
6	1	2	73	0	1	1	0	0	0
6	2	1	58	1	1	0	0	0	1
6	2	2	58	1	0	0	0	1	0
7	1	1	28	0	1	0	1	0	0
7	1	2	43	0	0	0	0	1	0
7	2	1	73	1	0	0	0	0	1
7	2	2	28	1	1	0	1	0	0
8	1	1	58	1	0	1	0	0	0
8	1	2	73	1	0	0	0	0	1
8	2	1	43	0	1	0	0	1	0
8	2	2	58	0	0	1	0	0	0

注：每个选择集包含一个不购买选项。选择集的顺序是随机的。

附录 2. 非价格属性设定为正态分布的随机参数 logit 模型估计结果

变量	合并样本		受限样本		不受限样本	
	系数	Z 值	系数	Z 值	系数	Z 值
均值						
价格	−0.017***	−15.377	−0.013***	−8.633	−0.021***	−12.980
不购买	−2.762***	−32.405	−2.595***	−21.653	−2.952***	−23.947
区块链	0.110***	3.858	0.116***	2.907	0.101**	2.431

续表

变量	合并样本		受限样本		不受限样本	
	系数	Z 值	系数	Z 值	系数	Z 值
嫩度	0.098***	3.482	0.087**	2.227	0.110***	2.709
美国	0.002	0.037	−0.014	−0.200	0.019	0.261
澳大利亚	0.171***	3.671	0.206***	3.172	0.134**	1.960
加拿大	0.081*	1.806	0.088	1.392	0.074	1.148
标准差						
美国	0.609***	8.744	0.600***	6.132	0.621***	6.098
区块链	0.013	0.047	0.008	0.022	0.015	0.033
嫩度	0.001	0.005	0.004	0.012	0.002	0.010
澳大利亚	0.041	0.117	0.001	0.003	0.271	1.375
加拿大	0.149	0.678	0.157	0.449	0.160	0.600
模型参数						
观察值	6072		3064		3008	
对数似然值	−5148.7		−2610.7		−2530.4	

注:所有模型均基于 500 Halton draws 进行最大似然估计。***、**、* 表示在 0.01、0.05、0.1 水平上有显著性差异。

附录 3. WTP space 模型估计结果

	系数	Z 值
均值		
$ASC_{不购买}$	−42.290***	−17.73
区块链	9.988***	4.04
嫩度	5.924**	2.50
美国	−3.142	−0.55
澳大利亚	17.013***	4.71
加拿大	3.455*	1.79
$1[q_n^L] *$ 受限 $*$ 区块链	−4.828	−0.73

续表

	系数	Z 值
$1[q_n^L]$ * 受限 * 嫩度	−5.691	−0.85
$1[q_n^L]$ * 受限 * 美国	−6.326	−0.44
$1[q_n^L]$ * 受限 * 澳大利亚	−3.817	−0.41
$1[q_n^L]$ * 受限 * 加拿大	1.449	0.16
$1[q_n^S]$ * 受限 * 区块链	6.748**	2.61
$1[q_n^S]$ * 受限 * 嫩度	10.752***	4.65
$1[q_n^S]$ * 受限 * 美国	8.529	1.19
$1[q_n^S]$ * 受限 * 澳大利亚	19.062***	5.34
$1[q_n^S]$ * 受限 * 加拿大	5.752**	2.48
低收入 * 区块链	−5.616*	−1.70
低收入 * 嫩度	−5.562	−1.63
低收入 * 美国	−24.261***	−3.85
低收入 * 澳大利亚	−29.014***	−4.73
低收入 * 加拿大	−14.590***	−3.06
价格 scale	−3.870***	−50.29
标准差		
美国	49.515***	5.34
价格 scale	0.002	0.02
模型参数		
观测值	6072	
对数似然值	−5130.1	

注:表格中的所有的价格均设定为对数正态分布,且基于 500 Halton draws 进行最大似然估计。***、**、*表示在 0.01、0.05、0.1 水平上有显著性差异。

附录4.特征系数"美国"设定为正态分布的随机参数logit模型估计结果

变量	合并样本σ*=1.025		合并样本		受限设计样本		不受限设计样本	
	系数	Z值	系数	Z值	系数	Z值	系数	Z值
均值								
价格	−0.017***	−15.514	−0.017***	−15.479	−0.013***	−8.659	−0.021***	−13.200
不购买	−2.728***	−32.594	−2.760***	−32.573	−2.593***	−21.735	−2.936***	−24.306
区块链	0.108***	3.882	0.110***	3.881	0.116***	2.938	0.103**	2.539
嫩度	0.096***	3.483	0.097***	3.479	0.087**	2.225	0.108***	2.690
美国	0.002	0.043	0.002	0.045	−0.014	−0.192	0.020	0.277
澳大利亚	0.168***	3.668	0.171***	3.678	0.207***	3.176	0.134**	2.018
加拿大	0.080*	1.827	0.082*	1.830	0.088	1.413	0.075	1.171
标准差								
美国	0.598***	8.798	0.606***	8.814	0.597***	6.185	0.605***	6.119
模型参数								
观测值	6072		6072		3064		3008	
对数似然值	−5148.6		−5148.8		−2610.6		−2530.8	

注:所有模型均基于500 Halton draws进行最大似然估计。***、**、*表示在0.01、0.05、0.1水平上有显著性差异。

附录5.潜类别logit模型估计结果

变量	随机响应组		非随机响应组	
	系数	Z值	系数	Z值
价格	0	N.A	−0.129***	−10.95
$ASC_{不购买}$	0	N.A	−4.443***	−19.55
区块链	0	N.A	0.117***	4.04
嫩度	0	N.A	0.085***	2.93
美国	0	N.A	0.078	1.62

续表

变量	随机响应组		非随机响应组	
	系数	Z 值	系数	Z 值
澳大利亚	0	N. A	0.212***	4.18
加拿大	0	N. A	0.125***	2.62
份额	12%		88%	
观测值	6072			
对数似然值	−4991			

注：潜在类别 logit 模型的估计参照 Malone 等（2018），该模型将一个类别中的所有参数限制为零，以识别注意力不集中的受访者。估计结果中的份额称为随机响应份额。*、**、***分别表示 10%、5% 和 1% 水平的统计显著性。

附录 6. 剔除随机响应组消费者的合并样本后的随机参数 logit 模型估计结果

变量	Model 1		Model 2		Model 3		Model 4	
	系数	Z 值	系数	Z 值	系数	Z 值	系数	Z 值
均值								
价格	−0.016***	−9.80	−0.016***	−9.98	−0.016***	−10.04	−0.010***	−6.89
ASC$_{不购买}$	−4.544***	−20.30	−4.430***	−27.55	−4.461***	−27.58	−4.509***	−27.65
区块链	0.109**	2.56	0.121***	4.08	0.121***	4.09	0.122***	4.12
嫩度	0.103**	2.47	0.096***	3.29	0.096***	3.29	0.096***	3.28
美国	0.078	1.00	0.068	1.25	0.067	1.23	0.070	1.29
澳大利亚	0.180**	2.53	0.211***	4.24	0.211***	4.24	0.214***	4.29
加拿大	0.113*	1.66	0.117**	2.47	0.117**	2.46	0.118**	2.50
受限 * 价格	0.007***	2.90	0.006***	2.84	0.001	0.37	0.001	0.15
受限 * ASC$_{不购买}$	0.246	0.76	0.245	0.77	0.244	0.76	0.247	0.80
1[q_n^L] * 受限 * 价格			−0.018	−1.01	−0.020	−1.39		

续表

变量	Model 1		Model 2		Model 3		Model 4	
	系数	Z 值	系数	Z 值	系数	Z 值	系数	Z 值
$1[q_n^s]$ * 受限 * 价格			0.009**	2.57	0.008**	2.48		
低收入 * 价格							−0.012***	−5.29
受限 * 区块链	0.024	0.41						
受限 * 嫩度	−0.014	−0.24						
受限 * 美国	−0.018	−0.17						
受限 * 澳大利亚	0.062	0.62						
受限 * 加拿大	0.008	0.09						
标准差								
美国	0.584***	7.89	0.584***	7.90	0.576***	7.76	0.562***	7.50
区块链	0.001	0.00						
嫩度	0.001	0.00						
澳大利亚	0.001	0.01						
加拿大	0.003	0.02						
模型参数								
观测值	5343		5343		5343		5343	
对数似然估计值	−3946.9		−3947.7		−3939.0		−3924.9	

注:所有模型均基于 500 Halton draws 进行最大似然估计。***、**、* 表示在 1%、5%、10%水平上有显著性差异。

附录 7. 受限设计和不受限设计组特征系数"美国"设定为正态分布的随机参数 logit 模型估计结果

变量	受限设计		不受限设计	
	系数		Z 值	
均值				
价格	-0.017^{***}	-10.11	-0.020^{***}	-11.45
ASC$_{不购买}$	-2.636^{***}	-21.83	-2.938^{***}	-24.31
区块链	0.117^{***}	2.97	0.103^{**}	2.54
嫩度	0.087^{**}	2.22	0.108^{***}	2.69
美国	-0.008	-0.12	0.021	0.28
澳大利亚	0.211^{***}	3.23	0.135^{**}	2.02
加拿大	0.091	1.46	0.075	1.18
实际数量 * 价格	0.008^{***}	5.56	-0.002	-1.13
标准差				
美国	0.583^{***}	6.01	0.603^{***}	6.10
模型参数				
观测值	3064		3008	
对数似然估计值	-2595		-2530	

注：实际数量大于 500g 则＝1；实际数量等于 500g 则＝0；否则＝-1。所有模型均基于 500 Halton draws 进行最大似然估计。***、** 表示在 1%、5%水平上有显著性差异。

附录 8. 合并样本的多项 logit 模型估计结果

变量	模型 1		模型 2		模型 3		模型 4	
	系数	Z 值	系数	Z 值	系数	Z 值	系数	Z 值
价格	-0.020^{***}	-8.07	-0.020^{***}	-8.07	-0.020^{***}	-8.07	-0.014^{***}	-5.31
$ASC_{不购买}$	-2.911^{***}	-18.38	-2.906^{***}	-18.58	-2.911^{***}	-18.38	-2.977^{***}	-18.40
区块链	0.098^{***}	2.74	0.107^{***}	4.32	0.098^{***}	2.74	0.099^{***}	2.76
嫩度	0.094^{***}	2.68	0.086^{***}	3.51	0.094^{***}	2.68	0.094^{***}	2.68
美国	0.032	0.41	0.019	0.35	0.032	0.41	0.034	0.44
澳大利亚	0.134^{*}	1.79	0.171^{***}	3.28	0.134^{*}	1.79	0.137	1.82
加拿大	0.074	1.10	0.082	1.47	0.074	1.10	0.075	1.12
受限 * 价格	0.008^{**}	2.26	0.008^{**}	2.29	0.001	0.25	0.002	0.49
受限 * $ASC_{不购买}$	0.345	1.52	0.335	1.50	0.297	1.31	0.296	1.30
$1[q_n^L]$ * 受限 * 价格					-0.003	-0.66	-0.004	-0.73
$1[q_n^S]$ * 受限 * 价格					0.011^{**}	2.48	0.010^{**}	2.14
低收入 * 价格							-0.014^{***}	-5.14
受限 * 区块链	0.017	0.34						
受限 * 嫩度	-0.016	-0.33						
受限 * 美国	-0.026	-0.24						
受限 * 澳大利亚	0.070	0.68						

续表

变量	模型 1		模型 2		模型 3		模型 4	
	系数	Z 值	系数	Z 值	系数	Z 值	系数	Z 值
受限 * 加拿大	0.015	0.16						
观测值	6072		6072		6072		6072	
对数似然估计	−5158		−5159		−5141		−5099	

注：所有模型均基于 500 Halton draws 进行最大似然估计。***、**、* 表示在 1%、5%、10% 水平上有显著性差异。且标准误 cluster 在个体层面。

附录 9. 模型 1 和模型 4

实证策略部分模型 1 和模型 4 的设定如下：

模型 1

$$U_{njt} = \alpha \, p_{njt} + \beta'_n X_{njt} + \gamma_1 1[restricted_n] p_{njt} + \gamma'_2 1[restricted_n] X_{njt} + \varepsilon_{njt}' \qquad j = 1 \, or \, 2$$

$$U_{n3t} = ASC_{non-buy} + \gamma_3 1[restricted_n] ASC_{no-Buy} + \varepsilon_{n3t}$$

模型 4

$$U_{njt} = \alpha \, p_{njt} + ?^S 1[q_n^S] 1[restricted_n] p_{njt} + \Delta^L 1[q_n^L] 1[restricted_n] p_{njt}$$
$$+ \beta'_n X_{njt} + \gamma_1 1[restricted_n] p_{njt} + \gamma'_2 1[restricted_n] X_{njt}$$
$$+ \gamma_3 1[Lowinc_n] p_{njt} + \varepsilon_{njt}' \qquad j = 1 \, or \, 2$$

$$U_{n3t} = ASC_{non-buy} + \gamma_3 1[restricted_n] ASC_{no-Buy} + \varepsilon_{n3t}$$

参考文献

[1] Abeler, J., Marklein, F. 2017. Fungibility, labels, and consumption. Journal of the European Economic Association 15(1):99-127.

[2] Adamowicz, W., Swait, J., Boxall, P., et al. 1997. Perceptions versus objective measures of environmental quality in combined revealed and stated preference models of environmental valuation. Journal of Environmental Economics and Management 32(1):65-84.

［3］ Ahtiainen, H., Pouta, E., Artell, J. 2015. Modelling asymmetric preferences for water quality in choice experiments with individual-specific status quo alternatives. Water Resources and Economics 12:1-13.

［4］ Akaichi, F., Nayga, Jr. R. M., et al. 2012. Assessing consumers' willingness to pay for different units of organic milk: Evidence from multiunit auctions. Canadian Journal of Agricultural Economics/Revue Canadienne D'agroeconomie 60(4):469-494.

［5］ Alphonce, Roselyne, Frode Alfnes. 2017. Eliciting consumer WTP for food characteristics in a developing context: Application of four valuation methods in an African market. Journal of Agricultural Economics 68(1): 123-142.

［6］ Balcombe, K., Bradley, D., Fraser, I., et al. 2016. Consumer preferences regarding country of origin for multiple meat products. Food Policy 64: 49-62.

［7］ Bateman, I. J., Cole, M., Cooper, P., et al. 2004. On visible choice sets and scope sensitivity. Journal of Environmental Economics and Management 47(1):71-93.

［8］ Beatty, T. K., Blow, L., Crossley, T. F., et al. 2014. Cash by any other name? Evidence on labeling from the UK Winter Fuel Payment. Journal of Public Economics 118:86-96.

［9］ Benhassine, N., Devoto, F., Duflo, E., et al. 2015. Turning a shove into a nudge? A "labeled cash transfer" for education. American Economic Journal:Economic Policy 7(3):86-125.

［10］ Bhat, C. R., Castro, M., Pinjari, A. R. 2015. Allowing for complementarity and rich substitution patterns in multiple discrete-continuous models. Transportation Research Part B:Methodological 81:59-77.

［11］ Bliemer, M. C., Rose, J. M. 2013. Confidence intervals of willingness-to-pay for random coefficient logit models. Transportation Research Part B:Methodological 58:199-214.

［12］ Burghart, D. R., Cameron, T. A., Gerdes, G. R. 2007. Valuing publicly sponsored research projects: Risks, scenario adjustments, and inattention. Journal of Risk and Uncertainty 35(1):77-105.

[13] Camerer, C. F., Loewenstein, G. 2003. Behavioral Economics: Past, Present, Future. Princeton: Princeton University Press.

[14] Cameron, T. A., DeShazo, J. R., Johnson, E. H. 2011. Scenario adjustment in stated preference research. Journal of Choice Modelling 4(1):9-43.

[15] Caputo, V. 2020. Does information on food safety affect consumers' acceptance of new food technologies? The case of irradiated beef in South Korea under a new labelling system and across different information regimes. Australian Journal of Agricultural and Resource Economics 64 (4):1003-1033.

[16] Caputo V., Scarpa, R. 2022. Methodological advances in food choice experiments and modeling: Current practices, challenges, and future research directions. Annual Review of Resource Economics 14(1):63-90.

[17] Caputo, V., Scarpa, R., Nayga Jr. R. M. 2017. Cue versus independent food attributes: The effect of adding attributes in choice experiments. European Review of Agricultural Economics 44(2):211-230.

[18] Carlsson, F., Mørkbak, M. R., Olsen, S. B. 2012. The first time is the hardest: A test of ordering effects in choice experiments. Journal of Choice Modelling 5(2):19-37.

[19] Carson, Richard T. 2000. Contingent valuation: A user's guide. Environmental Science & Technology 34(8):1413-1418.

[20] Carson, R. T., Mitchell, R. C. 1993. The issue of scope in contingent valuation studies. American Journal of Agricultural Economics 75(5): 1263-1267.

[21] Cerroni, S., Notaro, S., Raffaelli, R. 2019. Beliefs and preferences for food-safety policies: A discrete choice model under uncertainty. European Review of Agricultural Economics 46(5):769-799.

[22] Chernev, A. 2008. The role of purchase quantity in assortment choice: The quantity-matching heuristic. Journal of Marketing Research 45(2): 171-181.

[23] Chung, C., Boyer, T., Han, S. 2009. Valuing quality attributes and country of origin in the Korean beef market. Journal of Agricultural Economics 60(3):682-698.

［24］Corsi, A. 2007. Ambiguity of measured WTP for quality improvements when quantity is unconstrained: A note. European Review of Agricultural Economics 34(4):501-515.

［25］Corrigan, J. R., Depositario, D. P. T., Nayga Jr. R. M., et al. 2009. Comparing open-ended choice experiments and experimental auctions: An application to golden rice. American Journal of Agricultural Economics 91 (3):837-853.

［26］Dennis, E. J., Tonsor, G. T., Lusk, J. L. 2021. Choosing quantities impacts individuals choice, rationality, and willingness to pay estimates. Agricultural Economics 52(6):945-962.

［27］Domínguez-Torreiro, M., Soliño, M. 2011. Provided and perceived status quo in choice experiments: Implications for valuing the outputs of multifunctional rural areas. Ecological Economics 70 (12): 2523-2531.

［28］Elbakidze, L., Nayga Jr. R. M., Li, H. 2013. Willingness to pay for multiple quantities of animal welfare dairy products: Results from random nth-, second-price, and incremental second-price auctions. Canadian Journal of Agricultural Economics/Revue Canadienne D'agroeconomie 61 (3):417-438.

［29］Elbakidze, L., Nayga Jr. R. M., Li, H., et al. 2014. Value elicitation for multiple quantities of a quasi-public good using open ended choice experiments and uniform price auctions. Agricultural Economics 45(2): 253-265.

［30］Farhi, E., Gabaix, X. 2020. Optimal taxation with behavioral agents. American Economic Review 110(1):298-336.

［31］Gao, Z., Schroeder, T. C. 2009. Effects of label information on consumer willingness-to-pay for food attributes. American Journal of Agricultural Economics 91(3):795-809.

［32］Green, D. P., Kahneman, D., Kunreuther, H. 1994. How the scope and method of public funding affect willingness to pay for public goods. Public Opinion Quarterly 58(1):49-67.

［33］Hastings, J., Shapiro, J. M. 2012. Mental accounting and consumer choice：Evidence from commodity price shocks（No. w18248）. National Bureau of Economic Research.（2012-07-15）［2020-10-01］. https：//www. nber. org/papers/w18248.

[34] Hastings，J.，Shapiro，J. M. 2018. How are SNAP benefits spent? Evidence from a retail panel. American Economic Review 108（12）：3493-3540.

[35] Heath，C.，Soll，J. B. 1996. Mental budgeting and consumer decisions. Journal of Consumer Research 23（1）：40-52.

[36] Hensher，D.，Shore，N.，Train，K. 2005. Households' willingness to pay for water service attributes. Environmental and Resource Economics 32（4）：509-531.

[37] Hess，S.，Rose，J. M. 2009. Should reference alternatives in pivot design SC surveys be treated differently? Environmental and Resource Economics 42（3）：297-317.

[38] Hess，S.，Train，K. 2017. Correlation and scale in mixed logit models. Journal of Choice Modelling 23：1-8.

[39] Kahneman，D，Knetsch，J. L. 1992. Valuing public goods：The purchase of moral satisfaction. Journal of Environmental Economics and Management 22（1）：57-70.

[40] Krinsky，I.，Robb，A. L. 1986. On approximating the statistical properties of elasticities. The Review of Economics and Statistics 68（4）：715-719.

[41] La Nauze，A. 2019. Power from the people：Rooftop solar and a downward-sloping supply of electricity. Journal of the Association of Environmental and Resource Economists 6（6）：1135-1168.

[42] Lancaster，K. J. 1966. A new approach to consumer theory. Journal of Political Economy 74（2）：132-157.

[43] Lew，D. K.，Wallmo，K. 2011. External tests of scope and embedding in stated preference choice experiments：An application to endangered species valuation. Environmental and Resource Economics 48（1）：1-23.

[44] Lewis，K. E.，Grebitus，C.，Colson，G.，et al. 2017. German and British consumer willingness to pay for beef labeled with food safety attributes.

Journal of Agricultural Economics 68(2):451-470.

[45] Li, X. Z., Yan, C. G., Zan, L. S. 2018. Current situation and future prospects for beef production in China—A review. Asian-Australasian Journal of Animal Sciences 31(7):984.

[46] Lim, K. H., Hu, W., Maynard, L. J., et al. 2013. US consumers' preference and willingness to pay for country-of-origin-labeled beef steak and food safety enhancements. Canadian Journal of Agricultural Economics/Revue Canadienne D'agroeconomie 61(1):93-118.

[47] Lin, W., Ortega, D. L., Ufer, D., et al. 2022. Blockchain-based traceability and demand for US beef in China. Applied Economic Perspectives and Policy 44(1):253-272.

[48] List, J. A., Lucking-Reiley, D. 2002. Bidding behavior and decision costs in field experiments. Economic Inquiry 40(4):611-619.

[49] Loewenstein, G., O'Donoghue, T. 2006. "We can do this the easy way or the hard way": Negative emotions, self-regulation, and the law. The University of Chicago Law Review 73(1):183-206.

[50] Loureiro, M. L., Umberger, W. J. 2007. A choice experiment model for beef: What US consumer responses tell us about relative preferences for food safety, country-of-origin labeling and traceability. Food Policy 32(4):496-514.

[51] Lusk, J. L., Schroeder, T. C. 2004. Are choice experiments incentive compatible? A test with quality differentiated beef steaks. American Journal of Agricultural Economics 86(2):467-482.

[52] Lusk, J. L. 2019. Income and (Ir) rational food choice. Journal of Economic Behavior & Organization 166:630-645.

[53] Lusk, J. L., Fox, J. A., Schroeder, T. C., et al. 2001. In-store valuation of steak tenderness. American Journal of Agricultural Economics 83(3):539-550.

[54] Lusk, J. L., Roosen, J., Fox, J. A. 2003. Demand for beef from cattle administered growth hormones or fed genetically modified corn: A comparison of consumers in France, Germany, the United Kingdom, and the United States. American Journal of Agricultural Economics 85(1):

16-29.

[55] Malone,T. ,Lusk,J. L. 2018. A simple diagnostic measure of inattention bias in discrete choice models. European Review of Agricultural Economics 45 (3):455-462.

[56] Mao,Yanwei. 2008. Study on Palatability Assurance Critical Control Point of Beef. Master's thesis, Shandong Agricultural University. [2019-08-12]. http://d. wanfangdata. com. cn/Thesis_Y1374525. aspx.

[57] Mao,Y. ,Hopkins,D. L. ,Zhang,Y. ,et al. 2016. Consumption patterns and consumer attitudes to beef and sheep meat in China. American Journal of Food and Nutrition 4(2):30-39.

[58] Marsh,D. ,Mkwara,L. ,Scarpa,R. 2011. Do respondents' perceptions of the status quo matter in non-market valuation with choice experiments? An application to New Zealand freshwater streams. Sustainability 3(9): 1593-1615.

[59] Matthews,Y. ,Scarpa,R. ,Marsh,D. 2017. Using virtual environments to improve the realism of choice experiments:A case study about coastal erosion management. Journal of Environmental Economics and Management 81:193-208.

[60] Milkman, K. L. , Beshears, J. 2009. Mental accounting and small windfalls:Evidence from an online grocer. Journal of Economic Behavior & Organization 71(2):384-394.

[61] Morey,E. R. ,Sharma,V. R. ,Karlstrom,A. 2003. A simple method of incorporating income effects into logit and nested-logit models:Theory and application. American Journal of Agricultural Economics 85(1): 248-253.

[62] National Bureau of Statistics of China. 2019. China Statistical Yearbook. Beijing:China Statistical Press.

[63] Nunes,P. A. ,Schokkaert,E. 2003. Identifying the warm glow effect in contingent valuation. Journal of Environmental Economics and Management 45(2):231-245.

[64] Ortega,D. L. ,Wang,H. H. ,Wu,L. ,et al. 2011. Modeling heterogeneity in consumer preferences for select food safety attributes in China. Food

Policy 36(2):318-324.

[65] Ortega,D. L. ,Hong,S. J. ,Wang,H. H. ,et al. 2016. Emerging markets for imported beef in China:Results from a consumer choice experiment in Beijing. Meat Science 121:317-323.

[66] Poe,G. L. ,Giraud,K. L. ,Loomis,J. B. 2005. Computational methods for measuring the difference of empirical distributions. American Journal of Agricultural Economics 87(2):353-365.

[67] Scarpa,R. ,Campbell,D. ,Hutchinson,W. G. 2007. Benefit estimates for landscape improvements:Sequential Bayesian design and respondents' rationality in a choice experiment. Land Economics 83(4):617-634.

[68] Simon, H. A. 1947. Administrative behavior:A study of decision-making processes in administrative organization. London:Macmillan.

[69] Slovic,P. 1995. The construction of preference. American Psychologist 50(5):364.

[70] Street,D. J. ,Burgess, L. 2007. The Construction of Optimal Stated Choice Experiments:Theory and Methods. New York:John Wiley & Sons.

[71] Street,D. J. ,Burgess,L. ,Louviere,J. J. 2005. Quick and easy choice sets:Constructing optimal and nearly optimal stated choice experiments. International Journal of Research in Marketing 22(4):459-470.

[72] Swait, J. , Louviere, J. 1993. The role of the scale parameter in the estimation and comparison of multinomial logit models. Journal of Marketing Research 30(3):305-314.

[73] Thaler, R. 1985. Mental accounting and consumer choice. Marketing Science 4(3):199-214.

[74] Thaler,R. H. ,Shefrin,H. M. 1981. An economic theory of self-control. Journal of Political Economy 89(2):392-406.

[75] Thaler, R. H. 1999. Mental accounting matters. Journal of Behavioral Decision Making 12(3):183-206.

[76] Tian,F. 2016. An agri-food supply chain traceability system for China based on RFID & blockchain technology. In 2016 13th international conference on service systems and service management. IEEE. (2016-

08-11)［2020-06-25］. https：//ieeexplore. ieee. org/abstract/document/
7538424.

［77］ United Nations （UN） Statistics Division. 2018. UN Comtrade Database：
Trade between China and all Reporters. New York：United Nations.
（2018-07-22）［2020-09-10］. https：//comtrade. un. org/data/.

［78］ Van Loo，E. ，Caputo，V. ，Nayga，RM. ，et al. 2014. Consumers'
valuation of sustainability labels on meat. Food Policy 49（1）：137-150.

［79］ Wu，L. ，Wang，H. ，Zhu，D. ，et al. 2016. Chinese consumers' willingness
to pay for pork traceability information—The case of Wuxi. Agricultural
Economics 47（1）：71-79.

［80］ Yiannas，F. 2018. A new era of food transparency powered by blockchain.
Innovations：Technology，Governance，Globalization 12（1-2）：46-56.

第十二章　总结与展望

第一节　总　结

　　本书的主要目的在于探索并展示陈述性偏好方法在食品经济学领域的广泛应用,分析消费者偏好和行为对食品市场和决策的影响,以及为食品产业和政策制定提供科学依据。同时,本书的研究旨在加强对不同食品和政策的评估,以提高食品市场的效率、质量和可持续性。

　　本书首先系统性地介绍了陈述性偏好方法的经济学基础,包括基本概念、发展历程和主要内容。通过对随机效用理论、离散选择模型、条件估值法和选择实验法的探讨,强调了这些方法在食品经济学中的重要性和实际应用。其次,本书着重于陈述性偏好方法在中国食品市场的实证研究,分析了中国消费者对区块链技术追溯牛肉产品和基因编辑农产品的需求、支付意愿以及对环境友好型食品消费的态度。这些研究成果提供了对中国食品市场的深入了解,强调了消费者对食品安全、可持续性和健康的关注。再者,本书进一步探讨了在食品经济学中陈述性偏好方法的创新。通过事前假设性偏差校准方法和产品数量对消费者支付意愿的影响研究,强调了这些方法在减轻假设性偏差、提高研究可信度和深化对消费者需求认知方面的重要性。最后,本书探讨了陈述性偏好方法在食品经济学和行为经济学领域的交叉研究。通过对环境身份标签、心理账户等因素的研究,呈现了这些方法在解释消费者行为和为政策制定提供指导时的广泛适用性。

　　总的来说,本书旨在将陈述性偏好方法的理论和实证研究应用于食品经济学中,并着眼于理论创新、实证分析和跨学科研究,从而更全面地理解消费者行为和市场需求,并提供深入洞察和可操作性建议,以促进食品市场的发展、政策的制定和消费者对食品的认知。

第二节　展　望

在新时代，居民生活水平持续提高，中国居民食物消费需求不断升级，食物消费将进一步由数量型向质量型转变，消费者希望吃得更营养、更安全、更健康，食物消费继续向营养型、安全型和健康型转型（陈萌山等，2023）。食物消费向营养型转变，居民开始追求低热量、低脂肪的健康型食物消费模式，越来越关注饮食健康，增加了杂粮、杂豆和蔬菜水果的消费量，动物蛋白消费更加均衡化，低脂优质蛋白所占比重逐渐上升。可见，伴随着经济社会的发展，城乡居民的食品消费需求正由吃得饱、吃得好，向吃得更安全、更营养、更健康迈进。基于此，对中国未来的食物消费展望如下。

第一，需求变化将引起食物系统生产、流通、消费环节的变化。一是大国小农格局下的农业生产将向特色化、个性化、高附加值化转变。大国小农是我国的基本国情和农情，尽管伴随城镇化与市场竞争的进一步发展，中国小农户在总数减少的过程中还会呈现分化特征，即使部分农户规模会扩大成为家庭农场或者专业经营主体，但农业资源的禀赋约束，决定了中国农业经营主体多数还是小规模农户，很难在规模上具有国际竞争力。而居民个性化、差异化的食物消费需求为小农户的发展提供了契机，未来小农户可以依托精耕细作的特长和丰富的耕种经验，生产特色化、个性化、高附加值化的农产品。在这个过程中，一定要严守18亿亩耕地红线，加强高标准农田建设，确保综合生产力，同时，还要注重发挥新型主体的带动作用，培育各类专业化市场化服务组织，提升小农生产经营的组织化程度。二是农产品生产的绿色发展导向会日益明显。农产品的生产要遵从生态环境底线，突出优质、安全、绿色导向，通过科学的区域布局、合理的种植结构和高效的田间管理，提高农药化肥的利用效率，保护耕地和水资源，防止农业污染。三是生鲜农产品电商会快速发展。随着消费者对产品品质的要求越来越高，传统的生鲜农产品电商模式已经不能满足消费者的需求。阿里巴巴、京东等电商巨头与传统连锁零售业如永辉超市纷纷进军生鲜电商市场，不断加大对供应链、冷链物流及配送环节的投入力度，有效推进了生鲜电商的快速发展。再加上互联网的普及，以及现代信息技术的发展，进一步促进了生鲜农产品电商的发展。四是餐饮服务业将更加注重便利性。饮食的便利化、便捷化趋势会日益明显。随着社会的快速发展，以及工作和生活压力的增大，居民的生活节奏越来越快，受此影响，居民对食物消费便利化、便捷化的需求日益强烈，又快又美味成为更多人的选择，包装食品、自热食品、预制菜肴等便利化、便捷化食品市场开始加速成长。

第二，科学技术将更好推动食物系统转型升级。一是数字技术在农业生产中的应用会增多。伴随着互联网和数字技术的发展，我国农业生产逐步由机械化向数字化和智能化迈进，农业大数据可以帮助农民通过掌握行业信息来提高决策的科学性，进而更好地应对行业波动并降低经营风险，提高收益。同时，数字化技术和物联网设备可以帮助农户更好地掌握牲畜和农作物的生长情况并快速反应，从而降低成本并提高效率。二是冷链物流技术在食品流通中的应用会更广。随着消费水平提高，越来越多的居民开始追求绿色安全的食品和高质量的生活，对蔬菜水果、肉禽蛋奶、海鲜水产以及生物制品等新鲜食品的需求日益增大，而冷链物流是新鲜食品实现保鲜的重要环节，因此在消费者需求的推动下，冷链物流发展速度会越来越快，且覆盖面会越来越广。三是农业大数据在食物系统中发挥的作用会更大。随着居民对食品安全重视程度的提升，以及现代信息技术的发展，移动互联网、大数据、云计算、物联网等新一代信息技术与农产品质量安全工作的跨界融合已成为一种可能，通过建立农产品质量安全追溯管理信息平台，在各类农产品生产、加工、流通和消费等过程中实现信息快速采集、信息管理、条码打印、数据上传、辅助决策等，进而实现农产品"从农田到餐桌"全过程管理与可追溯，未来农业大数据在食品质量安全追溯体系建设中发挥的作用将会越来越大。

第三，现代食物系统观将深入人心，食物系统公共治理与政策体系将更注重协同。作为国民经济重要组成部分的食物系统是一个包含食物价值链上各主体及其活动的开放系统，由食物原料的生产、食品加工、流通贸易、餐饮服务与饮食文化、相关废弃物处理等子系统组合而成，各子系统之间互相关联。食物系统具有的保障食物安全、改善国民营养健康、传承民族特色文化、提供良好生态、促进可持续发展等多重功能将更好地发挥出来。食物系统安全管理与支持政策是一个相当复杂的系统，不同食品品种、不同环节，都有不同的部门在管理。食物系统安全管理与支持政策需要综合多方力量共治共管，充分发挥各方功能，提升综合治理能力，尤其是在应对如疫情等外部冲击时，需要食物系统观念和各部门之间的协同治理来增强食物系统的韧性。

在食物消费转型的过程中，相关学术研究也势必会出现新的趋势和方向。对于未来中国食品经济学的研究方向，本书有如下展望：

1.大规模数据采集。随着信息技术的飞速发展，未来的研究将更加侧重于利用大规模数据。通过大数据分析，可以更全面地了解消费者行为、偏好和市场动态。这些数据不仅来自传统调查和实验，也包括社交媒体、电商平台等新兴数据来源，为研究提供更全面的信息。

2.运用新型研究方法。未来的研究方法将更加多样化和高效化。除了传统的实证研究，食品经济学研究还将探索运用人工智能等先进技术和方法，从而更准确地捕捉和分析消费者行为、市场趋势，为决策提供更可靠的依据。

3.跨学科研究。未来的食品经济学研究将更加强调与其他学科的跨界合作。例如，与营养学家、环境科学家、社会学家等不同领域的学者合作，探索食品经济学与健康、环境、社会等因素的关系。这种合作可以为研究提供更为全面的视角，解决更为复杂的问题。

4.数据共享与开放科学。未来的研究将更加注重数据共享和开放科学。共享数据将有助于增强研究的可信度和再现性，并为其他研究者提供更多参考。同时，倡导开放科学文化，积极分享研究成果和方法，促进学术交流与合作。

5.提升研究效益与社会影响。未来的研究将更加强调研究的实践应用，力求提升研究的效益与社会影响。研究成果的转化将更多地关注解决实际问题和服务社会需求，为食品经济领域的决策和政策制定提供更有力的支持。

通过广泛收集消费者数据，运用新型高效的研究方法，以及开展跨学科研究，未来的食品经济学研究将更深入、更全面地探讨食品市场和消费者行为，为食品经济学领域的发展贡献更为丰富和有影响力的研究成果。

参考文献

[1] 陈萌山，秦朗，程广燕.践行大食物观：中国食物系统转型的挑战、目标与路径.农业经济问题，2023(5):4-10.

[2] 李先德，孙致陆，赵玉菡.全球粮食安全及其治理：发展进程、现实挑战和转型策略.中国农村经济，2022(6):2-22.